아이들의 뒷모습을 보며 쓴 37년 교단일지

그래도, 너희가 내일이야

추천사 · 1

한 교육자의 아름다운 여정을 읽는 즐거움

이혁규(청주교육대학교 교수, 전 총장)

세상에는 다양한 종류의 책이 있다. 지식을 전달하기 위한 책, 기능 습득을 목표로 하는 책, 지혜를 전수하려는 마음으로 쓰인 책 등등. 추천사를 쓰는 관점에서 책을 대할 때, 전부 읽어야 하는 책인지, 아니면 대략의 개요만 파악해도 되는 책인지 구분하는 것도 하나의 기준일 수 있다. 그런데 이 책은 처음 꼭지부터 마지막 꼭지까지 단 한 꼭지도 허투루 넘길 수 없었다. 저자의 40년 가까운 교직 생활 속 고비마다 만난 학생들의 이야기, 좋은 학교를 만들기 위해 동료들과 함께한 협력의 여정, 공모제 교장으로서 리더십을 단련해 가는 과정, 그리고 다시 수업 현장으로 돌아와 아름답게 정년을 맞이하는 모습까지 고스란히 담겨 있기 때문이다.

나는 이 책을 읽는 내내 추천사를 써야 한다는 목적을 잊고, 나 자신의 교직 생활 40년을 돌아보며 성찰하게 되었다. 더 열심히 살았어야 했다는 후회와 함께 남은 교직 생활을 더욱 충실히 해야겠다는 다짐을 하게 되었다.

김인순 선생님은 내가 아는 가장 열정적인 교사 중 한 분이다. 교육 혁신과 사회 변화에 대해 남다른 에너지를 지닌 분이라, 때로는 그 열정이 어디에서 나오는 것인지 궁금할 때도 있었다. 공모제 교장 임기를 마치고 다시 수업을 시작하게 되어 너무 행복하다고 말씀하셨던 모습은, 수업 연구자인 나에게도 깊은 감동을 주는 말이었다.

이 책에서 저자는 자신의 교직 발자취를 4부로 나누어, 각 시기에 썼던

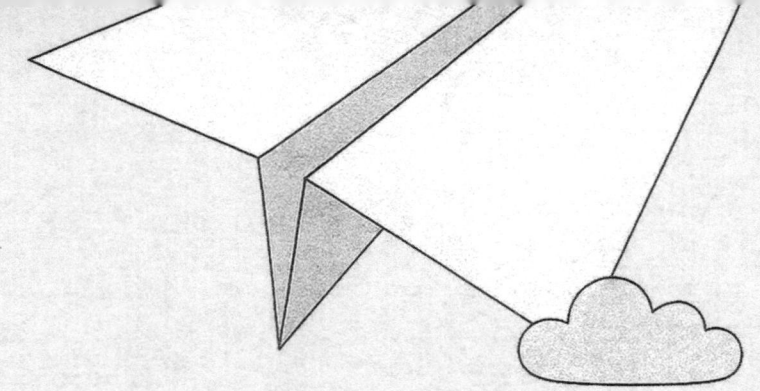

글들을 엮어 놓았다. 나 또한 연배가 크게 다르지 않기에, 글을 읽으며 자연스럽게 나의 교직 인생과 대비해 가며 읽게 되었다.

1부에서는 학생 개개인에 대한 진심 어린 돌봄의 실천을 만날 수 있다. 감동이 진하게 밀려왔다. 어떻게 아이들 하나하나를 위해 그렇게 분투하며 살아갈 수 있었을까?

사실 나도 교직 생활 10년 동안 몇 번 담임을 맡은 적이 있다. 첫 담임을 맡았을 때, 입학식 다음 날부터 학교에 나오지 않던 제자를 1년 동안 돌본 기억이 난다. 젊은 시절이라 녀석이 학교에 나왔다가 도망치면 운동화로 갈아 신고 전력 질주했던 기억이며, 함께 동네 목욕탕에 갔던 추억도 떠오른다. 무단결석이 많아 정학 처분을 하려던 학생부장 선생님께 "제가 맡아서 관리하겠다."고 부탁드렸고, 술 한 잔도 못 하던 내가 그날 밤 취하도록 마셔 다음 날 학교에 가지 못했던 일도 있다. 그런데 내 기억 속 그런 제자가 한 명이라면, 김인순 선생님은 가는 곳마다 그런 학생들을 만나 포기하지 않고 끝까지 돌보셨다. 학생 하나를 돌보는 데 따르는 수고를 알기에, 그저 고개가 숙여질 뿐이다.

김 선생님이 소개한 사례 속 아이들은, 내가 씨름했던 학생보다 더 열악하고 어려운 환경 속에서 학교에 다닌 친구들이다. 그러나 나는 믿는다. 이들 모두가 자신을 끝까지 믿고 포기하지 않았던 김 선생님에 대한 아름다

운 기억을 간직한 채, 지금쯤 지구촌 어딘가에서 야무지고 행복하게 살아가고 있으리라는 것을.

2부에서는 교사 공동체와 혁신학교의 탄생 과정이 이어진다. 1부에서 학생 개개인에 대한 세심한 돌봄을 확인했다면, 2부에서는 그러한 교육 철학이 학교 전체의 변화로 확장되는 과정을 마주하게 된다.

혁신학교의 성공과 실패를 둘러싼 논쟁은 여전히 뜨겁고, 학교 교육계는 IB 등 새로운 개혁 방향에 주목하고 있지만, 나는 여전히 학교 개혁의 핵심은 '환대'와 '우정'에 기반한 교사 간 협력적 전문 공동체를 구축하는 데 있다고 생각한다. 이와 관련해 저자는 평교사로서 어떻게 동료들과 함께 이런 공동체를 만들어 갔는지를 구체적으로 보여준다. 동시에 그 길을 막는 장애가 무엇인지도 잘 짚어낸다.

사람들은 너무 쉽게 '전문적 학습공동체'를 말한다. 그러나 그것은 고도의 협력이 필요한 일이며, 협력은 저절로 이루어지는 것이 아니라 배워야 하고, 연습해야 하는 고난도의 사회적 기술이다. 초경쟁적인 한국 사회에서 저자 역시 이런 기술을 따로 배운 적은 없었을 것이다. 그러나 아이들에 대한 사랑과 교육에 대한 헌신, 바꾸고 싶은 세상에 대한 비전이 있었기에 가능했던 여정이었다.

3부는 공모제 교장 시기의 기록이다. 이 시기는 내가 총장으로 재직했던

시기와도 겹친다. 바로 코로나 시기였다. 위기의 리더십이 요구되던 그 시기, 나는 2020년 3월에 총장을 맡으며 외롭고 힘든 시간을 보냈다.

그때 위기 시대의 리더십을 공부하고자 이순신의 『난중일기』와 류성룡의 『징비록』을 읽었다. 특히 『난중일기』에서 이순신이 자주 앓아누웠다는 기록을 보며, 그 어깨 위에 놓인 역사의 무게가 짐작이 가 스스로를 위로했던 기억이 난다.

김 선생님의 공모제 교장 시절의 기록은 많은 이들에게 귀감이 될 뿐 아니라, 민주적이고 협력적인 학교를 꿈꾸는 학교장들에게 훌륭한 안내서이자 실천적 참고서가 될 것이다.

4부는 다시 평교사로 돌아와 수업 현장에서 지낸 시간을 담고 있다. 평소 연락을 주고받을 때, 교장에서 평교사로 돌아와 수업하는 일이 너무 신난다고 말씀하셨지만, 그 과정이 절대 녹록지 않았으리라 짐작된다.

나 역시 총장 임기를 마치고 5년 만에 다시 강단에 섰던 이번 학기가 쉽지 않았다. 그러나 교직의 본분은 수업이다. 많은 학교 리더들이 그 마지막을 수업으로 마무리할 때, 그것이야말로 모범적인 교직의 궤적이 된다. 김인순 선생님은 그런 궤적을 가장 아름답게 살아낸 분이다.

나는 평소 교사 대상 강연에서 "정년을 맞이하는 마지막 날이 당신 전문성의 정점이 되는 교직 문화, 그리고 많은 후배들이 아쉬움과 눈물로 배웅

하는 교직 문화를 만들어야 한다"고 강조하곤 한다. 김인순 선생님이야말로 그 이상을 현실로 실현해 낸 분이다. 그 점에서 교육계에 몸담고 있는 교사는 물론, 교직을 꿈꾸는 예비교사, 학교 혁신에 관심 있는 학부모와 교육 관계자에게도 깊은 울림을 줄 수 있는 책이다.

 무엇보다 이 책을 읽는 내내 전혀 지루하지 않았던 것은 저자의 빼어난 문장력 덕분이다. 인생 여정을 따라 산문이라는 숲을 거닐다 시의 옹달샘을 마시는 듯한 기분으로, 책장을 넘기는 내내 행복했다. 앞으로도 교육자로서, 자유인으로서 김 선생님이 열어가실 새로운 숲의 풍경이 몹시 궁금해진다.

추천사 · 2

아이들을 위해 '하느님'이 되고 싶었던 선생님

김춘성(후배 교사)

선생님을 생각하면 가르치는 일은 사랑하는 일이라는 것을 깨닫는다.

또 선생님을 생각하면 한결같으셨다는 생각이 저절로 든다. 여전히 교육 현장에는 선생님 같은 분이 계셔야 할 것 같은데 정년을 맞이하셨다. 그간의 수고에 대한 감사와 선생님이 계시지 않는 학교에 대한 아쉬움, 안타까움이 교차한다.

교육운동의 동지로, 혁신교육의 협력자로 오랜 시간 함께 해왔지만, 정년을 마치시고 그간의 경험과 생각을 정리해 주신 글을 접하면서 새삼 살아오신 삶의 깊이와 사랑의 넓이에 존경과 감동의 마음이 저절로 들었다.

선생님을 보면서 '교사'로 태어난 것 같다고 생각했었다. 하지만 선생님의 글을 읽어가며 '교사'는 끊임없이 만들어져 가는 존재임을 새롭게 각인했다.

선생님은 내가 아는 그 어떤 선생님보다도 아이들에게 헌신적이었다. 대충 일을 넘기시는 분이 아니라는 건 알았지만, 글 곳곳에 드러나 있는 것처럼 아이들을 위해 교사는 어떤 존재여야 하는가를 고민하시며 치열하게 살아오신 노력의 결과였다. 선생님의 삶은 단순히 아이들을 사랑하는 교사로 그치는 것이 아니라, 학교가 아이들의 삶을 위해 긍정적인 역할을 하기 위해서는 어떻게 달라져야 하는가를 위해 고민하고 그 해결책을 찾고, 실천하기 위해 끊임없이 노력해 오신 분이다.

"학교는 바보다. 온전하게 사람을 보지 못하고, 절름발이로 사람을 키우

고, 평가하는 학교는 바보다. 교육자라는 이름으로 덩달아 현장에서 많은 아이를 욕보인 나도 바보다."

늘 최선을 다해오시면서도 이런 고백을 하시는 선생님은 정년에 이르기까지 성찰과 노력을 멈추지 않으셨다.

그런데도 사랑으로 다 품지 못하는 아이들을 만날 수밖에 없어서, 많이 안타까워하시는 마음을 이렇게 드러내셨다.

"마음이 아리고 아프다. 내가 하느님이었으면 좋겠다. 녀석들을 치유할 수 있는 전능한 힘을 갖지 못한 아픔이 내내 가슴을 먹먹하게 했다. 진정한 사랑으로 녀석을 끌어안지 못한 참회가 생겼다."

한 아이의 삶도 그냥 지나치기 어려웠던 선생님은 본인이 하나님이었으면 좋겠다는 마음까지 먹으셨다. 모두를 품을 수 있는 교사는 없지만, 한 아이의 인생을 바꾸는 교사의 삶이 얼마나 아름다운가를 깨닫게 하는 제자의 헌시를 보며, 진정으로 부러움을 느꼈다.

요즘 학교가 교육 불가능의 시대를 지나고 있다고 한다. 학교를 떠나는 교사의 수가 갈수록 늘어만 간다. 하지만 아무리 어려운 상황이어도 그 중심을 잡아 새로운 가능성을 열어가는 역할은 교사밖에 할 수 없다. 그런 의미에서 선생님의 교직 생활을 기록하신 이 글들은 오늘도 아이들과 마주한 선생님들이 교사는 어떤 존재이며, 어떻게 살아가야 하는가에 대한 해답을

찾게 하는 길잡이가 될 수 있다고 생각하며 기쁘게 추천한다.

행여 지금 교직 생활이 힘들다 고민하는 교사들이 있다면 선생님의 생각을 들려주고 싶다.

"교육에는 왕도가 없다. 학생을 중심에 둔 다양한 시도와 끊임없는 노력만이 변화하는 아이들과 나의 눈높이를 맞출 수 있는 지름길이다. 눈높이를 맞추면 아이들의 인격이 보인다. 아이들의 인격이 소중해지면 나의 교사로서의 인격도 존중받을 것이다. 아이들로부터 점점 멀어져 가는 것은 나이 탓만은 아니다. 나의 마음이 먼저 포기하고 관성에 젖어서 쉬운 길만을 찾아서 노쇠해 버린 것이다."

그리고 행복한 교사로 살아가기 위해서 어떤 준비가 필요한지 고민하는 교사들에게 선생님의 고백을 끝으로 전해주고 싶다.

"아이들에게 더 이상 상처받지 않기 위해, 마음의 근력을 키워야 한다. 교사가 행복해야 학생도 학부모도 행복하다. 그러기 위해 청소년을 이해하고, 감정을 코칭하고, 대화법을 배우고, 아이들을 존중하고, 아이들의 뒷모습을 이해하고, 사춘기를 견뎌내고, 상처받지 않을 맷집을 키울 대로 키워 무장했다. 그런데 어느결에 아이들은 되레 헤실헤실 웃으며 눈빛이 맑아지고 미소와 반가움을 준다. 아이들이 행복해한다. 아이들이 행복해하니 교사가 저절로 행복하다."

──── 작가의 말

 쌀쌀한 바람이 옷깃을 스치는 가을이면, 누렇게 메마른 풀숲에서 아기 길고양이가 불쑥 튀어나왔다. 그럴 때마다 나는 자꾸 뒤를 돌아보곤 했다. 똑같은 교복을 입고 있을 때는 얼른 알아볼 수 없었으나, 한 걸음 다가서면 그 길고양이보다 사랑도 돌봄도 받지 못한 아이들이 수두룩했다. 고아가 아닌데 엄마와 아빠와 살 수 없는 형편으로 오갈 데 없이 길거리를 방황한다든가, 엄마가 떠나고 아버지와 살면서 살림을 도맡는다든가, 부모가 계시지만 밤낮없는 생업으로 내내 방치된 아이들을 수없이 만났다. 정해진 기준으로 아이들을 보면 이해할 수도, 용납할 수도 없는 청소년기 아이들의 돌발행동은 뒷모습을 보지 않으면 보이지 않는다. 나는 아이들 뒷모습이 궁금했고, 당장 변화하기를 재촉하지 않고 기다려주려 했고, 그 아이들이 만날 세상이 차갑지만은 않은 따뜻했던 기억이기를 바랐다. 어떤 안전장치도 없이 경계 밖에서 떠돌 수밖에 없는 그들 대부분은 부적응아라고 쉽게 불렸다. 이 결핍이 어찌 아이들의 책임인가? 어떻게 채워줘야 할 것인가?
 교사의 꿈을 가진 이유는 사춘기 청소년의 마음을 이해해 주고, 보듬어주고 싶었기 때문이었다. 하지만 내 교단 37년 내내 아이들과 똑같이 사춘기 앓이를 하는 것이 한때는 버겁기도 했다. 처음의 마음을 잊고 녀석들을 원망하기도 했다.
 글을 쓰고 있다고 생각하지 못했는데 학교를 떠나온 지금, 여기저기 흩어진 글을 모아보니 글을 쓰며 아이들의 마음을 들여다볼 힘을 얻고, 다독여줄 수 있는 가슴을 데우고, 나를 위로했음을 다시 확인했다.

교단은 나에게 노력한 만큼의 보람과 좌절을 주었다.

다행히 정년까지 손을 놓지 않고 아이들에게 다가가고, 동료들과 함께하면서 늘 배우고 성장하여 힘을 얻을 수 있었음을 감사하게 생각한다. 내가 조금 수월하게 가려고 할 때 거짓말처럼 동료나 학생들의 마음에서 멀어졌다는 걸 기억한다.

교단 초기 20년은 노동조합이 나의 정체성이었다. 교육 변화를 간절히 바라며 고군분투했으나 학교를 통으로 바꿀 수는 없어 개인적인 실천에 그쳤다. 새로 만난 혁신학교는 나의 가슴을 벌떡이게 했다. 학생, 교사, 학부모가 모두 주인이 되어 학교를 만들고 운영하여 미래가 필요로 하는 민주시민을 기른다는 것은 참으로 가슴 벅찬 일이었다. 혁신학교와 두 번 결혼했다고 생각하면서 혁신학교 세우기 운동에 혼신의 힘을 다했다. 학생들의 놀라운 변화와 학부모들의 뜨거운 응원은 지금 생각해도 기적 같은 일이었다. 교복 입은 시민으로 존중받은 학생들은 '존중받는 만큼 존중한다.'를 몸으로 말해 주었다.

혁신학교 운동은 학교 문화에 많은 변화를 불러왔으나, 권력이 바뀌면서 많은 것들이 구태로 되돌아가는 취약한 운동이기도 했다. 다시 새 시대가 왔다. '배워서 남 줄 수 있는 사람'을 키우는 민주주의 교육이 들불처럼 일어나기를 바란다.

이 글은 내가 썼지만, 모든 선생님들의 이야기이다. 묵묵하게 교육 현장에서 어제도 오늘도 내일도, 그렇게 우리의 미래인 아이들을 만나고 있다. 그 수고와 헌신에 위로와 응원을 드린다.

책이 나오기까지 글을 끝까지 봐주고 도움을 주셨던 정화자, 정승희, 조희숙, 손정미 선생님께 감사를 드린다. 격려와 응원을 해주신 이혁규 교수님, 안준철 시인님, 김춘성 선생님, 한상희 선생님께도 감사를 올린다. 늘 공기처럼 응원하며, 함께 혁신학교를 만들었던 '그라세' 동료들께 이 모든 공을 돌린다. 부족한 글을 흔쾌히 출판해 주신 밥북 주계수 대표님과 편집에 애쓴 최송아, 강병규 편집자 두 분께도 감사드린다.

2025. 11
호정 김인순

일러두기

- 책에 나오는 등장인물의 이름 모두 가명입니다.
- 이 책은 작가가 교직에 있으면서 쓴 글들을 엮은 것입니다.
- 맞춤법은 국립국어원 표준국어대사전을 참고하되, 실제 쓰임에 맞게 교정했습니다. 특히 사투리는 현장감을 살리기 위해 맞춤법에 따라 수정하지 않았습니다.

차례

추천사 · 1/2　　　　　　　　　　　　　　4
작가의 말　　　　　　　　　　　　　　12

1부. 너희들이 행복해야 나도 행복해

산골 소년 기영이　　　　　　　　　　　20
운전기사가 된 특수반 영선이　　　　　26
돌아온 하은이　　　　　　　　　　　　32
희지의 사춘기　　　　　　　　　　　　46
관심이 필요했던 관영이　　　　　　　56
너희들은 문제아가 아니야　　　　　　62
제적당한 승아　　　　　　　　　　　　65
시험감독　　　　　　　　　　　　　　75
고발　　　　　　　　　　　　　　　　79
나 홀로 지옥　　　　　　　　　　　　85
소녀 가장 은영이　　　　　　　　　　90
선생님을 믿어서 그랬다고요　　　　　94
똥 치우기　　　　　　　　　　　　　106
전학생　　　　　　　　　　　　　　　109
중견 교사의 새 학기 다짐　　　　　　124

2부. 좌충우돌 행복한 혁신학교 세움기

전입	128
누동똑지	132
아이들의 세상	138
적응앓이	141
교사의 고민	145
교장 나와!	147
영우의 칼부림	149
선생님들의 사랑법	153
혁신학교를 만나다	156
어디 한 번 가봅시다	160
교사부터 배워보자	165
학교문제 진단 소위원회	170
우리가 만든 약속 우리가 지켜요	177
밥이 말을 하네요	182
이것들은 사람도 아니여	185
모두가 행복한 무지개학교	189
서로의 수업을 보며 배우다	192
아버지들이 함께하니 행복하day	196
혁신학교 동료들의 이야기	200

3부. 공모제 교장이 되어

3월 평화로운 학교 만들기 프로젝트	206
상호의 등교 프로젝트	208
온라인 개학전야	213
상호가 어제 첫 과제를 보냈어요	215
작은 학교 코로나도 문제없어요	217
작은 나눔, 큰 행복	219
코로나가 병아리 가족을 선물했어요	221
두 배로 축하해 줄게	224
서울에서 찾아온 선물 같은 아이들	226
김장김치로 전한 마음	230
고마워 참말로 고마워인!	232
급식실 생일 파티	234
학교장상은 받고 싶어요	236
마을을 담은 수업	238
기적의 대화	240
민주시민이 필요한 시대	243

4부. 다시 신임 교사가 되어

다시 신임 교사가 되어	248
마지막 적응앓이	250
재영이·1	255
재영이·2	257
나태주 선생님과 함께하는 풀빛 문학 콘서트	260
〈행복한 교실을 만드는 희망의 심리학〉을 읽고	262
나의 어린 친구 보성이	265

산골 소년 기영이

　기영이는 33년 전, 바다를 마당 삼은 야트막한 언덕배기에 자리한 시골 학교에서 만난 아이다. 기영이 집은 자전거 한 대가 겨우 다닐 만한 깊은 산 속이었다. 나는 우리 반 영웅이의 오토바이를 얻어 타고 끝도 없는 오솔길을 헤매다가 겨우 기영이네 집에 도착했다. 이 길을 기영이는 매일 버스가 다니는 신작로까지 1시간 가까이 걸어서 통학하고 있었다. 산길이 끝나는 막다른 곳에 쓰러질 듯한 오두막 네 채가 엎드려 있었다. 마당이 따로 없이 집 앞에 퍼런 바닷물이 출렁거렸는데 겨우 작은 배를 댈 수 있는 엉성한 선착장이 있었고, 폐선 같은 작은 배가 파도에 이리저리 쏠리고 있었다.

　기영이를 부르자 툇마루도 없이 토방만 있는 마른 버섯 같은 초가집 두 채에서 봉창 문이 동시에 열렸다. 위채에서 흰 수건을 쓴 엄마가, 아래채에서는 기영이가 홍조를 띠며 부끄럽게 나왔다. 마을 사람들이 다 떠난 빈집을 두 채나 차지하게 된 것이었다. 말을 하지 않아도 기영이의 가정 사정이 훤하게 그려졌다.

　가정방문은 부모님과 대화를 하면 더 좋겠지만, 대문만 봐도 아이를 이해할 수 있는 소중한 교육활동이다. 기영이는 특별한 일이 없으면 하루가 지나가도 이름 한 번 불리지 않을 만큼 조용한 녀석이었다. 그 먼 길을 어렵게 통학하면서도 단 한 번도 지각을 하지 않았다. 가정방문 이후에도 통학의 어려움이나 가정사를 짐작했으나 딱히 신경 쓸 일은 없었다.

　새 학년을 시작하고 두 달이 지난 5월이었다. 우리 반은 1학년 남학생들로만 구성되어 있었는데, 그 또래 '머스마'들은 수컷 본능이 충만했다. 여러 초등학교에서 소재지 중학교에 입학한 까닭에 서로 얼굴을 모르는 남학생들은 한 학기 내내 덜 큰 수탉들처럼 투닥거리며 서열 싸움을 했다. 말 한마디로 서로 콕콕 쪼다가 순간 얼크러져서 나뒹굴거나, 쉬는 시간 복도에서 주먹질 몇 방에 코피가 터진 아이는 뒷순위로 밀려나기도 했다.

서열이 정해지기까지 아이들은 쉬는 시간마다 교무실에 발이 닳게 드나들었다.

"선생님 아무개가 때렸어요. 아무개가 쓰레기 버렸어요. 땡땡이가 연필 훔쳐갔어요."

3월 말이면 학급 짱은 어느 정도 정해진다. 진짜 싸움을 잘하는 짱은 사실 싸움을 하지 않았다. 짱은 품이 너르고 그릇이 큰 아이들이 초등학교 때의 소문을 등에 업고 정해지는 경우가 허다했다. 그 짱이 두 명인 경우는 큰 싸움이 벌어지기도 하지만 대체로 짱은 암묵적으로 정해졌다. 싸움은 주로 후 순위 아이들에게서 끝도 없이 이어진다. 서열 정리가 끝났는가 싶지만 좀 더 힘센 아이를 등에 업고 다시 서열에 도전하기도 했다.

학기 초 팍팍한 학교생활에 즐거움을 주고, 서로 협력하자는 취지로 매달 한 번씩 학급 단합대회를 하기로 약속했다. 3~4월은 점심시간을 이용하고 5월에는 토요일 오후로 날을 잡았다. 5월이지만 아직 흙바람 이는 황토 운동장에서 아이들은 축구와 야구를 하기로 했다. 점심으로 모둠별 비빔밥을 비벼 먹고, 경기 사이사이 내가 준비한 간식을 나눠 먹었다. 환타, 콜라, 사이다를 모두 벌컥벌컥 마시는데, 기영이는 음료수를 먹지 않고 가방에다 가만히 넣는 것이었다.

"왜 음료수를 먹지 않니?"

"선생님, 저 이 음료수 처음 먹어봐요. 집에 가지고 가서 아버지랑 같이 나눠 마시려구요."

검은깨가 선명한 볼에 붉은 기가 돌면서 까만 눈을 깜박이며 자초지종을 설명하는 기영이가 한없이 선해 보였다. 마음이 찡해졌다. 부모님 것까지 빼앗아 먹어도 시원찮을 나이에 처음 보는 음료수를 아버지와 나눠 먹겠다고 소중하게 챙기는 마음이 흔치는 않았다. 늘 술에 취해있거나 엄마를 폭행하는 일이 잦은 아버지를 원망하기보다는 이해하려고 애쓰고 있었다. 음료수 하나를 더 챙겨줬더니 그제야 사이다를 조금씩 조금씩 아껴 마셨다.

기영이는 학교생활을 하면서 그 흔한 주먹다짐 한 번 한 적이 없었다. 늘 조용하게 자신의 할 일을 하고 홍조 띤 얼굴로 빙그레 웃는 모습이 전부였다. 질풍노도 사춘기도 기영이 옆에서 맥을 못 추었다. 먼 길 통학을 원망한 적이 없고, 친구들과도 잘 어울리는 편이었다. 어려운 집안 형편을 탓하는 것도 녀석에게는 사치였다.

나는 기회가 있을 때마다 기영이의 어깨를 토닥여주는 습관이 생겼다. 참고서, 소풍 도시락, 재활용 옷 등을 챙겨주기도 했다. 읍내에 한 번씩 불러 함께 시장에서 순대도 먹고, 튀김을 먹기도 했다. 다행히 녀석은 자존심 상하지 않고 진심으로 좋아했다. 추석 무렵이었다. 신발을 한 켤레 사 주려고 읍내로 불렀다. 메이커 신발을 신어 보는 게 소원이었으면서 막상 가격을 보더니 손을 훼훼 저었다. 그래도 신발을 하나 골라 안겨 주었더니 음료수보다 더 소중하게 안고 돌아갔다.

학년이 바뀌고 학교가 바뀌어도 녀석은 읍내 우리 집에 들렀다.

"선생님, 아버지가 술을 드시는 이유는 큰아버지에게 너무 심하게 배신을 당하셨기 때문이래요."

묻지 않았는데 녀석이 아버지의 주벽을 편들고 있었다. 아니, 사춘기인 녀석은 망나니로 변해 가는 아버지의 술주정을 거부하면서도 이해하려고 발버둥 치고 있었다. 녀석이 고등학교를 진학할 즈음, 어머니가 집을 떠났어도 겉으로 내색하지 않았다. 뒤에 들은 이야기지만, 내 얼굴을 보고 싶어 읍내 우리 살림집 대문 앞에 여러 번 와서 나를 기다렸다고 했다.

"선생님 얼굴이라도 보면 숨을 쉴 수 있을 것 같아서요."

속으로 얼마나 엄마를 원망하고 그리워했을까? 녀석은 내게서 엄마의 모습을 찾고 있었던 것 같다. 엄마를 미워하지 않으려고 무던히 애쓰는 녀석이 애처로웠다.

아버지는 간과 심혈관 질환이 악화되어 술도 드실 수 없게 되자, 녀석은 방학 때 막노동판에서 아르바이트로 아버지의 약값을 벌기도 했다. 돌봄이 필요한 나이에, 병든 아버지를 책임지는 고단한 생활을 두 어깨에 짊어지고 얼마나 고단하고 방황했을까?

기영이는 고등학교 졸업 후 취직했다가 바로 직장을 그만두고 꽃동네로 떠났다. 청소년기 내내 그렇게 아버지를 이해하려고 발버둥 쳤지만, 가정을 풍비박산 낸 아버지를 용서할 수 없어 내내 괴로워했다. 분노를 터뜨려 보지도 못한 채, 속세를 버리고 수도자처럼 꽃동네 봉사의 삶을 택하였다. 아버지로부터 독립이기도 했다. 그런데, 녀석은 몇 달 만에 구도자가 되어 다시 돌아왔다.

"세상의 어떤 불행도 사치라고 생각되었습니다. 아버지가 계시다는 것이 너무 감사했구요. 삶이 얼마나 아름다운지도 알았습니다. 가능하다면 오래 봉사하고 싶었는데 병든 아버지를 돌봐드리는 것이 도리일 것 같아서 다시 왔어요."

녀석의 반항은 꽃동네로 도망친 것이 전부였으나 그것마저 아버지란 화두 앞에서 발길을 돌리게 했다. 나는 고운 심성의 녀석이 세상에 나가 지겨운 가난을 벗고, 보란 듯이 살아내기를 바랐다. 그런데 녀석은 이 불공평한 세상에 원망 한번 못하고 오히려 더 어려운 곳에서 할 일을 찾은 것이었다. 세상은 그런 것인지도 모르겠다. '어려워 본 사람이 오히려 어려운 사람을 더 돕는 것' 말이다.

녀석은 꽃동네를 나와 작은 직장을 다녔다. 대가로는 턱없이 부족한 월급을 받으면서 아버지를 직장 가까이 모시고 와서 부양하고 살림까지 도맡아 했다. 가슴속에 요동칠 법도 한 분노를 가두고 오히려 감사하고 행복하다고 했다.

"선생님, 저녁밥을 먹고 설거지를 마치고 나면 아버지랑 고도리 화투를 치는데 재미있어요. 아버지가 옆에 계시는 것만으로 큰 축복이라고 생각해요. 올봄에는 아버지가 잘 걸을 수 있으면 좋겠어요."

그렇게 구도자 같은 삶을 살던 녀석이 사귀는 연인을 데리고 와서 인사를 하고,

때로는 아내와 아가를 데리고 내려오거나 편지를 보내왔다.
녀석이 쉰을 넘고 내가 예순을 훌쩍 넘긴 지금도 홀연히 '여기는 미국입니다. 여기는 동부 유럽입니다.' 연락이 온다. 성자가 다 된 녀석의 삶은 나를 숙연하게 한다. 너에게서 사람의 희망을 보았다.

— 나의 선생님께

작은 내 삶에 자리한

내 아비 내 어미 사이

따스한 사람

아비인 양 손잡아 주고

어미인 양 안아주며

반기던 사람

먼지 털어주며

때 낀 손 씻기던 사람

당신이 그립습니다

당신은 삶의 어머니

바로 당신이십니다.

어미의 자리에 서 계신 당신

자라 어른이 되어도

허리 휘어 노인이 되어도

언제나 사랑합니다.

(2010년)

- 선생님 안녕하세요. 올해 계획했던 과제였던 것들이 오늘 합격으로 모두 이루어졌습니다. 항상 응원해주셔서 감사드립니다. 언제나 자식처럼 믿고 아껴주셔서 힘이 납니다. 올해 스승의 날은 선생님 뵙고 맛난 것 먹고 싶었는데 이번에도 미국 출장으로 애틀랜타에 와 있습니다. 그나마 한 달 정도라 돌아가면 전화하겠습니다.

- 선생님 저 이사했습니다. 빌라에서 40층 아파트로 이사하게 되었습니다. 대출이 많지만 그래도 식구들이 좋아하는 거 보니 마음이 벅찼습니다. 이사하고 며칠 살지도 못하고 멀리 출장 와서 아직 얼떨떨합니다.
선생님 항상 건강하시고 찾아뵙고 인사드리는 날까지 또 건강하세요.

(2024)

내 첫 시집 『오늘, 너에게서 희망을 보았다』를 보냈더니,

- 선생님 안녕하세요? 이제 퇴근해서 책 받았습니다. 아내도 선생님 소식에 기뻐합니다. 늦은 시간이라 다시 인사드리겠습니다. 감사합니다. 선생님. 왠지 저에게서도 희망을 보셨을까 싶어 혼자 행복합니다.

운전기사가 된 특수반 영선이

"선생님 안녕하세요. 저 영선입니다."

"누구? 영선이? 너 정말 팔영중 영선이라고?"

"네 팔영중 졸업생 영선이요."

"오 반갑다. 어떻게 지내냐?"

"선생님 나 소송을 하려는데 돈 좀 빌려주세요."

"정말? 누구에게 소송을 한다고?"

"보험사와 소송해 보려고요. 이 새끼들이 나한테 사기를 칠라고 해서요."

머리가 하얘졌다. 영선이가 이렇게 야무지게 말을 한다고? 내 전화번호를 수소문하고, 당당하게 전화할 수 있었다고? 게다가 보험사를 상대로 소송까지 하겠다고? 내가 아는 그 영선이가 맞아?

내가 초임으로 근무했던 시골 학교에 특수학급이 있었다. 대여섯 명의 특수반 학생들은 늘 특수반 교실에 모여 시시덕거리거나, 교무실을 심심찮게 드나들며 선생님들의 관심 받기를 목말라했다. 쉬는 시간에는 늘 교무실 출입문 앞에서 쭈뼛쭈뼛 고개를 내밀고 안을 들여다보았다. 수업을 마치고 교무실을 드나드는 선생님께 큰 소리로 인사하며 소통을 시작했다. 선생님들이 머리를 쓰다듬어 주거나, 이름을 불러주고, 장난을 쳐 주면 깔깔거리며 좋아했다.

아이들에게 가장 큰 효능감을 주는 것은 심부름이었다. 녀석들은 복도를 달려 친구를 데려오거나, 출석부를 가져오면서 서로 들고 오겠다고 실랑이를 벌였다. 복도 가득 떠들썩한 소리가 울려 퍼졌다.

녀석들의 공부는 학교 뒤 개울에서 바지를 걷어 올리고 콧물을 훌쩍이며 물고기와 개구리를 잡거나, 산과 들을 돌아다니며 온갖 채집을 하는 것을 주로 했다. 한 시간쯤 앉아 공부를 하면 머리를 긁적긁적하거나 졸기가 일쑤였다. 나는 특수학급 교사는 아니었지만, 녀석들에게 글자 중심의 수업은 별 의미가 없다는 생각이 들어 특수반 선생님의 교육 방식에 전적으로 동의하고 있었다.

아이들은 겨우 지렁이 기어가듯 이름자를 쓰는 한글 실력에, 숫자는 1에서 10을 겨우 쓰는 정도였다. 대여섯 명의 아이들은 무엇이 그리 기쁜지 '샘님, 샘님!' 하면서 웃으며 쫓아다녔다.

특수반 선생님은 "이 자식들이 어제 가르쳐 준 이름을 오늘 다시 쓰라고 하면 못쓴다"고 속 터져라 했다. 시험감독을 들어가면 어떤 녀석은 1만 가득 써놓고 가장 먼저 잠을 자거나, 수정 테이프를 달라고 해 1번 답을 일일이 지운 뒤 다시 1을 까맣게 덧칠하며 시험을 치렀다.

시험 기간에는 교무실에 '학생 출입 금지' 표찰을 붙여놓는다. 녀석들은 글을 제대로 읽지 못하지만, 감으로 글을 유추하여 출입 금지를 지켰다. 시험이 끝나면 쉬는 시간마다 모두 교무실 복도로 몰려와 창을 똑똑 두드렸다. 누군가 돌아보면 손사래를 치며 화급하게 선생님을 불렀다.

"왜?" 하고 나가면,

"샘님, 우리 점수 좀 가르쳐 주세요."

어떤 녀석은 1번부터 40번까지 한 번도 멈추지 않고 1을 찍어 놓았고, 어떤 녀석은 3만 가득 썼다. 자신을 조금 더 믿는 녀석은 1, 2, 3, 4를 번갈아 가면서 써놓고도 시험점수에 너무너무 관심이 많았다.

채점 결과가 궁금해 자라 목처럼 고개를 쑥 빼고 점수를 학수고대했다. 하나씩 점수를 알려주면,

"봐라, 새끼야, 내가 더 잘 맞았냐!"

2점, 3점 차이가 나는 점수를 두고 친구를 툭 치며 두 발을 콩콩 구르며 이겼다

고 즐거워하는 것이었다. 그리고는 무슨 약속이나 있는 것처럼 또 우르르 교실로 달려가곤 했다.

내가 아이들에게 특별히 해 준 일은 없지만 마음 한편이 아이들에게 가 있었다. 수업이 없는 시간에 나는 녀석들과 종종 놀아 주었다. 비석치기, 구슬 따먹기, 나물 캐기, 다슬기 잡기… 녀석들은 어디서 만나도 줄달음쳐 달려와 인사 할 줄 알았고, 반가워했다. 그냥 녀석들을 보면 가슴이 따뜻해지고 울컥해서 웃어주고, 쓰다듬어 주고 싶었다. 나는 분명 녀석들을 정상적으로 생각하지 않고, 특별하게 단정 짓고 동정하고 있었는지 모른다.

벙어리 홀어머니를 둔 영선이네는 두부를 만들어 팔았다. 영선이는 아침 일찍 만든 따뜻한 두부를 가져와 선생님들께 팔았는데 숫자는 몰라도 돈 계산은 철저했다. 선생님들은 흔쾌히 두부를 사 주었다. 영선이는 받은 돈을 꼬깃꼬깃 뭉쳐서 호주머니에 넣고 히히거리며 바람처럼 사라졌다.

녀석들이 졸업 후에 인근 고등학교로 진학했는데, 영선이가 집으로 가끔 전화를 해왔다. 많이 의젓해진 목소리가 한편 놀랍고 경이로웠다고나 할까. 새 고등학교 교복을 단정하게 입고 와서 선을 뵈기도 했다. 누가 기다리지 않아도 중학교에 찾아오는 것이 녀석의 즐거움이고 도리라고 생각하는 것 같았다.

그러다가 나는 해남으로 전근을 와서 녀석을 거의 잊어버렸다. 그런데 녀석이 친정을 통해 내 전화번호를 알아내어 가끔 연락을 해왔다. 나는 기특하여 반갑게 응대했지만 녀석에 대한 이미지를 완전히 바꾼 것은 아니었다. 녀석과 헤어진 지 5년쯤 지났을까?

"선생님 저 다리 하나가 뽈라져 부렀어요!"

남의 일 이야기하듯이 대수롭지 않게 말하는 것이다. 그간에 그렇지 않아도 벙어리 홀어머니가 돌아가셔서 할머니와 나이가 고만고만한 누나들만 있다고 들었는데 이렇게 어렵게만 꼬여가는 녀석의 인생이 마음 아프기 그지없었다. 고등학교를 졸업하고, 경운기를 끌다가 트럭과 추돌사고로 다리가 절단되었다는 것이다.

"영선아, 힘내라."

쫓아갈 만큼 사랑이 깊지는 않았던 탓일까? 마음의 응원에 그쳤다.

98년 IMF가 한창일 무렵이었다. 영선이에게서 전화가 왔다. 돈을 빌려달라는 것이다. 치료가 어느 정도 되었고, 장애 판정을 받았으나 걸을 만하고, 서울로 상경하여 주변의 이야기를 들어보니 보험회사를 상대로 소송을 하면 치료비뿐만 아니라 보상금을 받을 수 있다는 것이다. 그래서 변호사를 사기 위해 돈을 구하는 중이라고 했다.

"보험회사와 개인이 싸워 이길 수 있는 확신이 있냐?"

"아따 선생님 변호사만 잘 구하면 다 된다고 그랬당께요. 선생님, 돈만 있으면 된께 돈 좀 빌려주십시오."

"돈을 빌려주는 것은 어렵지 않다만, 소송에서 지면 소송비를 어떻게 감당할 건데?"

반신반의하며 돈을 부쳐 주었다. 돈보다 더 놀라운 것은 녀석의 확신에 차고, 조리 있는 말투였다. 내가 알던 어눌하고 글자 속이 어둡던 영선이가 아니었다. 소송을 해서 이기지 못한다 해도 세상에 맞설 용기를 가졌다는 게 기특하기도 했다. 한편으로는 돈을 빌려 달라는 녀석들이 종종 생기는 걸 보면서 속으로 적잖이 당황했다. 아무리 IMF라지만 선생님한테 돈 빌려달라는 소리를 어떻게 하는 거지? 왜? 생각해 보니 아이들과 헤어질 때 무심코 뱉었던 말이 생각났다.

"애들아, 힘들 때 연락해라."

'아, 그래서 그랬구나. 그럴 수 있겠구나. 어려울 때 그나마 당당하게 연락할 수 있는 사람이었구나.' 그렇게 정리하니 마음이 편해졌다.

몇 년이 지나서였다. 한참 동안 소식이 없던 녀석에게 전화가 왔다.

"선생님 저 돈 보내 드릴 게 통장번호 좀 갈쳐 주십시오."

"소송은 어떻게 되었는데?"

"소송은 졌지만, 취직을 했습니다."

"어디에?"

"교회 버스를 운행하고 있습니다."

녀석이 운전면허를 땄다는 것이 믿기지 않았지만, 처지가 곤란하고 불쌍한 녀석을 어느 맘씨 좋은 교회에서 거두었을 거라고만 생각했었다.

"돈은 안 갚아도 되지만 꼭 갚고 싶다면 다음에 결혼해서 자식 하나 낳으면 기념으로 갚아라."

녀석은 그래도 종종 전화를 해왔다.

"지금은 서울 시내에서 운전하는데요. 신호등에서 전화드립니다."

놀라웠다. 이름자도 모른다고 바보 취급했던 녀석이 그 어려운 운전면허 시험 1종에 합격해서 서울 시내에서 버스를 운전하며 종횡무진 활보한다는 것이었다. 자꾸 되돌아보게 되었다. 녀석의 잠재력을 발견하지 못하고 특수반에 묶어 두었던 것은 아닐까? 녀석은 특수반이라는 보호막 속에서 살아남는 법을 터득했고, 특수반으로 누릴 수 있는 혜택에 길들었던 것은 아닐까? 멀쩡한 아이를 특수반으로 키운 것은 아니었을까? 특수학급이 없는 고등학교에 진학하면서 녀석은 보호막 없이 세상에 던져졌고, 그제야 자신의 능력을 찾고 발휘하게 된 것이었다.

어느 해 학생들을 인솔하여 서울로 수학여행을 가게 되었을 때였다. 휴대폰이 울렸다.

"선생님, 우연히 선생님 댁에 전화를 드렸는데 서울로 수학여행 가셨다고 하더군요. 지금 통일 전망대에 손님을 태우고 왔는데 밤에는 개인 시간이니까 선생님 뵈러 서울 내려가겠습니다."

"밤에 왔다가 가는 것은 무리다. 굳이 오지 마라."

했지만 녀석은 내가 묵는 숙소를 수소문하느라 경찰까지 대동하여 찾아온 것이 아닌가! 까만 양복을 번듯하게 입고, 머리는 단정하게 빗어 넘긴 데다, 얼굴에 살이 도톰하게 오르고 의젓한 모습이 천하 없는 대장부였다. 녀석은 1급 운전면허를 소지하고 있었다.

"세상에! 네가 이렇게 훌륭하게 성장했구나."

내가 아는 영선이라면 1급 운전면허는커녕, 이름 석 자도 제대로 못 쓰고, 글자도 못 읽고, 말도 어눌해야 했다.

녀석 앞에서 나는 15년 가까이 잘못해 온 교육에 대하여 백기를 들고, 참회하고 반성했다. 멀쩡한 아이를 바보 취급하면서 적당히 동정심으로 자기만족을 했던 것이었다. 녀석들도 부족함을 인정받는 대신 얻는 혜택에 적응하여 행동해 왔던 것이었다. 그런데 녀석은 학교를 벗어나자마자 아픈 상처를 씻을 겨를도 없이 온몸으로 바보 역을 딛고 일어선 것이었다. 녀석은 한마디 원망도 없이 오히려 선생님 은혜를 갚겠다고 찾아와 좋아하고 있는 것이었다.

스승의 날이면 어김없이 전화를 해왔다. "선생님, 지금 시내버스 운전하는데요. 지금 교차로에서 신호를 기다리고 있습니다. 스승의 날 축하드립니다. 꼭 찾아뵙겠습니다."

30여 년이 지나 나이가 쉰을 넘고도 녀석은 서울에서 목포까지 달려왔다. 코로나 시기 운전을 잠시 쉬면서 아르바이트로 수제 물품을 만들었다며 선물을 내놓았다. 밥을 먹으면서 30년 전의 추억들을 올올이 풀어놓았다. 그때 근무하던 선생님들의 연락처를 일일이 받아 적더니 내게 줬던 선물을 다시 일부 내놓으란다. 이 길로 그 선생님들을 다 찾아뵙겠단다.

학교는 바보다. 온전하게 사람을 보지 못하고, 절름발이로 사람을 키우고 평가하는 학교는 바보다. 교육자라는 이름으로 덩달아 현장에서 많은 아이들을 욕보인 나도 바보다.

돌아온 하은이

읍내학교에서 면 단위 작은 학교로 발령이 났다. 학급은 3학년 담임이었다.

출석부에는 15명의 학생이 올라와 있는데 등교하는 학생은 14명이었다. 작년 12월부터 학교를 오지 않는 1명의 학생은 하은이었다.

하은이는 갓난아기 때부터 부모가 이혼해 할머니 밑에서 자라고 있었다. 할머니에게는 자식이 많지만 아무도 할머니를 돌보지 않아 기초 생활 수급자 혜택을 받으며 근근이 살고 있다는 정보를 건네받았다. 3월 초에 하은이 집으로 몇 번 전화했지만, 전화 받는 사람이 없었다. 바쁜 일에 묻혀 내가 관심을 놓는다 싶으면 학생부장이 은근히 "하은이 연락 왔어요?" 하며 환기를 시켰다. 3월 어느 날 저녁, 겨우 할머니와 통화가 되었다.

"아이고 선상님, 우리 하은이 가시내가 집에도 거의 안 들어와라. 으쨰야 쓰께라."

하은이는 읍내에서 방황하는 청소년들과 어울리며 길거리를 배회하고 있다는 아이들의 전언이 있었다.

"선생님 하은이가 쨈방에 있어요. 남친이랑 같이 다녀요."

3월 말, 아침에 집으로 통화를 했는데 하은이가 친구와 집에 와 있다는 것이었다. 급히 가정방문을 했다. 하은이네 집은 참으로 깊은 산골 오지 마을이었다. 버스를 타고 가다가 차에서 내려 다시 30분을 걸어 들어가야 하는 곳이었다.

"이 소랭이 굴속 같은 짚은디 찾어 오시니라 고상이 을메나 많었소?"

머리에 낡은 수건을 뒤집어쓰고 부엌에서 나오는 하은이 할머니의 첫 말씀이었다. 선생님이 왔건만 하은이는 잠자리에서 일어나지도 않고 있었다. 기울어가는 초가집 정면 기둥에 쇠기둥을 덧붙여서 지탱하고 있었으나 집은 이미 한참 오른편으로 기울고 있었다. 사람만 빠져나오면 영락없는 폐가였다. 옆 벽면에도 무너지지 말라고 장대들을 줄 세워 놓고 있었다. 마루는 발자국 닿는 데만 빼고 흙먼지가 쌓여 있었다. 하은이의 장기 결석을 할머니께 책망할 수가 없었다. 하은이가 이 집 밖에서 맴도는 심정도 알 것 같았다. 내가 사춘기를 앓던 중학교 시절 어느 날 하교 후에 마루에 가방을 놓고 앉으니 불현듯 보이는 마루 천장 거미줄이며, 얼룩덜룩한 벽이며, 어질러진 방구석이 왜 그리 심란해 보였던지 눈을 질끈 감고 뛰쳐나가고 싶었던 기억이 떠올랐다.

"할머니! 하은이 키우시느라 고생 많으셨죠?"

"그랑께 핏덩이 지를 이날 이때까지 품팔이 함시롱 키웠는디 인자는 팔십이 넘은 게 일 오라는디도 없당께. 나는 국가가 멕여 살레준께. 그랑께 국가가 자석이여. 그란디 시방 저 가시내가 키와 준 공 갚니라고 나를 을메나 속을 태우는지 몰라라. 내 쏙을 열어 보믄 시껌뎅이가 됐을 것이여. 요새는 머시랑도 못 친당께. 저 가시나가 눈 부라리고 달라들믄 나를 때리깜시 무섭고 징해라."

하은이는 내가 한참 기다리고 난 뒤에야 부스스한 머리를 이고 방문을 열고 나타났다. 우리의 첫 대면이었다. 학교로 가자니까 크게 반항을 하지 않고 한참을 더 단장했다.

하은이는 학교를 다니고 싶은 의욕이나 흥미가 없었다. 게다가 미래의 꿈이 있는 것도 아니고, 하루하루 현실을 잊고 재미를 찾는 일에 집중하다 보니 여기까지 온 것이었다. 읍내를 나가면 말하지 않아도 반겨주고 마음이 통하는 고만고만한 친구들이 즐비했다. 부모로부터 버려진 아이라는 소외감, 어려운 가정 형편, 굶주린 정, 세상에 대한 증오 등이 복합적으로 사춘기와 맞물려 현실을 부정하고 있었다. 아니 들어서면 폐가를 연상하는 쓰러져 가는 집을 인정하느니 읍내 번쩍이는 불빛 아래를 배회하는 것이 마음 편한 건지 모르겠다.

학교에 데리고 왔지만 처음 보는 담임과의 대화에 공감대가 있을 리가 없었다.

학교에 다니게 할 의욕도 동기부여도 하기 힘들었다. 고작 해줄 말이라고는,

"너의 집을 가 보니 통학하기도 힘들고, 여러모로 어려움이 크다는 걸 알았다. 친구들과 비교하면 너의 마음이 쉽지만은 않을 거라 짐작된다. 그래도 중학교는 졸업해야지, 너 평생, 아니 1년도 못 돼서 후회하게 된다. 잘 이겨낸다면 이 시기가 너의 미래에 큰 경험이 될 거야. 힘들어도 조금만 참고 한번 노력해 보면 어떨까."

어르고 달래서 약속 손도장을 찍었지만 보내는 뒷모습이 왠지 허전하고 내 마음에도 짱짱한 힘이 생기지 않았다.

아니나 다를까 이틀을 겨우 등교하고는 몇 주째 집에도 들어오지 않는다는 것이었다. 말귀도 잘 못 알아듣는 할머니와 통화를 몇 차례 하다가 4월 중순께 또 집에 들어왔다는 말을 듣고 가정방문을 했다.

내가 이렇게 집에 가서 아이를 데려오는 것이 무슨 의미가 있을까 회의가 들면서도 자고 있는 녀석의 잠을 깨워 또 학교에 데려왔다. 그동안 녀석은 남학생과 어울릴 뿐 아니라 주먹 세계의 위력과 흥미를 배우고 있었다.

이야기하는 도중 내게 자기 주먹이 얼마나 무서운지 성질이 얼마나 더러운지, 자기를 건드리면 얼마나 복잡해지는지를 자꾸 강조하며 선생님에게 뭔가 보여주고 싶어 했다. 하지만 허연 버짐이 피고, 까칠해진 얼굴을 걱정하자 배가 자꾸 아프다는 것이었다. 밥을 걸러서 위가 나빠진 것이었다. 위장약을 한 보따리 갖다주며,

"밥 안 먹고 담배나 술 마시며 약 먹으면 말짱 꽝이야. 밥 꼬박꼬박 챙겨 먹으면서 약 먹어야 한다."

"괜찮아요."

하면서도 하은이의 눈빛이 흔들리고 있었다.

며칠째 하은이가 학교에 나왔지만, 배가 아프다며 밥을 통 먹지 않았다. 점심 도시락도 싸 오지 않았다. 하은이 때문에 도시락 검사를 시작했다. 며칠을 그렇게 잘

나온다 했더니 다시 녀석의 눈빛이 평정심을 잃고 있었다. 후배들에게 종횡무진으로 찾아가 돈을 빌리기도 하고, 점심밥을 빼앗아 먹기도 했다. 쉬는 시간에는 화장실 뒤에서 담배를 피우다 수업에 늦기도 했다.

선생님이 제재하면 입에서 '씨-'가 바로 튀어나왔다. 그래도 불러다 손 붙잡고 이야기하면 "귀찮아요" 하면서도 놀고 있는 친구 이야기, 사귀는 봉수 이야기, 할머니가 차비를 안 준다는 등 이야기를 곧잘 했다.

"잠이 오면 나 그냥 집에 갈 거예요."

"그래도 선생님한테 말하고 가."

몇 차례의 결석이 이어졌다. 귀 먼 할머니와 하릴없이 공치사만 듣는 전화를 해야만 했다.

"오메, 우리 선상님이시네인! 선상님, 하은이 그년이 통 집에를 안 와라. 살림을 채레줘얄랑가 비여라. 머시마들을 한방 데불고 와서 퍼 자고 가더니 그 뒤로 안 온당께라. 선상님 고맙당께라. 똑 우리 딸 맨치로 이므롭당께. 복 받으시요인!"

하은이가 흥미를 가지고 학교에 적응할 만한 취미를 찾아야 했다. 마침 내가 운영하던 국악반에서 장단을 가르쳐 보았다. 녀석이 무엇이든 흥미를 보이지 않지만 책임을 주면 손끝 야물게 마무리하는 모습을 얼핏얼핏 보았던 터다. 국악으로 하은이를 묶어보려고 했으나,

"나 꼬시지 마랑께요. 안 넘어 간당께요."

하면서 웃으며 마음을 열기 시작했다. 청소를 시키면 손끝 야무지게 마무리를 잘하기도 했다.

어느 날은 '학교 와야지'라고 전화하면

"선생님 내일 친구들 싸움하는데 한 번만 와주라고 하잖아요. 내일만 결석하고 모레부터는 꼭 갈게요."

"안돼, 싸움판에 가면 너도 싸우게 되고, 그러면 선생님이 너를 경찰서에서 보게

될지도 모른다. 그냥 학교엘 와라."

"약속할게요. 절대 싸움은 안 하고 제가 있는 것만으로 친구는 힘이 된다니까요. 말 안 할라다가 선생님이라 말했더니, 역시 똑같그만인."

"상황이 네가 생각한 만큼 그렇게 항상 단순하지만은 않은 거야. 너는 지금 싸우고 싶지 않아도 막상 닥치면 너의 의리 때문에 분노가 일어난단 말이다."

"아따 선생님 나를 믿어 주랑께요."

나는 많이 고민했다. 녀석의 말을 믿고 기다릴까. 억지로 데려와서 싸움판에 못 끼게 할까. 미적거리다가 확신도 없이 하은이를 믿고 기다리기로 했다. 하지만 녀석은 그날 많이 다쳐서 학교에 못 오게 되었고, 며칠이고 하은이 자리는 텅 비어 있었다.

수학여행 이후 하은이는 학교에 나오지 않았다. 우리 반 아이들은 하은이에게 편지를 썼고, 하은이를 찾으러 훈이가 게임방을 뒤졌다. 그러던 어느 날 훈이가 게임방에서 하은이를 만나 치고받고 싸움이 벌어졌다. 훈이는 나름 하은이가 걱정되기도 하고 학교의 명예를 생각해 하은이를 게임방에서 데리고 나오려다가, 강력하게 반항하는 하은이를 때리게 되었단다. 결국 하은이를 데려오지 못하고 오히려 훈이를 폭행죄로 고소한다는 소동에 훈이 아버지가 할머니를 찾아가 심심한 사과를 하고 얼마의 치료비를 전달하고서야 해결되었다.

게다가 인접 고등학교 학부모에게서 전화가 왔다. 하은이가 온갖 멋을 부리고 고등학교 앞에서 서성거린다는 것이었다. 이번에는 작정하고 화를 내야겠다고 생각했다. 학생 하나를 제대로 세우지 못하는 상황이 동료 교사들에게 부끄럽기도 했고, 마음 다해 정성을 들이지만 번번이 사고를 치는 하은이에게 화가 잔뜩 나기도 했다. 이제까지는 교무실에서 상담을 한다거나 공개적으로 혼을 낸 적은 없었다. 그렇지만 전시 효과를 위해 일부러 교무실에서 체벌하기로 작정했다. 당시 체벌이 허용되던 때였다. 잡혀 온 하은이를 다짜고짜 교무실로 데려와 큰소리로 야단을 치고 손바닥을 한 대 때렸다.

하은이의 눈빛이 증오로 번들거렸다. 금방이라도 나를 잡아먹을 것 같은 동물의 눈빛이었다. 순간 내가 당황했다. 동료 선생님들도 놀라고 계셨다. 나의 이성을 잃은 듯한 모습을 한 번도 보지 못했기 때문이다.

나는 더 이상 매를 들 용기가 나지 않았다. 국면을 전환하기 위해 결국 더 무서운 얼굴로,

"교실로 따라와!"

그리고 우리는 교실에서 마주 섰다.

"선생님이 이제까지 너한테 이 정도의 신뢰밖에 보여주지 못한 것이 마음 아프다. 네가 받아주지 않는다면 더 이상 너에게 해 줄 수 있는 것이 없다. 결석일수가 며칠 남지도 않았는데 네가 한 행동을 조금이라도 반성한다면 선생님의 벌을 받고, 그렇지 않다면 학교를 포기해도 좋다. 어떻게 할래?"

"학교를 포기할래요."

녀석과 한참을 째려보다 나는 무거운 한숨을 쉬면서 창밖으로 고개를 돌렸다. 한동안 말없이 우리는 그렇게 서 있었다. 이제까지는 그래도 녀석이 방황하면서도 나의 방침과 지도를 이해하려고 했었다. 그래서 녀석과 나의 관계가 유지될 수 있었다. 녀석의 번들거리는 눈빛을 나는 더 이상 감당할 수가 없었다. 30여 분을 침묵으로 서 있었다.

이 순간 녀석의 마음을 돌릴 수 있는 한마디가 무얼까? 이러다가 정말로 하은이를 영원히 학교에서 내보내는 것은 아닐까? 학교에 잡아 놓는 것만이 하은이의 미래를 밝게 하는 것일까? 규칙을 지키기 힘든 녀석의 입장에서 학교는 감옥이다. 새벽에 일어나야 하고, 없는 차비를 마련해 와야 하고 눈에 들어오지 않는 책을 들여다보며 시간마다 선생님들의 눈치와 잔소리를 들어야 하고. 괴로운 하루하루를 버

티게 하는 것이 최선의 방법일까?

　몇십 년 교단 경력에도 문제의 정답이 왜 이리 떠오르지 않는 건지, 간절히 전능한 신이 되고 싶은 순간이다.

　"마지막으로 너한테 말할게. 너는 오늘 나의 지도를 거부하고 학교를 포기한다고 했다. 그러나 잘 생각해. 너는 오늘로 9일의 법정 수업일수가 남아있다. 인생에서 절대 후회를 하지 않을 자신이 있다면 마지막으로 교실이랑 학교랑 뒷동산이랑 정원이랑 새소리를 잘 듣고 돌아보고 가렴. 그러나 내일이라도 다시 학교를 나와서 마음을 잡겠다면 선생님이 다시 생각해 보겠다. 한 번 더 생각해 봐라."

　하은이는 번들거리던 짐승 눈빛을 거두고 한없이 울고 있었다. 녀석은 마음이 약했다. 그리고 감정이 오르락내리락 요동을 치는 것이 느껴졌다.

　다음 날 하은이가 등교할 것인지 나는 마음을 졸이며 기다렸지만, 아침에는 나타나지 않았다. 열 시가 넘어 녀석이 반바지에 슬리퍼를 질질 끌고, 정말 소가 도살장에 끌려오듯 진달래 빛깔 무궁화가 시들고 있는 교문 언덕길을 힘겹게 오르고 있었다.

　"아, 감사합니다."

　나는 혼잣말로 중얼거렸다. 달려가 안아 반기고 싶은 마음 간절했지만 애써 싸늘하게 대했다. 그리고 봉사활동을 시켰다.

　매미는 우왁스럽게도 울고 있었다. 풀무치, 땅깨비 톡톡 튀는 화단 속을 녀석은 시키지 않은 풀 정리까지 하면서 두 시간에 걸쳐 열심히 김을 맸다. 기특한 마음에 다 용서하고 싶었지만 꾹 참고 반성문도 쓰게 했다. 평소 같으면 몇 차례 '씨–' 소리를 냈겠지만 녀석은 글씨가 마음에 들지 않는다며 새 종이에 다시 쓰겠다고 각오를 단단히 하고 있었다. 다행히 마음을 다잡은 것이다.

　이후 녀석의 변화는 나를 놀라게 했다. 1학기 동안 밀린 노트 정리를 하고 수행평가지를 낸다면서 부산을 떨었고, 시험공부를 한다면서 친구 시험지를 복사해 달라고도 했다. 얼굴에는 부끄러운 미소가 감돌고, 더 이상 주먹을 과시하지도 않았으며, 지각을 하거나 땡땡이를 치지도 않았다.

녀석의 변화에 선생님들이 칭찬을 했다. 종례가 끝나면 '선생님 안녕!' 하면서 애교를 부리기도 하고 구석에 숨어 '아줌마' 부르고 도망가기도 했다. 내게 메일을 보내주는 성은을 베풀기도 했다. 하은이가 돌아오자 장훈이가 결석을 시작했는데 덕분에 기말고사에 꼴등을 면했다며 박수를 치고 좋아하는 하은이의 모습이 밉지만은 않았다.

여름방학을 마친 교정은 진노랑 햇살이 제초제를 뿌린 운동장의 풀잎을 말리고 있었다. 여름을 유독 타서 햇빛을 보면 어지럽다는 하은이를 데리고 방학 중 봉사 결석을 한 벌로 봉사활동을 시켰다. 학교 처마 밑에 여름 내내 무성하게 자란 잡초를 뽑는 일이었다.

"나는 풀 매는 것 정말 싫어요."
"그럼 결석한 친구들 다 벌 받는데 너만 용서해 주면 너 애들한테 따 당하잖아."
"따 안 무서워요."
그렇게 실랑이를 하다가 결국 우리 둘은 함께 풀을 뽑고 있었다.
"봉수랑 잘 지내냐?"
"봉수요. 나한테 잘해줘요."
"어떻게?"
"서로 맘 잡게 해주고, 늘 챙겨도 줘요. 선생님 나 요새 담배 안 피운당께요."
"그래? 어떻게 끊었어?"
"봉수가 못 피우게 해요."
"담배 안 피워도 괜찮아?"
"죽겠어요. 하루에도 몇 번이나 꼴린당께요."
"꼴릴 때는 어떻게 하는데?"

"사탕을 먹다가 껌을 씹다가 난리를 쳐요."

"그래? 선생님이 선물로 사탕이랑 껌 사줄까?"

"선생님 나 곧 있으면 생일이에요."

"그래? 생일에 뭐 할 건데?"

"친구들 불러 한번 놀아야죠."

"이잉? 그러다가 또 학교 오기 싫으면 어떡하냐?"

"봉수가 나 결석하면 카만 안 둬요. 학교 갔다 오면 갔다 왔냐고 전화하고, 밥 먹었냐고 전화하고요. TV 프로그램이 뭐가 재미있으니까 거기 봐라. 귀찮아 죽겠어요. 괜히 전화해서 '하은아 메롱' 하고 끊어 버리고요."

"와 아빠 같네."

"진짜 아빠 같당께요. 저번에는 친구 집에서 조금 늦었더니 싸이카 타고 쫓아오고요. 내 친구 경애가 마음은 착한데 가출해서 이상한 짓 했다고 전화해서 개랑 절대 못 놀게 한 것 있죠."

"그래? 봉수가 원래 그렇게 착한 놈이었어?"

"아니요. 실고 1학년 짱이었는데 나 만나서 맘 잡았대요. 여학생도 많이 사귀고 싸움도 많이 했는데, 나 때문에 못 싸우겠대요."

"야 너희들 아름다운 한 쌍이구나. 서로 힘이 많이 되는구나. 봉수가 너를 색시로 삼을랑갑다."

"모르겠어요. 나를 확실히 맘 잡게 할려고 멀리 취업도 안가겠대요."

"봉수는 엄마, 아빠 계셔?"

"아니요. 나처럼 할아버지 할머니랑 살아요."

"그래, 집에도 가봤어?"

"예, 놀러 가서 일도 도와드리고 그래요."

"할머니 할아버지가 용돈도 주시고요. 봉수 절대 떠나지 마래요. 그리고 비밀인데요. 다음에 결혼하면 재산도 봉수한테 물려줄 테니까 절대 헤어지지 마랬어요."
"와, 하은이가 진짜 맘에 드셨나 보다. 너는 진짜 행복하겠다. 그래도 너무 깊은 관계를 맺으면 안 돼."
"나 이상한 짓거리 절대 안 한당게께요."
"알았어. 믿어 줄게."
"봉수한테 선생님이 고마워한다고 전해줄 수 있어? 그런데 네가 뭐가 좋대?"
"내가 좀 하잖아요. 내가 말을 하면 엄청 재미있대요. 아싸리고요. 욕도 별로 안 하잖아요. 그리고 내가 친구를 잘 챙겨준대요."
"맞아, 우리 하은이는 할머니 생각하는 마음도 따뜻하고, 선생님 마음도 읽어주고, 손끝이 야물고 책임감이 강하더라. 내 생각에는 하은이가 다음에 살림을 참 잘할 것 같애. 잘 살 거야, 아마."
"나도 그렇게 생각해요."
"그런데 친구들 안 만나면 답답하지 않아?"
"그래도 봉수한테 약속해서 괜찮아요."
"아름다운 굴레네. 야, 그런데 선생님 머리가 다 나아 버렸다야."
"나도 안 아퍼요."
"봐라, 풀매기를 잘했지?"
"아니요."

추석이 끝나고 첫 등교일인데 하은이가 오지 않았다. 추석에 엄마한테 간다고 했는데 또 무슨 일이 생겼나 가슴이 철렁했다. 한번 마음을 잡지 못하면 한 달이 훌쩍 가는데 하은이의 법정 수업일은 6일밖에 남지 않았다.
"또 친구들과 어울린 것일까? 인사를 밝게 하고 갔는데…"
집에 전화했더니 하은이가 받았다.

"너 학교 안 오고 왜 집에 있는 거야?"

"선생님, 차비가 없어요. 할머니가 큰아버지 댁에 추석 쇠러 가셔서 아직도 안 오시잖아요."

"엄마가 용돈 하나도 안 주셨어?"

"할머니 오실 줄 알고 옷 사버렸어요."

"그래서 학교 안 올 거야?"

"아니요. 저 학교 갈 거예요."

"할머니 안 계셔서 밥도 안 먹었어?"

"네."

"옆집에서 차비 빌려서 와. 그럼 갈 때 차비는 선생님이 줄 테니까."

"알았어요."

이렇게 해서 나를 안심시켰던 하은이가 어느 날 까만 봉지 하나를 불쑥 내밀었다.

"선생님, 이것 할머니가 산에서 주워 오신 밤이라고 선생님 갖다드리래요."

"와, 너무 고마워. 우리 전교생이 밤 파티하자. 하은아, 밤 삶게 네가 가서 밤 씻어서 솥에 올려놔라."

"아따, 선생님은 꼭 나만 시키고 그래요?"

"그래서 싫어?"

"우리 할머니도 나 잘 안 시키는디."

"할머니가 바쁘고 아프실 때는 네가 밥도 하고 그래야지. 그냥 굶거나 할머니만 부려 먹으면 어떡해."

"선생님들, 우리 하은이한테 밤을 받았답니다. 하은이 할머니가 산에서 직접 주우신 거래요. 우리 파티해요."

한 되 정도 되는 밤은 그중 삼분의 일이 벌레 먹은 쥐 밤이었지만, 밤을 삶아 선생님과 전교생이 한 사람당 2개씩 돌아가도록 나누어 밤 파티를 했다.

촌지를 받고 이렇게 행복해하고 좋아하는 선생님이 있을까? 하은이는 내게 밤과 함께 아프게 영근 사춘기의 마음을 전해 왔다. 하은이는 그렇게 내 밤껍질 속에 알밤으로 안겨 왔다.

어떤 수행평가도 거부하던 하은이가 한글날 기념 글짓기 대회에서 제일 늦게까지 글을 썼다.

"이제까지 나는 누구에게도 마음을 열지 않았다. 혼자인 나는 외로움 속에서만 나를 찾으려 했다. 나에게는 많은 고통이 있었다. 슬픈 마음을 간직한 채 그 속에만 빠져 있었다. 내 마음은 옛날과 많이 달라졌다. 이제까지 알지 못하고, 이해하지 못했던 걸 이제야 깨달은 걸 보면 내가 철이 든 모양이다. 내 마음속에서 스스로 우러나온 결정이 생겼다.

예전에는 내가 왜 태어나 이 생고생을 하는가만 생각했다. 그러나 이제는 좋은 생각을 하면서 살기로 했다. 내가 이 세상에 태어난 것을 보면 나를 아껴줄 사람이 있다는 것 아닌가? 이제는 내 처지를 좋게 생각하려고 해야겠다. 혼자 가슴 아픈 적도 많다. 그러나 절대 다른 사람에게 눈물을 보여주지 않으려 했다. 내가 비참해지니까. 이제 내 생각을 내 스스로 결정하면서 흔들리지 말아야겠다."

바람이 단풍나무 가지를 살랑거린다. 목련은 남이 보지 않는 10월부터 꽃망울을 부풀려 겨우 내 배앓이를 하고서야 화려한 봄을 맞는다. 그 목련처럼 우리 하은이가 한겨울 한고비를 보내고 있다.

11월에 들어서면서 벼를 베어낸 들판이 유난히도 황량하게 텅 비어 있다. 그 빈 들판 위로 매서운 바람이 휘몰아 달음질친다. 하은이의 가슴이 이러리라. 이른 새벽에 그 길을 30분 이상 걸어 차를 타고 학교에 오는 하은이의 등굣길이 지금 내게 왜 그리도 멀게 느껴지는 걸까? 하은이와 이야기를 하고 난 다음 날 하은이는 학교에 오지 않았다. 전화를 해도 받지 않는다. 축제 총연습을 하는 날이었다. 하은이를 학교 행사에 공식적으로 출연시키려고 준비한 것이 있는데. 울컥 녀석에 대한 배신감이 치밀었다. 어제 이야기라도 하지 않았으면 배신감이 덜 했을 것이다.

학생의 날을 맞이하여 경찰서에 녀석을 추천해 선물을 받기로 했다. 한글날 쓴 글에 수상도 하기로 했다. 모든 것이 선생님들이 하은이를 배려하는 노력이기도 했다. 그러나 하은이는 이런 것들에 아랑곳하지 않고 또 결석한 것이었다.

법정 수업 5일을 남기고 2학기 첫 결석이었다. 밤 11시에 전화를 했다. 녀석이 잠결에 전화를 받았다.

"너 학교 그만 다닐 거야?"

"네."

"그래 고등학교 원서도 안 쓸 거야?"

"네."

그다음 날 새벽에 또 전화했다.

"아직도 안 일어났어? 정말 학교 안 올 거냐?"

"아니요. 학교 갈 거예요."

녀석이 내 마음을 알아버린 것이었다. 녀석의 인생을 두고 내가 아쉬워서 쩔쩔매는 모습을 보이지 않으려 했는데 어쩔 수 없이 또 들켜 버렸다. 나는 왜 이렇게 지지리도 궁상인지. 말 한마디로 감화시키는 능력은 언제나 생길는지 부지런히 입품 팔고, 다리품 팔아도 녀석들을 건질까 말까 하는 이 고단함이 언제나 끝날는지.

하은이가 학교에 왔다. 혼을 내줄까도 생각했는데 축제인 데다 녀석이 지레 꼬리 내리고 눈치를 보는 것이 오히려 반갑다. 녀석이 글쓰기 우수상을 받았다. 표정이 많이 밝아졌다. 눈길을 어디에 둘지 몰라 눈동자가 이리저리 피난을 다녔다. 또 열심히 수화 공연에도 참여한다. 먹거리 장터에서 부산하게 봉사를 하고 있다. 식탁 위를 흰 행주가 빨갛게 될 때까지 싹싹 닦는 모습이 영락없이 손끝 야무진 살림꾼이다. 김밥을 똑똑 썰어 이리저리 나른다. 빈 그릇을 챙겨서 잽싸게 씻는다. 부침개를 부친다. 부침개 모양이 미워 쑥스럽다며 접시에 올려놓는다.

"하은이도 먹으면서 해라."

"썰면서 먹었어요."

"그래도 좀 더 먹어라."

"괜찮아요. 배불러요."

가정 선생님이 할머니 갖다드리라며 떡을 싸주셨다.

"괜찮은디. 히히"

이제 혼을 내지 않을 이유를 찾았다

이로써 너의 죄를 사하노라.

희지의 사춘기

희지는 피부가 까무잡잡한 데다 눈이 크고 부리부리해서 인상이 강한 편이었다. 표정은 늘 어둡지만, 외모에 신경을 쓰면 눈에 확 띄는 아이다. 우리 학교는 학생 수가 적어 교복을 입지 않고 전교생이 사복을 입었는데, 면티와 청바지가 자연스럽게 교복이 되어버렸다. 교복을 입으면 교사들은 외모에 예민한 청소년기 아이들과 필요 없는 갈등이 생기는데, 실랑이를 벌이지 않아도 되니 교사와 학생 관계가 좋았다.

희지의 차림은 나이에 맞지 않게 어른 흉내를 낸 흔적이 역력했다. 빨간 입술, 레이스 스웨터에 분홍색 바지, 가을 초부터 두툼한 겨울연가 목도리, 빨간 구두 등 머리만 풀면 사회인과 구분이 안 되는 녀석의 분위기가 어른들을 불안하게 했다.

그럼에도 수업은 비교적 열심이어서 질문마다 대답을 또박또박했는데, 대부분은 사오정처럼 엉뚱한 대답을 하거나 냉소적일 때가 많았다.

"일제시대 이토 히로부미를 하얼빈 역에서 저격했던 분으로 일본 시각으로 보면 테러분자이고 우리 입장으로 보면 독립 열사인 분은?"

"이순신 장군요."

특히, 사회 시간에 가치관이나 교육목표에 관계된 토론을 하면 유독 사회에 대하여 부정적이다. 딱 부러지게 틀린 대답도 아니었다.

"조선시대 교육은 관료를 양성하는 데 있었는데 오늘날 교육의 목적은 뭐라고 생각해?"

"돈을 버는 것이요. 저는 커서 돈을 많이 벌 거예요."

늘 주저 없이 자기 생각을 쏟아내는 녀석에 대해 나는 조심스러운 걱정을 품게 되었다. 발표하는 것이나 눈이 초롱하게 빛나는 것에 비하면 녀석의 성적은 늘 꼴찌에서 맴돌았다. 생각이 늘 허공을 헤매고 있기 때문이다.

그렇다고 딱히 정열을 쏟을 만한 취미나 특기가 없어 남는 시간에 읍내의 오락실에 가거나, 이성 친구에게 관심을 쏟고 있었다. 그런데 녀석의 읍내 행은 종종 사건을 만들었다. 읍내 여학생들에게 아무런 시비를 걸지 않았는데도 애들이 째려본다며 싸움을 걸어와 거의 일방적으로 맞고 오기 일쑤였다. 우리 학생인 까닭에 녀석의 말을 이해하고 싶었다. 인상이 강한 까닭에 처다보는 것만으로 기분을 나쁘게 할 수도 있다는 것으로 이해하고 싶었다.

담임 선생님도 희지에게 메일로 대화하고 상담도 하면서 많이 챙겨주고 있었다. 교사라고 무조건 아이에게 접근할 수는 없다. 공감대가 필요하다. 함께 이야기하고 마음을 열 수 있는 계기나 서사가 필요한 것이다. 무언가 실마리가 필요했다. 그때 녀석이 노래를 좋아해 자주 노래방에 가는 것을 알아냈다. 그래서 희지에게 국악반에서 가야금을 배워보지 않겠냐고 제안하니, 녀석은 생각보다 훨씬 좋아했다. 이후 가야금을 배우는 데도 열정을 보였다. 곡을 소화하는 것도 비교적 빨라서 가르치는 재미가 쏠쏠했다. 희지는 중학교 남은 2년 동안 가야금을 배우면 예술고 진학을 할 수 있겠냐고 의지를 보였다. 그렇다고 국악을 전공으로 시킬 만큼 재능을 지닌 것은 아니었으나 차마 그 말까지는 할 수 없었다.

녀석의 표정이 밝아지고 눈빛은 더 빛났다. 국악 고등학교에 진학을 할 것이라고 아이들에게 말하고 다녔다. 녀석은 다른 아이들이 하지 않는 가야금을 하는 것에 대해 무척 자랑스러워했고, 때로는 이것을 친구들에게 과시하려고도 했다. 눈에 뭔가 목표 의식을 가진 아이들에게서 보이는 초롱함이 있었다. 녀석의 얼굴에 어둠이 아주 가신 것은 아니지만 생기가 살아났다.

마침 엄마가 면 단위에서 하는 장사가 신통치 않자 읍내로 가게를 옮기게 되었다. 거리로 본다면 당연히 엄마를 따라 전학을 가야 하나 녀석은 읍내로 전학하는 것을 꺼렸다.

여러 가지 이유가 있었다. 친구들과 헤어지기 싫어했고, 읍내 학교 아이들과 몇 차례 갈등이 있었기에 두려움도 있었다. 무엇보다 가야금을 계속하겠다는 의지가 컸다. 군에서 열린 '땅끝 예술제'에서 가야금 병창으로 가야금 분야 은상을 수상했지만, 집안 형편으로 보아 녀석에게 국악을 가르칠 가망은 희박했다. 결국 집안 형편을 인정하면서 희지는 국악고 진학을 포기했다. 목표가 없어지자 풀이 죽었다.

아이들이 3학년이 되었다. 사회 3학년 첫 단원에 인간의 사회화 과정이 나온다. 나는 아이들에게 수행평가로 아이들이 성장하면서 특정 사건이나 인물을 통해 영향을 받았던 사회화 과정을 써서 발표하게 했다. 희지는 과제로 성장일기를 써서 제출하면서 발표는 하지 않겠다고 했다. 아무에게도 이야기하지 않은 아팠던 성장기 이야기였다. 2학년 심리검사에서 심한 우울증 판정이 나왔을 때 선생님들은 당황했지만, 원인을 알 수 없었다. 녀석의 가정사 내막은 알 수 없었다. 녀석은 자존심을 지키기 위해 친구나 그 누구에게도 자신의 이야기를 하지 않았던 것이다. 희지의 성장일기는 정리하자면 이런 내용이었다.

희지가 태어난 곳은 서울이었다. 희지의 부모님은 아직 제조업이 한창이던 70년대 말 중학교를 마치고 무작정 돈을 벌기 위해 서울로 상경한 처녀, 총각이었다. 의지가지없던 둘은 사글세 방값이라도 아끼려고 일찍 결혼했다. 가족계획조차도 잘 알지 못했던 엄마는 밤낮으로 공장을 다니면서 딸 넷에 아들을 하나 낳아 길렀지만, 돌봄이 어려워 큰아이가 작은 아이를 키우면서 아이 다섯이 나름대로 젖을 떼고 걸음마를 배웠다. 희지가 초등학교에 진학했건만 부모님의 수입은 빠듯하였다. 엄마는 돈을 더 번다며 젖먹이 동생을 데리고 집을 떠났다. 이때부터 엄마 없는 생활을 시작하였다. 희지의 아빠가 술을 먹고 와서 주정으로 엄마에 대한 원망을 아이들에게 쏟아냈다. 희지는 이때부터 서울 달동네 고아나 다름없는 생활 속에서 아픔을 안으로 삭이는 법을 터득했다. 세상에 대하여 설명할 수 없는 분노와 배신감을 배웠고, 스스로 배고픔을 달래는 법도 터득하였다.

그것도 몇 년, 초등학교 4학년 때 희지의 아빠는 새로운 여자를 만났다. 고아나 진배없었지만 그래도 아빠가 있었던 시절이 끝났다. 새 여자는 구물거리는 아이들을 원하지 않았다. 아빠는 아무 설명도 없이 아이들을 차에 태워 땅끝 할머니 댁으로 보냈다. 귀한 손주가 아니라 천하에 쓸모없이, 할머니의 밥만 축내는 '웬수녀러 가시내'들이 된 것이다. 서러운 시절이었다. 큰 눈을 데굴데굴 굴려 야단맞지 않고도 학용품값을 타 내는 눈치 9단이 되어갔다.

1년 정도 이렇게 눈칫밥을 먹다가 소식을 들은 희지의 엄마가 아이들을 데리러 왔다. 엄마가 찾으러 왔다는 이유 하나만으로 모두 너무 기뻐했다. 희지가 엄마랑 떠밀려 온 곳이 이곳 산골 마을이었다. 엄마가 튀김집을 해서 번 수입은 많지 않았지만, 엄마가 있으니 배가 고파도 고프지 않았다. 늘 쪼들리는 엄마를 보며 희지는 이를 악물었다. 돈을 많이 벌 거라고.

녀석의 글을 보며 이만큼 버텨준 희지가 너무나 기특하고 다시 보였다. 어른도 견디기 힘든 아픔들을 10여 년 만에 모두 경험해 버린 것이다. 희지의 부정적인 언어들의 이유를 알게 되면서 난 녀석을 안아주고 싶었다. 응원해주고 싶었다. 단순히 가야금과 민요만이 아닌 사랑을 주고 싶었다.

그런데 3학년 진학을 앞두고 녀석에게 사춘기 방황이 찾아왔다. 학급 친구들과는 등을 돌리고 밤새 채팅과 성인 사이트를 뒤지다가 수업시간에는 졸거나 아예 엎어져서 잠을 잤다. 눈빛이 늘 풀려 있고, 깨워도 소용이 없어졌다. 완전히 삶을 포기한 표정과 자세였다. 선생님들도 어찌하지 못해 허둥댔다.

이제까지 깜박이는 촛불처럼 간신히 버티던 중심이 무너지자, 남은 것은 방황뿐이었다. 그동안 삭여온 아픔들이 한꺼번에 터져 나와 스스로 주체하기 힘들어했다. 담임 선생님의 걱정은 깊어졌다. 수시로 상담했지만, 녀석은 마음을 열지 않아 선생님들의 불안은 커져만 갔다. 지각과 결석이 잦아졌고, 담임이 전화를 걸면 어머니는 새벽까지 장사하느라 아이가 학교에 갔는지조차 알지 못했다.

녀석이 깨어 있는 시간은 오직 가야금을 하는 점심시간이었다.

어느 오월 초였다. 여전히 잠에서 깨어나지 못한 희지를 앞뜰 메타세쿼이아 그늘로 불렀다.

"왜 그렇게 늘 몽롱해 보여? 무슨 고민이 있는지 말해봐."

"밤 1시까지 아르바이트해요. 집에 가서 씻고 나면 3시, 4시가 돼요. 아침에 늦잠을 자서 지각하거나 못 깨면 결석할 때도 있어요."

"왜 아르바이트를 해야 하는데?"

"엄마 장사가 안돼서 용돈 타기도 미안하고요. 어버이날 엄마에게 선물도 해드리고 싶어서요. 그런데 아르바이트하는 거 모두에게 비밀이에요."

조금 불안했지만, 녀석이 어버이날 선물 마련을 위해 아르바이트를 한다니 기특하기도 해서 당분간 비밀을 지켜줬다. 하지만 여전히 학교생활이 나아지지 않아 다시 희지를 불러냈다.

"지금까지는 네가 비밀로 해달라 해서 비밀로 했다. 아르바이트가 성장하는 데 계기가 될 거라 믿었거든. 그런데 요즘 네 모습을 보니 걱정이 많이 돼. 네 엄마가 그렇게 고생하는 이유가 뭐겠니? 네가 반듯하게 크라고 그러는 거야. 그런데 학생이 공부는 뒷전이고 돈 버는 걸 알면 엄마가 좋아하실까? 더구나 아르바이트 때문에 학교생활이 엉망이 됐다. 수업시간에 졸고, 지각하고. 선생님은 더는 두고 볼 수 없다. 며칠간 일했는지 모르겠다만, 엄마 선물값은 내가 줄게. 그리고 정말 힘들면 선생님한테 말해라."

나는 녀석에게 작은 봉투 하나를 내밀었다. 그리고 녀석이 회복되기를 간절히 기원했다. 불안해하는 담임 선생님께도 걱정하지 말라며 믿고 기다리자고 했다. 하지만 녀석은 아니었다. 월요일 아침. 등교하는 희지를 본 선생님들이 경악했다. 앞코가 뾰쪽한 빨간 구두를 신고 아줌마들이나 어울릴 법한 긴치마에 연한 미색 카디건을 걸치고 머리를 풀어 나타났다는 것이었다.

순간 망치로 맞은 기분이었다. 녀석이 걸친 것들은 모두 새 옷이었다. 내 기대와는 달리 엄마 선물 대신 새 옷을 사서 입고 등교를 한 것이다. 사춘기 청소년들이 방황할 때 어른들을 배신감 들게 하는 것은 한두 번이 아니다. 일부러 속이려 거짓말을 할 때도 있지만, 실망시키고 싶지 않아서 순간을 무마할 얕은 거짓말을 하기도 한다. 희지에게 무슨 연유가 있으려니 생각해 보려 했다. 그런데 녀석의 복장을 본 순간 나의 마음의 여유는 여지없이 무너졌다. 아니 내 스스로에게 화가 났다는 것이 맞았다. 나의 기대마저 깨버린 녀석은 나를 가까이하기 꺼렸다. 그저 기계적으로 가야금을 배울 뿐 말이 없었다.

"아르바이트 그만뒀어?"

"네."

믿을 수가 없었다. 밤 9시가 넘어서 녀석이 아르바이트한다는 가게에 들렀다. 가게는 낮에는 경양식을 팔다가 밤에는 술을 파는 곳이었다. 임금을 아끼기 위해 이른바 아르바이트 명목으로 어린 학생들을 쓰고 있었다. 밤 7시부터 새벽 1시까지 일하고 한 달에 30만 원을 주기로 약속했다는 것이다. 문제는 읍내의 식당이나 카페 등에 대부분의 실업계 고등학생들이 아르바이트를 하고 있다는 점이다. 학교에서도 합법적으로 인정한 것은 아니지만, 녀석들의 아르바이트는 이미 제재를 가할 단계를 넘어섰다.

녀석은 내가 들어서는 걸 눈치채고 주방으로 숨어 버렸다. 고등학교를 갓 졸업한 듯한 남자 아르바이트생이 있었다.

사장인 듯싶은 분에게,

"희지 학교 선생님입니다. 희지를 만나고 싶어 왔습니다."

한참 만에 녀석이 나왔다. 어떤 말이든 들어주겠다는 표정으로. 녀석이 변명이라도 했으면 했지만 아무 말도 하지 않았다. 학교에서 어색했던 차림이 이 가게에서 오히려 수수하게 보였다.

"왜 계속 아르바이트하고 있는데?"

"한 달은 채워야 월급을 준대요. 앞으로 1주일만 일하면 한 달이 되거든요. 그때까지만 할게요."

"좋아. 그럼, 학교에 지각하거나 결석하는 일 없도록 해야 한다."

그러나 녀석은 다음 날 결석을 해버렸다. 더 이상 숨기고 감싸고만 있을 수가 없었다. 담임 선생님께 솔직히 말씀드렸다. 그리고 담임 선생님을 대신해 엄마를 한 번 만나 보기 위해 가정방문을 하기로 했다. 녀석의 엄마는 술집이 즐비한 골목에서 곱창집을 하고 있었다. 문을 열고 불러도 한참 동안 대답이 없어서,

"희지 선생님입니다."

했더니, 엄마가 쪽방에서 부스스 일어나 나왔다. 엄마는 새벽 6시까지 가게를 하고 오전에 주무신 후 오후에 시장을 봐서 밤에 가게 문을 연다고 했다. 아이들을 돌보려고 한 장사이지만 아이들을 살뜰하게 보살필 시간이 없었다.

희지가 지각하고, 결석하는 것은 담임 선생님의 전화로 알고 있었지만 아르바이트한다는 것은 까맣게 모르고 계셨다. 더구나 국악원을 가지 않았다는 말에 경악했다. 얼마나 분노하고 화를 내시는 지 선생님인 내가 오히려 엄마를 달래야 했다.

사춘기 아이들의 일반적인 특징을 설명하고 어떻게 하든 이 방황을 끝내기 위해, 교사와 엄마와 아이가 함께 고민하고 방법을 찾자고 엄마를 설득했다. 엄마는 번들거리던 눈빛을 삭이고 이제 엄마의 하소연을 풀어놓았다.

"내가 이 술구덕에서 장사 하면서도 아이들을 반듯하게 키우려고 갖은 애를 다 쓰요. 이 수많은 새끼를 놔두고 지애비는 딴 살림 차려 보란 듯이 사는디 우리는 집 한 칸 없이 나앉아 그래도 즈그들 키와 볼라고 요라고 고생을 하요. 그란디 즈그가

그 맘을 몰라주고 저렇게 지 맘대로 까져분다면 나도 포기해 불라요. 시상에 나는 즈그 에미가 이렇게 살아도 사람 노릇 하라고 한 달에 한 번씩 없는 살림 뒤져서 고아원에 즈그들 데리고 가요. 마음에 새로운 각오도 생기고, 또 어쨌든지 좋은 일에 저금한 셈 칠라고요. 내가 은제 지한테 돈 벌라고 그랬다요. 나는 10원 한 장 쓸 것 없어도 즈그들은 불쌍하게 안 맨들라고 일수처럼 즈그 통장에 용돈으로 날마다 3천 원씩 넣어줘요. 그란디 돈이 없어서 아르바이트를 해라. 내가 그 가게 주인을 이참에 요절을 내 불라요. 이 가시내가 분명 머슴애를 사귀는 것이 분명해라."

엄마는 눈물도 닦지 않고 울고 계셨다.

"엄마가 애쓰시네요. 희지의 방황은 오래가지는 않을 겁니다. 엄마의 고생을 알고 있고, 마음이 착하잖아요. 엄마도 마음 털어놓고 희지에게 진심을 말씀해 보세요. 아주 철없는 아이가 아니니까 알아먹을 거예요. 엄마가 고생한 보람이 있어서 다음에 옛말할 겁니다. 저도 더 열심히 지도해서 관심을 다시 학교로 끌어 볼게요."

나는 엄마 손을 붙들고 위로하며 미래 희망까지 약속하고 말았다.

동생의 아르바이트 소식은 친언니도 전혀 모르고 있었다. 엄마나 언니도 문제였다. 국악원에 간다면 그뿐, 1시든 2시든 들어오는 시간을 아무도 챙기는 사람이 없었다.

아르바이트를 그만두라는 엄마의 말에 녀석은 완강히 거부 의사를 밝혔다. 한 달은 꼭 채우겠다는 것이었고 돈 때문이 아니라 주인과 약속 때문에 도와줘야 한다는 것이다. 희지는 그 후로 며칠 학교에 다니다가 또 며칠 결석했다.

후에 들은 일이지만 녀석은 아르바이트하면서 만난 남자애를 사귀고 있었고, 녀석과 한시에 일이 끝나면 밤새 만나고 있었다. 그사이 나와 선생님들은 녀석에 대해 상당히 지쳐가고 있었다. 뭐라고 속 시원하게 이야기라도 해주면 녀석의 변화를 기다리기라도 하련만 녀석은 내가 엄마를 만난 뒤로는 좀체 이야기하지 않았다. 녀석이 마음의 문을 닫으니 나로서도 녀석에게 접근할 수가 없었다. 어느 날 녀석을 불러 놓고 마지막 경고를 했다.

"믿었던 네가 이제 선생님과도 대화하지 않겠다면 좋다. 선생님도 더 이상 버틸 재간이 없다. 네가 선생님과 다시 고민을 풀어갈 의사가 있다면 다시 시작한다는 의미로 선생님과 다시 한번 약속하자. 의사가 없다면 선생님은 널 포기하겠다. 생각해서 결정해라."

"포기하세요."

"알았어. 가. 난 널 혼낼 필요도 없다고 생각해."

그 후로 며칠은 녀석의 화장이 더욱 진해지고 지각도 잦았다. 가야금도 빼먹는 날이 많았다. 가끔 만나면 우리는 서먹서먹했다. 그런데 6월 초부터인가 녀석이 다시 가야금을 배우러 나타났다.

"너 포기하라며?"

"제가 언제요? 선생님이 포기한다고 먼저 했어요."

"다시 가야금을 하기로 한 이유는?"

"남친과 헤어졌어요."

"왜?"

"서로 맘을 잡을 수가 없어요. 돈도 많이 들고요. 무엇보다 엄마 땜에 안 되겠어요."

"잘 생각했다. 연애는 언제든지 또 할 수 있어."

4월 말에 시작한 방황이 5월에 정점에 달했다가 6월에 제자리로 돌아왔다. 사귀는 남자 친구와 헤어진 것이었다. 청소년기 방황치고는 참으로 짧은 편이다. 그동안 용궁까지 갔으련만 녀석은 그 방황을 혼자 해결하고 나타난 것이다. 여기엔 담임 선생님의 지속적인 관심과 이해, 즉 담임이 아닌 나의 개입을 자존심 상하지 않고 이해해 준 속 깊은 배려가 한몫했다. 희지 스스로 엄마를 보며 정신을 차려야겠다는 생각이 무엇보다 제자리로 돌리게 했다.

녀석은 이후 놀아버린 한 달을 보상이라도 하려는 듯,

"선생님 빨리 레슨 해주세요."

하면서 가야금 연습에 박차를 가했다. 7월에 실시한 '남도 자랑 발표 대회'에서 큰 학교를 제치고 은상을 탔다.

2학기가 되면서 읍내로 이사 간 희지의 통학을 내가 책임졌다. 점심시간만으로는 연습 시간이 절대 부족했다. 3학년이라 아침 시간까지 내기에는 담임 선생님께 염치가 없어 차 안에서 노래 연습을 했다.

"희지야, 어부사시사 한번 불러 볼래?"

"네."

"앞 개에 안개 걷고 뒷 뫼에 해 비친다. 배에 떠라, 배에 떠라. 썰물은 물러가고 밀물이 밀려온다."

"인마, 낮은음 소리가 너무 작다. 좀 더 큰 소리로 경쾌하게 해봐."

"그런데 선생님, 우리 밥 한번 먹어요."

"그래? 누가 사는데?"

"제가 한턱 쏠게요."

"정말? 너 용돈도 없다며?"

"그 정도는 있어요."

"그래, 말이라도 고맙고 배부르다."

희지는 10월에 군 학예발표회인 땅끝 대회에서 큰 학교를 제치고 최우수상의 영광을 안았다. 하지만 만족하지 않고 졸업 전에 가야금 산조를 끝내겠다며 점심시간에 음악실을 꽉 지키고 있었다.

관심이 필요했던 관영이

우리 학교 1학년은 두 명이다. 대부분 더 큰 읍내 학교로 전학을 가서 집안 형편 때문에 남은 학생들이었다. 새침할 만큼 깔끔하고 모범생인 수영이는 관영이를 얼른 친구로 받아들이지 않았다. 두 녀석의 학습 능력은 차이가 너무 큰 데다 관영이 녀석은 초등학교 때 약간은 불량스럽게 학교를 다닌 터였다.

성별도 학습 능력도 관심도 놀이도 물에 뜬 기름처럼 다른 두 아이를 위해, 담임 선생님은 늘 고심했다. 학기 초 아침 자습 시간에 컴퓨터 앞에 앉아 음악감상을 하기도 하고, 책을 읽기도 하고, 영어를 듣게 하는 등 노력했다.

관영이 아버지가 돌아가신 뒤 어머니는 밤늦게까지 일을 해 아이들을 뒷바라지했다. 녀석은 부족한 애정을 다른 방법으로 해소하고 있었다. 초등학교에서는 후배나 약한 녀석들에게 이유 없이 주먹질하여 악명을 얻었고, 또한 인근 학교 선후배들과의 주먹다짐으로 쉽지 않은 아이라는 입소문이 난 상태였다. 관영이 스스로 떳떳하다고는 생각하지 않았지만, 함부로 건들지 못할 아이로 입지를 굳힌 것에 대해서는 자부심까지 가지고 있었다. 학기 초만 해도 녀석의 표정이 만만치 않았다. 큰 덩치에 인상을 쓰고 주먹을 쥐면 언제든지 싸울 수 있는 폼이 나왔다.

처음 입학했을 때는 표정도 몸도 어찌할 바를 모르고 안절부절못했다. 뭔가에 집중한다거나 설명을 듣는 것에 익숙하지 않았다. 책을 읽으라고 하면 더듬거리며 불편해했다. 특히, 글쓰기는 고문보다 더 괴로워했다. 생각을 글로 표현해 본 적이 없었기 때문이다. 관영이는 단어 하나를 글로 표현할 줄을 몰랐다. 하지만 글을 모르진 않았다. 단지 자신감이 없었을 뿐이었다. 우선 녀석의 장점을 찾아내고 선생님들이 관영이를 아끼고 있다는 확신을 심어주는 것이 필요했다.

관영이의 꿈은 훌륭한 기술자가 되는 것이었다. 실제로 녀석은 아이답지 않게 폐고물 자전거쯤은 거뜬히 고쳐 되팔 수 있는 기술을 인정받고 있었다. 고친 자전거를 판 돈으로 아버지 제사 때 두부도 사고, 막걸리도 샀다. 자동차 이름은 어찌나 줄줄 꿰고 있는지 자동차 박사 같았다. 지금이라도 카센터에 가면 주인에게 환영받는다고 했다. 카센터 사장이 되는 꿈을 이야기할 때 녀석은 얼굴이 발갛게 상기되며 세상 다 얻은 자의 자신감을 보였다.

세계지리에 관심이 많아 질문도 많이 했다.

"선생님 고생대 산맥의 특징과 신생대 산맥이 어떻게 다른지 가서 직접 보고 싶어요. 안데스산맥도 가보고 싶고, 로키산맥도 가보고 싶어요."

"그래 우리 다음에 세계 여행할까?"

"좋아요. 꼭 가요."

"언제 갈까?"

"10년 후에요."

"그때까지 여행비 벌 수 있을까?"

"그럼 10년만 더 늦게 갈까요? 그때쯤은 제가 카센터 사장이 되어 있을 것 같은데요."

"좋아, 약속하자. 수영이도 가능하지?"

"네."

관영이는 엄마가 일터에 나가 끼니를 제대로 챙겨주시지 않지만 크게 불만이 없었다. 오히려 엄마를 끔찍하게 위하는 마음이 있었다. 아버지를 일찍 여읜 터라 어머니가 하루라도 쉬면서 건강을 챙기기를 바라는 장남의 의젓함도 있었다. 거기다 쉽게 화내지 않고 친구를 이해할 줄 아는 아량도 있었다.

선생님들은 관영이에게 집중적으로 사랑의 화살을 쏘아댔다. 녀석은 선생님들이 통근하는 길목의 길갓집에서 살았다. 그래서 아침에 녀석을 먼저 본 선생님들이 차에 태워 왔다. 녀석은 맘에 드는 선생님을 골라 차를 타는 여유를 부리기도 했다.

수업은 거의 과외에 가까웠다. 수영이를 위해 진도가 하나 끝나면 녀석을 위해 다시 천천히 되짚어 확인 공부를 시켰다. 그러자 녀석이 교실의 주인이라는 것을 깨닫기 시작했다. 관영이는 자신이 공부와는 상관없다고 믿고 있었는데 말이다. 한글도 잘 모르지만 영어 알파벳은 꼭 외워야 했다. 산수도 더디지만 수학도 이해해야만 했다. 선생님들의 노력 덕분에 부진아 검사에서 당당히 국어, 수학 점수가 60점을 넘겨 기초반을 통과했지만, 국어 선생님은 자처해서 아침 시간에 한글 공부를 시켰다.

국어 선생님이 관영이를 빼앗아 가버리면 가정 선생님인 담임 선생님은 수학이 약한 수영이를 위해 수학 공부를 시켰다.

상식적으로 억지 공부를 시키면 고역일 성싶은 데 녀석은 싫어하지 않았다. 수줍게 웃으며 선생님들의 노력에 화답하여 따라오는 의욕을 보였다. 선생님들의 관심을 받아들이고 기꺼워하게 된 것이다. 무엇보다도 자신감이 생겼다. 수업하면서 "제일 멋있는 사람이 읽는다" 하면 녀석이 덜컥 일어나 책을 읽고, "이번에는 제일 잘생긴 사람이 읽는다" 해도 녀석이 벌떡 일어나 책을 읽었다. 쓰기도 곧잘 했다.

시험 때가 되면 교무실 선생님들이 관영이의 점수를 가지고 한바탕 소란이 벌어졌다. 서로 관영이의 과목 점수를 비교하는 눈빛에 선생님들이 마치 관영이가 된 것 같았다. 중간고사 때는 관영이가 사회를 제일 잘 봐서 사회 선생님이 어깨를 제일 으쓱댔다. 관영이의 사랑을 독차지했다고.

글로 표현하는 것을 죽기보다 싫어할 정도로 자신 없어 하던 관영이가 스승의 날 메일을 보내왔다. 메일을 받은 기분은 하늘을 나는 것 같았다. 변화가 이렇게 빨리 올 줄은 몰랐다. 녀석에게 쓰기를 시킬 좋은 기회라 생각해 날마다 메일을 주고받자고 제의했다. 달랑 둘밖에 없는 녀석 중 관영이하고만 메일을 주고받으면 수영이가 샘낼까 봐 수영이에게도 함께 쓰자고 했더니 수영이 녀석이 더 적극적으로 글을 보내왔다.

생각해 보니 녀석들은 사춘기 시기에 가장 필요한 또래 친구가 없다. 둘만 다녀도 부러울 것이 없다고 생각되면서도 혼자서 가방을 둘러메고 각자 교문을 나서는 모습을 보면 마음이 아팠다. 저 나이에는 부모보다도 친구와의 교류가 더 중요한 것인데…. 수영이의 글은 친구가 없는 녀석의 외로움을 메워주고 싶은 마음을 절실하게 했다. 그러나 어찌 엄마뻘의 선생님이 녀석의 외로움을 다 달래 줄 수가 있을 것인가?

메일을 거른 날 부과하는 벌금을 모아 짜장면을 먹자고 하니, 관영이는 홀딱 넘어가서 처음 며칠은 메일을 잘 보내왔다. 하지만 쓰기가 벅찼는지 어느 날부터 뒤통수를 벅벅 긁어댔고, 수영이는 관영이에게 벌금을 내라고 쫓아다니며 구박을 했다. 벌금이 여의치 않자, 빼지 않고 글을 쓰면 '집으로'라는 영화를 함께 관람하기로 약속했다. 그러나 녀석은 순수한 호감을 이용하려는 선생님의 심보를 알았는지 어느 날부터 메일도 심드렁했다.

관영이는 늘 도시락을 가져오지 않았다. 엄마가 싸 주실 시간이 없었기 때문이다. 그 큰 덩치가 점심때 복도를 배회하는 것이 안쓰러워 선생님들이 밥을 남겨 먹이거나, 선배들 교실에서 나누어 먹게도 했다. 하지만 녀석이 불편해했다. 담임 선생님은 관영이가 반찬이 없어서 도시락을 못 가져왔다고 생각해, 밥만 싸 오도록 했다. 그리고 직접 밥과 반찬을 들고 교실에 가서 밥을 먹었다. 도란도란 이야기를 나누며 셋이서 만리장성을 쌓았다.

관영이와 수영이는 서로 관심이 없는 척하지만 서로 많이 의지하며 지냈다. 초등학교 때 결석이 잦았던 관영이가 중학교에 와서는 두 번 결석했다. 한번은 아파서 못 오고, 딱 한 번만 그냥 놀고 싶어 읍내로 가서 놀았다. 관영이가 결석한 날 수영이 혼자 수업을 했다. 새침데기 수영이는 혼자 수업을 하면서 내내 관영이가 없어 너무 허전하다고 했다.

　관영이는 수영이를 더 많이 의지했다. 수영이가 잠시라도 교실을 비울라치면 "수영아!" 하며 복도에 소리를 지르며 찾아다녔다. 형들과 잘 어울리면 좋으련만 관영이는 2학년 형들보다 훨씬 덩치가 큰 데다가 초등학교 때 놀던 가락이 있어 형들 앞에서 아직 재롱을 피울 줄은 몰랐다. 그러다 보니 형들보다는 수영이가 편한가 보다. 수영이가 없는 날은 관영이가 너무 외로워 보였다.

　점심시간에 수영이가 가야금을 배웠다. 혼자 남게 된 관영이는 음악실 앞에서 왔다 갔다 하거나 문을 빼꼼 열고 끝날 때까지 내내 지켜보고 있었다. 그래서 관영이도 점심시간에 단소를 시작했다. 정간보 한자 악보가 어려워도 기를 쓰고, 써보고 읽어서 악보를 보는 것도 어렵지 않게 되었다. 소리는 잘 나지 않지만, 수영이랑 선생님이랑 함께할 수 있어 그저 좋은 관영이는 오늘도 두 달 가까이 "중 임중임 무 황무황 태 황태황 무 임중 임중임~" 하면서 아리랑을 못 끝내고 있다.

　어느 날 담임 선생님이 점심시간에 둘을 다 교실로 데려가 버렸다. 교실에서 선생님과 시험공부를 해야 한다는 것이었다. 아이들을 두고 선생님들이 서로 사랑을 나눌 시간을 다투었다. 오후에는 특기와 적성이랑 특별 보충하느라 짬이 없어 사랑을 못다 주기 때문이었다.

　관영이의 변화는 무엇보다 표정과 목소리에서 나타났다. 학기 초 목소리를 착 깔고 깡을 과시하던 저음이 오간 데 없어지고, 약간 부드러운 고음의 어리광스러운 목소리와 말투가 살아난 것이다. 귀염둥이 1학년 목소리를 되찾은 것이었다. 어둡고 신경질적이던 표정이 없어지고, 순하고 부끄럼 타는 소년의 표정으로 바뀌었다.

　기말고사를 보던 날 녀석은,

　"선생님, 어젯밤에 12시까지 내내 공부만 했어요."

　"그래? 무슨 공부 했는데?"

　"전 과목 다 했어요."

"와 장하다. 관영이 파이팅!"

오늘도 변화가 어렵고 더디지만, 녀석은 갓 입학한 초등학생의 마음으로 새로운 시작을 하고 있다. 청소년기에는 어른보다 친구의 영향이 더 크다. 하지만 이렇게 어른들의 관심으로도 변화를 시도하고, 또 변할 수 있다.

너희들은 문제아가 아니야

 가정방문 기간이 이틀로 정해졌다. 그러나 오후에 남는 몇 시간으로는 한 학급 35명의 가정방문을 이틀에 마치는 것은 불가능한 일이다. 그래도 요즘 가정방문을 취소하는 학교도 많으니, 차라리 다행이라고 할까?
 가정방문은 교직 생활에서 아이들을 이해하는 가장 소중한 교육활동이다. 열 마디 말보다 아이들의 대문만 보고와도, 박제된 아이가 생생하고 입체적으로 다가온다. 아이들이 내 손아귀를 벗어나도, 아이들이 삐뚤어져도 녀석을 포기하지 않고 품어 안을 수 있는 녀석에 대한 공감대가 생기는 것이다.
 가정방문은 교사, 학부모 서로 힘들고 부담스럽기는 매한가지다. 그러나 다녀오면 가슴이 가득 차오른다. 어려운 사정의 아이들은 아이들대로, 명랑한 아이는 아이대로 고스란히 내 마음속에 소중한 아이가 되는 것이다. 학교에서는 똑같은 교복을 입고 30명이 앉아 있으면 규칙 잘 지키는 아이와 못 지키는 아이로만 나누거나, 공부를 잘하는 아이와 못하는 아이로만 구분하기 쉽다. 그러나 이렇게 대문이라도 보고 나면 한 명 한 명이 더없이 소중해진다. 학교에서는 머리가 조금 길어도 말 안 듣는 아이로만 느껴지지만, 밖에서 보면 정해진 틀에서 조금이라도 벗어나고 싶어 발버둥 치는, 살아서 펄떡이는 개성 있는 아이로 보이는 것이다. 모두가 사랑스럽고 소중하며, 그저 조금씩 다른 아이들이란 걸 학교는 잊지 않아야 한다.
 우리 반 분위기를 소란과 산만함 그 자체로 몰아가는 녀석들이 세 명 있었다. 소위 일진이라 불리는 녀석들은 날마다 지각을 해서 학교 청소 봉사를 자주 하는 부류들이었다. 녀석들은 어제 가정방문한다고 했더니 적어 온 전화번호가 틀리거나 아예 전화를 받지 않았다. 그래서 녀석들과 처음부터 함께 차에 태워 출발하기로 했다. 교문에서 기다리라고 했는데 혹시 또 도망가지 않을까 걱정됐다. 다행히 어울리는 다른 반 패거리들까지 함께 오종종 모여 기다리고 있었다.

먼저 바구니처럼 머리가 산발인 단아네 집부터 들렀다. 녀석은 지각을 밥 먹듯 하면서, 교실에 들어올 때는 머리가 거의 풀리다 만 바구니였다. 지각할 때마다 화장실 등의 청소를 시키는데 다행히도 봉사를 즐겁게 했다. 녀석의 집은 비교적 부유했으나, 부모님들은 녀석이 방향을 잃고 생활 규범의 테두리를 벗어나면서 거의 포기 상태로 방치하고 있었다. 동생이 같은 학교에 다니는데 엄마가 아침마다 둘을 각각 다른 시간에 자가용으로 통학을 시키고 있었다.

학기 초 가정 기초조사 때 녀석이 두 번씩이나 엄마의 전화번호를 다르게 써준 것이 생각났다. 그래서 요번에 꼭 단아네 엄마를 만나야겠다고 생각했지만, 집에 안 계셨다. 함께 몰려간 우리 일행이 여섯 명이었는데, 기다릴 겸 라면을 사 오라 해서 끓였다. 녀석들과 젓가락 싸움을 하면서 라면을 먹고 나니 한결 친해진 느낌이었다. 우리는 모임을 하자고 제안을 했다. 일진 패거리에 선생님이 끼기로 한 것이다. 매달 마지막 주 토요일, 학교 앞 분식집에서 만나기로 했다. 돈이 없다고 난리던 녀석들이 회비는 충분히 낼 수가 있다고 빼겼다. 이게 라면 효과인 건가?

라면을 먹고 떠드는 동안 나는 단아네 엄마와 통화를 했다. 동창회 모임이라고 했다. 대학까지 나온 엄마로서 이 꼴통 때문에 낯을 들 수가 없지만 그래도 선생님이 좀 도와달라고 했다. 관심을 돌리기 위해 뭔가 녀석의 혼을 뺄 다른 재밋거리가 필요했다. 다행히 엄마와 통화하면서 단아가 그림 그리기를 좋아한다는 걸 알게 되었다. 생각해 보니 녀석이 모둠 일기에 그림을 정성 들여 그리던 것이 생각났다. 그래 이거야. 당장 그림을 그리게 해서 예술고 진학을 추진해 보기로 엄마와 의기투합했다. 큰 성과였다. 녀석도 그림을 그려보자는 말에 진지하게 고개를 끄덕였다.

돌고 돌아 마지막 집이 선아네였다. 녀석은 처음부터 끝까지 열쇠가 없어 집에 못 들어간다고 했다. 나는 대문만 보자고 우겨서 집까지 갔다. 그러나 녀석은 끝내

문을 열지 않아 대문 앞에서 아빠와 통화만 했다.

"선아 담임이그만요. 글 안 해도 오신단 말 들었소만, 나가 한 잔 해부렀소. 요새 경기가 좋지 않아 배도 잘 안 떠서 이라고 놀고 있을랑께 속이 타서 소주 한 잔 하고 있소. 나가 선생님 한번 보러 갈라고 그랬소. 우리 선아 납부금 좀 면제해 주시오. 급식비도 못 낼 형편인디 어츠께 좀 해주먼 안 되겠소?"

납부금을 면제해 달라는 아이가 열 명 가까이 되어 허둥대며 서류를 작성할 때, 이 녀석은 아무 말이 없기에 집안 형편이 괜찮은 줄만 알았다. 엄마가 작년에 돌아가시어 집안 살림을 녀석이 도맡아 하면서 학교에 다녔기에 지각이 잦았다. 아버지는 일주일은 배를 타고, 일주일은 집에서 쉬었다. 지각하던 날,

"살림하느라 힘들지?"

했더니 눈물을 펑펑 쏟아냈다. 하지만 10분도 못 되어 바람처럼 휑하니 친구를 찾아 쏘다니던 녀석이었다. 헤어 디자이너가 꿈인 녀석은 요즘 막 자고 일어난 듯한 헐렁한 스타일로 묶는 머리를 유행시켜 아이들 대부분이 머리를 자다 일어난 아줌마 머리를 하고 다녔다. 녀석의 등을 두드리며 "힘내라 선아" 했더니 고개를 푹 숙였다. 실업고에 가서 꼭 미용학과가 있는 전문대로 진학하자고 손도장 약속을 했다. 그래도 녀석은 언제 약속했냐는 듯이 온 학교를 헤집고 다닐 것이다.

선아네 가정방문 이후 가슴이 답답해졌다. 내가 해 줄 수 있는 역할은 한정된 데다 부어도 부어도 채워지지 않을 성싶은 깨진 항아리 같은 녀석들의 형편에 마음이 심하게 상해 버렸다.

나의 교직 15년에서 이번 가정방문은 특별했다. 도시의 빈민이 얼마나 힘든 것인지. 가정 파괴가 아이들을 어디로 내몰고 있는지.

이유 없이 방황하는 아이들은 없다. 아이들을 들여다보면 아이들이 더 이상 문제아가 아니다. 치료해야 할 '상처받은 새들'인 것이다.

제적당한 승아

이 나이쯤 되면 녀석들의 모습이 무뎌지기도 하고, 풀어야 할 숙제 앞에서 정답이 술술 나올 노하우가 쌓일 법도 하건만 나는 오늘도 흐린 하늘처럼 가슴이 답답하다.

오늘 점심시간 가출했다가 어머니께 붙잡혀온 승아를 식당에서 만났다. 녀석 앞에서 해줄 말이 막혀 우리 둘은 냉수만 자꾸 홀짝거리고 앉아 있었다. 녀석을 만나러 나갈 때만 해도 녀석을 붙들고 해줄 말도 많았고, 녀석의 마음을 돌릴 수 있는 자신감도 있었다. 녀석이 잘해보겠다고 용서를 빌면 녀석에게 따끔함을 보이기 위해 좀 튕겨보리란 여유까지 가지고 나갔다.

그런데 녀석의 차림부터가 심상치 않았다. 벌겋고 누런 머리에 치렁치렁한 검은 귀걸이, 속옷이 훤히 비치는 목과 어깨가 패인 블라우스, 팬티 라인까지 확인할 수 있는 얇고 짧은 치마, 분홍 손톱, 까만 발톱의 승아는 나를 보고도 피식 웃어 보이는 여유까지 보였다. 어머니로부터 녀석을 넘겨받아 식당으로 가는 동안 나는 준비해 온 말들을 다 잊어먹고 땅만 보고 걸었다.

"그래 집 나가니까 좋든?"

"아니요."

"재미있게 놀았어?"

"아니요. 친구 자취방에서 그냥 잠만 잤어요."

"밤새 노니까 낮에는 잠만 자지."

"친구들이 차 훔쳐 와서 태워주든?"

"이번에는 안 태워 줘서, 그냥 애들이랑 걸어서 돌아다녔어요."

"광주물이 목포물보다 더 낫든?"

"아니요. 목포가 더 나아요."

"돈이 떨어져서 내려왔어? 엄마한테 붙잡혀서 왔어?"

"돈이 떨어져 집에 오려고 그랬는데 엄마한테 붙잡힌 거예요."

"학교는 어떻게 할 건데?"

"안 다닐 거예요."

"왜?"

"그냥 다니기 싫어요."

"그래도 이유가 있을 것 아니냐. 선생님이 힘들다던가, 친구가 힘들다던가. 공부가 힘들다던가."

"전부 다 힘들어요."

"그래도 좀 더 구체적으로 말해야 선생님도 너에게 끼어들 수 있는 여지가 생기지 않겠냐? 선생님은 진심으로 학교가 싫어서 더 당당하고 자신 있게 살 수 있는 길이 있다면 억지로 학교 오라는 말 않겠다. 그러나 돌아서서 며칠도 안 돼 후회하거나, 1년 후에 복학해야 할 처지가 될 거라면 학교를 그만두는 것을 허용할 수가 없다. 이유라도 들어보자."

"그냥 친구들도 저를 이상하게 보는 것 같기도 하고요. 공부 시간에 견디는 것이 너무 힘들고, 선생님들도 저를 이상하게만 보는 것 같아요."

"누구나 네 나이에 현실에 만족하면서 살지는 않아. 한 번쯤은 현실을 팽개치고 싶은 충동은 있을 수 있다. 그러나 마음을 다스리며 버티고, 적응하면서 성장하는 거야. 특별한 대안도 없이 그만두면 바로 후회하니까 그게 문제야. 정말 후회 안 할 만큼 잘 살 수 있겠어?"

"후회 안 할 자신 있어요."

"정말로? 뭘 할 건데? 아르바이트할 거야?"

"모르겠어요. 그렇지만 학교에 가서 버티는 것은 싫어요."

"오직 너희만을 위해 아픈 몸을 버티고 일터로 나가시는 너의 엄마에게도 이 길이 가장 떳떳한 길일까?"

"…"

녀석은 단호했다. 평소에 규칙을 밥 먹기보다 잘 어기면서도 내 앞에만 오면 멋쩍게 웃으며 다음에는 절대 그러지 않겠다고 용서를 비는 모습에 나는 늘 희망을 품었다. 그런데 오늘 승아는 고개를 숙이고 있을 뿐 너무나 단호했다. 녀석을 포기하리란 생각은 들지 않았지만 그렇다고 딱히 대안이 떠오르지 않았다. 한참 동안 만두만 숟가락으로 굴리고 있었다.

"그래, 지금 당장 결정하지 말고 조금 더 생각해 보자."

"생각해도 결론은 달라지지 않을걸요."

"네 생각이 정 그렇다면 학교를 그만두어라. 대신 절대 후회하지 말고 진짜로 당당하고 자신 있게 학교 다니는 녀석들보다 훨씬 잘 살아야 한다. 학교 밖은 너의 생각보다 훨씬 힘들 수도 있다. 너를 보호해 줄 장치가 없다. 나는 네가 조금 더 성장할 때까지 학교에서 보호받으며 힘을 키울 시간이 필요하다고 생각해. 그래서 너에게 생각할 말미를 주고 싶어. 그럼에도 학교를 그만두겠다면 선생님과 약속해라. 반드시 어려움을 이겨내고 당당하게 잘 살아갈 거라고. 너만 노력하면 길이 아주 없는 것이 아니다. 선생님 주변에 중고등학교를 혼자 공부해 검정고시를 본 친구도 있어. 지금 선생님이 너를 더 붙잡지 않은 것을 후회하지 않게 해 줄 수 있어?"

"네."

"그러나 너의 마음이 바뀌면 언제든지 선생님을 찾아라."

"네."

또 우리는 말이 없다. 억지로 녀석을 학교에 끌고 오고 싶지는 않았다. 아무런 계획도 미래도 없는 녀석이 한 달도 못 되어 지치겠지만 지금 그것을 깨닫게 할 수는 없었다. 해줄 수 있는 말이 이렇게 빈약한 내가 답답하다. 참으로 할 말 없음이 사람을 외롭게 한다. 녀석을 앞에 두고도 난 녀석이 그립다.

녀석은 부모님이 이혼해서 원래 아빠와 살다가 아빠가 재혼하면서 고아원에 맡겨졌다. 이것을 본 엄마가 두 남매를 데려와 살았지만, 초등학교 때부터 담배와 술을 배우고 또래를 만들어서 노는 재미를 알게 되었다. 엄마는 밤에 일하는 까닭에 늘 집이 비어 있었고, 살림을 녀석이 도맡아 하다 보니 한편으로는 애늙은이였다.

중학교에 입학해 신체가 남보다 빨리 성숙한 녀석을 학교에서 유도선수로 발탁했는데 이웃한 남학교 고등학생과 어울리게 되었다. 그래서인지 이성 교제와 친구들에게서만 삶의 의미를 찾고 있었다. 두 살 더 먹은 친오빠와 자취했는데 승아 친구들과 오빠 친구들이 짝을 이루어 노는 일도 잦았다. 결국, 생활지도가 되지 않자 유도부 선생님이 승아의 선수권을 박탈해 버렸다. 이윽고 2학년 말 겨울방학을 전후하여 유도부에서 퇴출당했다.

유도부에서 반강제로 퇴출당한 데다 학기 초 보름 간의 병결로 아이들의 관계나 또래 집단이 재편성되는 과정을 아이들과 함께하지 못하면서 녀석이 적응할 기회를 놓쳐버린 것이었다.

수업시간에는 주로 잠을 잤다. 머리가 아주 나쁜 편이 아니어서 나는 욕심을 좀 더 부려보고 싶었다. 매일 공부한 흔적을 나에게 검사 맡기로 한 것이다. 그러나 다음 날에 엄마에게 흡연하는 장면을 들키고 그 길로 도망간 것이 가출이 됐다. 그즈음 엄마는 승아 오빠가 고등학교를 자퇴하는 문제로 실랑이하고 있던 터라 이중의 고통을 받고 있었다. 고아원에서 아이들을 데려올 때만 해도 아버지 없이 보란 듯이 잘 키우고 싶었던 것이 엄마의 소망이었을 텐데 둘 다 망가지고 자리를 찾지 못하고 있었다.

나는 승아 엄마가 하루 벌이로 근근이 생활을 이어가는 것이 너무 안쓰러워 학기 초 납부금 면제, 급식비 면제 등 서류를 챙기기 위해 동분서주하였다. 그러던 어느 날, 엄마는 방황하는 딸을 학교에 보내지 않겠다며 머리를 삭발시키고 며칠 동안 학교에 보내지 않았다. 다시 시간이 흘러 어울리는 친구들까지 실컷 패주고 오기를 부리시던 엄마가 녀석을 데리고 학교에 왔다. 그런데 상상했던 엄마가 아니었다. 손톱 발톱에 매니큐어와 하늘거리는 의상, 담배 냄새를 풍기는 모습에서 먹고살기 위한 수단이 무엇인가도 짐작이 갔고, 녀석이 맘을 잡을 수 없는 이유도 더 이해가 되었다.

녀석이 처한 현실이 답답하였다. 결손가정의 아이들이 열에 아홉은 현실을 이겨내지 못하고 고만고만하게 방황한다. 그것도 현실을 이겨낼 수 없는 핑계를 당당하게 대면서 말이다. 이혼이 급속하게 늘고 있다. 무책임하게 방치된 아이들이 모두 떠돌고 있다. 사랑의 책임이 얼마나 신중해야 하는지를 절감한다. 사랑과 성교육의 출발이 왜 생명 존중에서 시작되어야 하는지가 절실하다. 사랑에는 반드시 책임이 따라야 한다. 한부모 가정 아이들이 당당하게 살 수 있는 사회적 분위기가 조성되었으면 한다.

엄마 없이 가사를 챙겨야 하는 녀석으로서는 학교의 규칙은 너무나 지키기 어려운 철벽이었다. 부모님의 이혼으로 두 차례 세상에 버림을 받아본 녀석은 세상이 자신을 버리는 것에 민감했다. 또 한 차례 버림받을지도 모른다는 위기감을 녀석이 느껴졌는지도 몰랐다. 그래서 더 이상 버림받지 않기 위해 미리 자신이 떠날 생각을 무의식중에 하는지도 몰랐다. 그러나 정작 본인은 왜 자신이 헤매는지조차 몰랐다.

승아에게 접근한다는 것이 막막했다. 너무 어린 나이에 세상에서 버림을 받았기 때문에 분노를 느낄 줄도 몰랐다. 분노의 감정이나 서운한 감정이라도 있다면 들어주고 풀어라도 줄 텐데 이미 그런 감정은 저 가슴 심연에 고여 화석이 되어 버린 것이다. 녀석에게 내일은 없다. 그저 오늘만 있을 뿐이다. 생각보다는 육감과 충동으로 행동했다. 그러나 녀석을 찾아 집에 들르면 언제나 집안은 깨끗이 정돈되어 있었다. 살림을 야무지게 한다는 말이다.

녀석이 학교에 오지 않겠다고 선언한 이후 나는 승아의 친구들에게 승아의 마음을 돌려 학교에 데려올 것을 부탁했다. 생각보다 빠른 10일 정도 후에 녀석이 학교에 왔다. 다시 학교에 다녀보겠단다.

나의 마음은 급했다. 어려운 공부 말고 녀석이 그나마 재미를 붙여볼 좋은 프로그램을 찾아보았다.

"점심시간마다 선생님과 국악을 배워볼까?"

"아니요."

"그럼 뭘 하고 싶은데?"

"친구들과 함께 놀고 싶어요."

"점심시간에 친구들과 놀면 밖에 나가고 싶고, 나가면 들어오지 않고 싶잖아. 그러면 점심시간에 친구들과 함께할 만한 일들을 찾아보자. 수화를 배울까? 책을 읽고 이야기를 해볼까?"

"책 읽고 이야기해요."

그래도 선생님의 의도를 저버리고 싶지 않은 착한 마음도 있었다. 점심시간에 친구들과 멋대로 어울려 학교 뒤 담벼락 밑에서 담배도 피우고, 아이들 도시락도 빼앗아 먹고, 컴퓨터실에 가서 몰래 컴퓨터도 하고 해야 하는데도 녀석은 굳이 독서를 해보겠단다. 그래서 우리는 책을 선정해 읽었다. 어리석게도 나는 단번에 녀석들에게 희망을 심어줄 욕심에 소년 소녀 가장들의 수기를 선택했다. 승아의 친구들 6명이 날마다 점심시간에 도서실로 왔다. 녀석들에게는 다들 회피하고 싶은 궁상맞은 수기를 읽고 자신의 느낌을 말해야 하니 부담스러웠을 게다. 그래도 일주일은 잘 버텼다. 2주 차에 또 결석했다.

참으로 절망스러웠다. 엄마에게 전화해도 해결책은 되지 못했다. 그나마 일주일에 한 번이라도 집에 들르시던 승아 엄마가 더 먼 객지로 직장을 옮겨 한 달이고 집에 들어오지 못하는 형편이 되었다. 녀석이 또 방황을 시작했다. 메일을 한 번씩 주고받지만, 전처럼 답장을 잘 하지 않았다.

여름방학이 다가오고 있었다. 녀석의 결석한 지 58일이었다. 이대로 방학을 하면 녀석이 영영 학교 다닐 엄두를 못 낼 것이다. 동료 선생님과 함께 또 녀석의 집을 방문했다. 녀석의 집은 목포에서 제일 가난한 사람들이 산다는 달동네였다. 유달산 자락에 다닥다닥 집을 지은 이 동네는 방문 밖 골목의 댓돌에서 신발을 벗고 문을 열면 바로 안방인 집이 많았다. 시멘트와 시멘트로 이어진 집들, 꾸불꾸불 올라가는 골목길 한쪽에는 고춧가루, 밥알들이 흩어져 줄줄 흐르는 하수구가 흘렀다. 하수구 틈새 틈새에서는 살찐 쥐들이 숨바꼭질했다. 길 아래 집 지붕이 길과 같은 높이로 이어져 마당이 되고, 그 지붕 위에 빨간 고무 함지에 흙을 담아 가지며 고추며, 상추를 키우고 있었다. 생명은 신비롭다. 그나마 골목이 휘돌아가는 곳에 여유 땅이 생기면 평상을 내놓고 병색이 완연한 칠순이 넘으신 할머니들이 앉아 오고 가는 모든 사람을 구경하며 말을 붙였다.

"으메 징하게 곱네. 나도 저릏게 젊을 때가 있었당께, 을마나 좋을까인."

"글메, 통 안 본 얼굴인디 으디 갈께라?"

그렇게 한참을 오르다 보면 녀석의 자취방이 나왔다. 슬레이트 지붕의 한옥에 방 두 개를 얻어 방 옆 손바닥만 한 빈터에 쇠창살로 차단하여 부엌을 만들고 뜰방도 만들었다. 집에 들어가니 방 한 군데서는 녀석이 자고 있고, 또 한군데서는 학생인 듯한 오빠 애인이 자고 있다. 그것도 대낮에.

승아를 깨워 사 온 음료수랑 과자를 먹으며 이야기했다. 녀석은 인생을 다 살아 버린 중늙은이처럼 무슨 말을 해도 픽픽 웃으며 거절도 동의도 확실한 것이 없다.

"학교를 오려면 그래도 방학 이후보다는 하루라도 방학 전에 나와 봐. 방학 끝나고 학교 나오기가 수월할 거야. 아이들과도 덜 서먹서먹하고. 지금 선생님과 가기가 힘들면 내일 방학식 하기 전에 학교에 와라."

"네."

그렇게 방학 전에 얼굴을 튼 승아는 방학 동안 오락실에서 아르바이트한다며 틈나는 대로 메일을 보내왔다. 방학 중에 소식을 제일 많이 전해 온 녀석이었다. 2학기 개학을 하고도 녀석은 지각도 없이 보름 이상 학교를 왔다. 수업시간에 늘 엎어져 잠만 자던 녀석이 잠도 자지 않았다. 그렇다고 공부할 리는 없었다. 그새 녀석을 보며 올 농사 풍년만 남았다 싶었다.

괜히 녀석 옆에 가서 발등도 한번 꼬옥 밟아주고, 툭 어깨를 쳐보기도 하고, 등도 두드려 준다. 추석에는 승아 집에 포도 박스를 들고 방문했다. 녀석이 없어 옆집에 맡겨놓고 오는 발걸음이 왜 그리 가벼운지. 경중경중 걸으면서 골목 강아지와도 인사하고 모르는 할머니에게도 꾸벅꾸벅 인사를 했다.

"우리 승아 집이 저긴데요. 잘 부탁드립니다."

"알었소. 근디 선상님인갑네. 나는 자꼬 애들만 몰려다니고 학교는 통 안 가길래 어디 다니까 했등만 선상님이 이릏게 찾아와 부렀구만이라인."

그런데 승아는 추석을 쇠고 학교를 오지 않았다. 엄마와는 매일 통화했지만. 내가 찾아가는 편이 현명했다. 아니 엄마가 녀석을 점점 포기하고 있었다.

"선생님께는 할 말이 없네요. 승아, 저것 더 이상 학교 못 보내겠네요. 소도 아니고 묶어 놓을 수도 없는데 지가 속을 못 차리면 어쩌겠습니까? 그동안 선생님 속 많이 썩여드려서 죄송해요."

법정 수업일 5일을 남겨두고 녀석을 찾아 또 산비탈 동네를 올랐다. 마음이 삭막하니까 그 날따라 동네 담벼락 시멘트는 왜 그리 황량한지. 나는 왜 몇십 년의 경력에도 녀석들을 변화시킬 묘안이 없는지 자괴감만이 앞섰다. 라면을 사고, 오렌지 주스를 사고, 빵도 사고 과자도 사서 가는 걸음이 무겁기만 했다. 그날도 녀석은 밤새 뭘 했는지 오밤중이었다. 이제는 야단을 칠 힘이 없었다.

"마지막이라 생각하고 다시 한번 힘내보자. 선생님과 네가 힘을 합치면 학교에 다닐 수 있다. 네가 학교를 그만두고 야무지게 잘 살 것 같으면 선생님이 먼저 너를 내보내겠다. 그런데 너 여태껏 놀아 봤지만 늘 학교 주변에서 맴돌며 아무것도 못하고 있잖냐. 이제 두세 달만 견디면 중학교 졸업이잖니?"

학교에서 빨리 돌아왔다는 오빠에게도 부탁했다.

"오빠도 도와주라. 이제 5일 만 더 결석하면 승아는 영영 학교 그만둬야 하는데 그건 오빠도 원하지 않잖아. 아침에 깨워도 주고, 교문 앞에까지 데려다줘라."

"예."

그다음 날 하루 얼굴을 비추던 녀석은 결국 법정 수업일을 넘겼다. 행여 몰라 출석부를 정리하지 못하고 있다가 마지막 가정방문을 했다. 아예 문을 열어주지도 않았다. 밖에서 지붕을 넘는 고양이를 보았다. 찬바람에도 골목에서 서성대는 파리를 쫓다가, 담장에 아슬아슬 익어가는 호박을 보면서 기다렸다. 결국, 녀석이 지쳤는지 문을 열어주었다. 더 이상 자신이 없단다. 아무런 계획도 없단다. 그러나 학교는 가지 않을 거란다.

"그래 선생님도 미안하다. 능력이 부족해서 너를 끝까지 잡아주지 못한 것이 마음 아프다. 그러나 행여 몇 달 후에 마음이 바뀌어도 이제 학교에 희망을 걸지는 말아라. 복학해서 다니기도 힘들뿐더러 너를 힘들게 했던 작은 규제들도 여전히 남아있다. 공부가 하고 싶을 때는 혼자서도 할 수 있고, 대안학교도 있단다. 그리고 진정으로 필요할 때 시작하면 지금처럼 힘들지 않을 거다. 학교 밖에서도 충분히 희망이 있다는 걸 보여주렴. 그리고 거리에서 만나면 보란 듯이 잘 지내야 한다. 너희들이 유일한 희망이어서 너희들을 보듬고 있는 엄마께 두고두고 옛날이야기 할 수 있게 잘 크렴."

내가 이렇게 조언하자, 녀석은 눈물을 흘렸다. 그렇지만 마음은 끝내 돌리지 않앉다. 녀석을 두고 돌아 나오는 길에 본 것이 아무것도 없었다.

'내가 괜히 마무리 인사를 해 버렸나. 지각을 하더라도, 땡땡이를 하더라도, 규칙을 지키지 않더라도 특별히 조치해 주는 것이 옳은 것은 아니었을까? 아니야, 지금 상태로는 돌아온다 해도 스스로 의지가 없이는 또다시 제자리로 돌아가 버릴 거야.'

마음이 아리고 아프다. 내가 하느님이었으면 좋겠다. 녀석들을 치유할 수 있는 전능한 힘을 갖지 못한 무력함이 내내 가슴을 먹먹하게 했다. 진정한 사랑으로 녀석을 끌어안지 못한 참회가 생겼다.

올 한해 농사는 태풍 매미가 스치고 간 들녘 그대로다. 농부들의 아픔이 고스란히 전해져 왔다.

지금도 매일 녀석에게 마음의 메일을 띄운다. 승아야, 힘내서 꿋꿋하게 이겨내야 한다.

시험감독

　3교시 시험 감독시간, 1층에서 시험지를 수령해 5층까지 뛰어 올라가야 한다. 교무실 문을 막 박차고 나가려는데 이 선생님이 3학년 4반이 오늘 두 번이나 들어있어 누구랑 바꿨으면 한단다. 얼른 시험지를 바꿔 들고 4반 교실로 향했다.
　우리 학교에서 가장 주목받는 반. 교사들이 수업을 진행할 수 없다고 하소연하는 반. 날마다 내가 먼저 인사를 해도 받아주지 않거나, 서너 번 쫓아가서 다시 인사해야 겨우 받아주는 현철이가 있는 반. 수업마다 거의 복도로 쫓겨나는 승훈이가 있는 반. 내가 수업을 들어가지 않지만 유명세가 대단하다. 아니나 다를까 내가 들어가도 우왕좌왕 앉을 줄 모른다.
　"얘들아, 안녕? 선생님 왔다."
　내 소리에 멀뚱거리며 쳐다보기라도 했으면 좋으련만 통 관심을 안 보인다. 교탁을 쾅쾅 두드리고서야 쭈뼛쭈뼛 앉기 시작한다. 승훈이는 맨 앞자리에 앉아 엎드려 자고 있다. 시험지로 툭툭 쳐도 꿈쩍하진 않는다.
　"서승훈 네가 좋아하는 쌤이 왔다니까!"
　내 너스레에 승훈이가 부스럭대고 일어나 인상을 찌푸리다가 내 얼굴을 보자 어색하게 웃는다. 그때 교실 앞문이 벌컥 열리며 현철이, 수호, 또 서너 명이 들어온다. 앞에 녀석이 원숭이 소리를 끽끽 내자 같이 합창하며 시위하듯 들어온다.
　"빨리 앉는다. 지금부터 시험 시간이다. 일체의 소리나 잡담을 허용하지 않겠다. 만약 질문이 있으면 손을 들어라. 선생님이 바로 갈 테니까."
　현철이가,
　"시험지 안 줘요?"

하니까 수호가,

"맞아요 시험지나 줘요."한다.

기선을 잡아보려는 녀석들의 눈물겨운 작당이 시작되었다.

"누가 입을 열라고 했어? 손을 들랬지? 한 번만 더 말하면 시험지 배부 않겠다."

선수를 치는 녀석들을 꺾어놓지 않으면 시험 진행이 어려울 것 같다. 현철이가 다시 손을 번쩍 든다. 가까이 가기도 전에 일부러 큰 소리로,

"1번이 이상해요. 배점이 -4가 뭔 뜻인데요?"

그러니 또 몇 녀석이,

"맞아요. -4가 뭐예요?"

하며 함께 웅성거릴 기세다.

"정말 뭔 말인지 모르겠냐? 진짜 3학년 맞아? 줄표도 모르겠냐?"

화를 벌컥 내고서야 바람 그친 가을 들판처럼 사방이 갑자기 고요해진다. 누에가 뽕 먹는 소리로 시험지에 수학 문제 푸는 소리가 사각사각 들린다. 연우, 석구 등 진지한 분위기에서 시험에 집중하고 싶은 녀석들의 안도 소리가 이제 들리는 듯싶다.

답지에 번호 이름 표기를 확인하면서 보니 3자로 답 칸마다 크게 메워 놓은 수호한테서 담배 냄새가 심하다.

"너 담배 냄새가 심한데?"

조그만 소리로 말했더니 손을 내밀며 억울하단다. 따질 기세다.

"그래? 억울하다면 담배 피우는 녀석 옆에 가지 마라. 네가 피우는 것처럼 냄새가 너무 독하잖아?"

"네. 알았어요."

승훈이는 그새 1을 쫙 써놓고 누울 자세다. 그러는 승훈이 손을 꼭 잡아주며 "너도 할 수 있어."라고 말해줬더니 눕지도 못하고 엉거주춤하고 있다. 초등학생 손처

럼 조그만 손을 가진 아이, 키는 145cm나 될까? 그 작고 귀엽게 생긴 얼굴 어디에서 매시간 사건을 벌이고, 선생님들과 씨름할 기운이 나는 걸까?

내가 녀석을 직접 가르치지 않으니 갈등의 당사자는 아니다. 가슴에 맺힌 앙금이 없어 비교적 자유롭게 녀석들을 허용적인 표정으로 만날 수 있다. 하지만 내게도 녀석과 알게 된 과거는 있었다. 녀석이 2학년 때였다. 급식지도를 하는데 자꾸 친구들을 때리며 새치기를 하고 있었다. 제지하니 바로 '씨-' 하며 대거리를 했다. 그 조그맣고 아이 티를 벗지 못한 녀석의 얼굴이 순간 일그러지며 이를 앙다물고 내게 덤비는 거였다. 그 뒤로 나는 녀석을 보면 멀리서도 쫓아가 인사를 했다. 마음이 좀 통했을까? 어느 순간부터 배시시 웃고 인사도 했다. 정수기에 입을 대고 물을 먹는 놈의 뒤통수를 잡고 보면 녀석이거나, 신을 신고 복도를 척척 걸어가다 딱 걸리는 등 번번이 규칙을 어기다 내 눈과 마주쳤지만, 표정에서는 들키고 싶지 않은 마음을 읽을 수 있었다.

그러던 녀석이 3학년에 와서 더 막 나가고 있었다. 생활지도를 하다가 체벌을 한 학생부장을 바로 앞에서 경찰에 신고한다거나, 오토바이를 훔쳐 타는 등 상상할 수 없는 범법을 밖에서 저지르고 왔다. 그러나 웃을 때는 여전히 천진한 꼬맹이 같았다.

며칠 전, 전남 청소년 종합지원센터에서 추진하는 진로교육 프로그램에 1주일간 다녀왔다. 나름 잘 견디고 왔다는 후문이 있었다. 그런 녀석이 오늘 시험 시간에 내 눈치를 보느라 엎드릴까 말까 잠을 못 자고 안절부절못했다. 나는 녀석에게 슬슬 장난기가 발동했다. 내가 먼저 녀석의 휑한 시험지 한쪽에 쪽지를 썼다.

"진로지도 프로그램 좋았어?"

"네."

글씨가 200포인트는 돼 보인다.

"작게 써 인마! 뭐가 좋았는데?"

"선생님들도 다 착하시고 저를 막 배려해 주시고 인간 대접해 줘서 좋았어요."
이번에는 글씨가 12포인트가 되었다.
"또 보내줄까?"
"네."
"학교 오니까 힘드냐?"
"아뇨 힘들진 않은데 살짝 피곤해요."
"ㅋㅋㅋ 열공해서 힘들까?"
"아니요."
"근데 느그 교실 담배 냄새 너무 심하다. 친구들한테 주의하라고 좀 해줄래?"
"네."
"복도 계단에도 애들이 껌이랑, 침 안 뱉으면 좋겠어. 너가 아닌 줄 아는데 그 녀석들 자제 좀 했으면 좋겠어. 부탁하는 거야. 너 믿고."

싱긋이 웃던 녀석이 이제 답을 쓰는 것이 재밌는 모양이다. 얼른 쪽지를 받아다 읽고 열심히 답을 쓰는 거였다.

"네, 걱정마세요. 저만 믿어주세요."
"고마워. 고민하고 있었거든. 계단이 너무 심각해. 진짜 해결되면 너에게 상 줄게."
"네 감사합니다."

끝 종이 울렸다. 우리의 대화는 이렇게 끝났다. 돌아서면 잊어먹겠지만, 이 온기가 잠시라도 유지되길….

고발

봄빛이 산골 마을을 포근히 감싸고 있다. 안산 아랫자락부터 연초록 물이 오르며 뿌연 김이 서리는 듯하다. 오랜만에 바람 끝 하나 없는 온전한 봄날이다. 세 살배기 조카의 손을 잡고 앙증맞은 보라색 개불알꽃과 꿀풀의 이름을 가르쳐 준다.

"시현아, 이 꽃이 뭐라고?"

"개 부야이꼬!"

조카는 고추께를 더듬으며 꽃 이름을 말한다.

"시현이 왜 오늘 할머니 댁에 왜 왔어?"

"생일 추카해요."

"누구 생신이야?"

"하야버이."

온 가족이 아버지의 생신을 쇠려고 모여서 하하 호호 모처럼의 시간을 보내고 있을 때였다. 주말에 잘 울리지 않는 전화기가 울린다. 잘 모르는 전화번호가 떴다.

"여보세요? 김인순입니다. 누구신지요?"

"저 영아 엄만데요. 우리 영아 학교생활 태도가 어때요?"

목소리가 가라앉은 데다 말투에 옹이가 잔뜩 박혀 심상치 않다.

"글쎄요. 보통 학생이죠. 그런데 왜 그러세요?"

"그러니까 우리 아이가 그렇게 문제아냐고요? 저 이대로 참을 수가 없어요. 내일 당장 학교 가서 따지고 교육부에 고발하겠어요. 도대체 무슨 잘못을 얼마나 했다고 선생이 우리 아이와 못 놀게 할 수가 있냐고요?"

"어머니, 그러니까 무슨 얘기인지 차근차근 말씀하셔야 제가 무슨 일인지 알 것 아니에요. 고발할 때 고발하시더라도 이유나 말씀해 주세요."

온 가족이 내 전화에 시선이 집중되었다. 순간 가족들의 분위기가 찬물을 끼얹은 듯 싸늘해지고 있었다. 안 되겠다 싶어 마당으로 나갔다가, 다시 대문 밖으로, 다시 인적이 없는 골목으로 나서며 전화를 받았다.

"우리 아이 착하다는 말 듣고 자랐어요. 학기 초부터 뭐가 안 맞는다 했더니 해도 너무 하는 것 아니에요? 아니, 나 더 못 참는다고요. 초등학교 성적표 갖다드려요?"

아무리 생각해도 이리 화를 내는 이유가 감이 잡히지 않았다. 학기 초에 파마와 염색을 하고 온 영아에게 생활규정에 맞게 하고 오라고 해도 며칠을 버티길래 어머니께 전화를 했다. 미용실에서 머릿결이 너무 상해 지금 풀 수 없다며 이런 사정도 모르고 아이에게 상처를 줬다고 어머니가 내게 서운하다는 표현을 했던 적은 있다.

"어머니, 개인적인 취향으로 파마도 할 수 있고, 염색도 할 수 있고, 귀고리도 할 수 있겠지만, 중학교에서는 아직 두발이나 복장이 자유가 아니고 학생, 학부모, 학교에서 함께 정한 규정이 있습니다. 그래서 개인적으로 맘에 들지 않을 수는 있지만, 학생들을 지도하기 위해서는 규정에 따라 지도할 수밖에 없으니 양해해 주십시오."

그리고 학년 부장님과 협의하여, 한 달간 말미를 주어 3월 말에 파마를 풀고 오게 한 적이 있었다. 그러고는 끝이었는데 최근에 무슨 일이 있었을까? 수업시간에 약간 산만하다는 지적을 한 적이 있지만 비단 녀석에게만 한 것도 아니다. 녀석의 역할이 마니또*라서 착한 일, 좋은 일을 하는 힌트를 몇 번 준 적이 있으나 그것이 이리 분노할 일은 더욱 아니다.

어머니의 서슬 퍼런 소리에 다리가 후들거리고 말이 떨리지만 침착하기로 했다.

---

* **마니또**: 지정된 친구의 수호천사가 되어주는 것으로 학교에서 인성교육의 일환으로 진행한다.

"어머니, 무슨 오해가 있으신 것 같은데 그래도 무엇 때문인지는 말씀을 하셔야 제가 어떤 대책이나 해명을 드릴 수 있을 것 같네요."

"저번 학부모 회의 때 옆 반 정아 엄마가 학교에 갔더니 그 반 담임 선생님이 우리 영아 생활기록부까지 보여주면서 우리 영아와 못 놀게 했다면서요. 그 엄마는 우리 아파트에 사는 친구예요. 세상에 부끄러워 살 수가 있어야지요. 우리 아이가 잘못을 했으면 얼마나 했다고 학부모를 불러 놓고 이간질을 시키냐고요? 담임 선생님이 뭐라고 했길래 다른 반 선생님에게 우리 애가 그렇게 몹쓸 아이가 되었겠냐고요. 저 그 음악 선생도 절대 가만 안 둘 겁니다."

"어머니, 제 판단으로 100% 오해일 것 같아요. 옆 반 선생님이 저에게 영아 이야기를 물어온 적이 한 번도 없고, 저는 죄송하지만 정아가 누구인지 잘 모르겠네요. 생활기록부는 더더구나 담임 외에는 열람할 수가 없어 그 선생님이 내놓고 절대 보여줄 수 없을 뿐 아니라, 그 선생님의 인격을 누구보다 제가 잘 아는데 그럴 선생님이 아닙니다. 뭔가 오해가 있는 것 같습니다. 또 교무실에서 영아를 입에 오르내린 적이 없어요."

"우리 애랑 정아는 절친인데 오늘 전화를 했더니 어머니에게 선생님이 놀지 말라고 했다네요. 우리 애는 학교에서 지각 몇 번 한 것 외에 나쁜 짓 별로 안 했는데 왜 선생님들이 자기랑 놀지 말라 하냐고 펑펑 울어서 기가 막혀 전화드렸습니다."

어머니의 목소리가 처음보다는 조금 누그러지고 있었다. 이유도 모른 채 난 실컷 당하고 난 뒤끝이었다.

"어머니, 아이 땜에 속상하셨겠지만 그래도 아이 말만 듣고 소 잡는 것은 위험하네요. 지금 당장 알아볼 수 있지만, 일요일이라 내일 사정을 알아보고 연락드릴 테니 그때까지 기다려 주십시오. 지금 저도 부모님 생신에 와 있어 많이 당황스럽네요. 100% 오해가 있을 것 같으니까 걱정하지 마시고 내일 이야기했으면 합니다."

"선생님도 생각해 보십시오. 자기 아이가 선생님이 놀지 말라고 했다면 얼마나 황당하겠는가. 제가 흥분해서 선생님 좋은 시간을 방해했습니다. 이해해 주십시오."

어머니는 허겁지겁 전화를 끊었다. 당장 전화를 곱씹어 볼 여유가 없었다. 나로 인해 경직된 가족들의 분위기를 풀어야 했다. 막냇동생이 먼저 분위기 전환을 위해 말을 꺼낸다.

"누나, 누가 또 가출했어? 몰래 조용히 가출할 것이지, 소문내고 갔는가? 잡아 오면 내가 혼짝을 낼랑께."

"응, 나하고 같이 가출하자 안 해 쌌냐?"

잔치를 마치고 운전해서 돌아오는 길에야 새삼 낮에 전화 사건을 떠올렸다. 뭔가 오해가 있겠으나 그 내용이 중요한 것이 아니었다. 아이의 인격과 성장을 책임진 교사에 대해 학부모에게 일말의 믿음을 못 준 나와 교육 현실에 대한 속상함. 실컷 감정풀이 다 하고 아니면 말고로 끝내면 그만인 학부모들의 현주소가 곱씹어도 속상하다. 한 번쯤 전후 사정을 알아보고 화를 내는 여유는 없었던 걸까? 물론 모든 부모님이 다 그러는 것은 아니다. 그럴 수도 있다고 없었던 일로 지나야 하는 걸까?

연휴라고 하지만 4월 말이 되어도 3월 초 같은 상황이 좀체 끝날 줄 모르는 나날이다. 금요일에는 학교에서 저녁 7시 다 될 때까지 출제했지만 1/3도 못 끝냈다. 등이 무너져 내릴 것 같고 몸살기가 동했지만, 교과 모임의 답사와 가족 행사라는 주말 일정을 소화하기 위해 한방병원에서 두 시간을 물리치료와 침을 맞고 버텼던 터였다. '에라 모르겠다. 내일 할 일은 내일 생각하고, 오늘은 보약인 잠을 자두자.' 열 시나 되었을까. 막 잠이 들려고 하는데 전화가 왔다.

"선생님 죄송합니다. 저 5반 정아 엄마입니다. 너무너무 죄송해요. 우리 정아가 오늘 미쳤나 봐요. 제가 뭘 잘못 먹이지도 않았는데 선생님께 죄를 지었으니 어떻게 사과해야 할까요? 죄송해요."

"왜 어머니가 저에게 사과하세요. 무슨 일이 있었는지나 말씀해 보세요."

"오늘 영아한테서 정아에게 놀자고 전화가 왔는데 놀기 싫으면 좋게 놀기 싫다고 할 일이지, 담임 선생님 핑계를 대서 선생님이 욕을 많이 보셨다면서요. 학부모 회의 때 우리 담임 선생님과 영아가 친하다는 이야기는 했어요. 저는 영아가 5반인지 알았거든요. 6반이라고 하길래 그러냐고 했지, 행실이 어떻고 이야기는 끄집어낸 적도 없어요. 어떻게 사죄해야 할까요?"

"아이들의 문제인데 아이끼리 해결할 일을 어른들이 끼어서 소 잡을 뻔했네요. 아이들이 농담도 못 하게 생겼네요. 어머니가 저에게 무슨 잘못을 했나요. 어머니에게 전 아무 감정 없습니다. 다만 사실을 알았으면 영아 어머니가 해명하셔야지, 왜 정아 어머니가 전화를 하시나요?"

"영아 엄마가 저에게 전화하라고 하더군요. 영아 엄마한테도 싹싹 빌었네요. 선생님 참으로 죄송합니다."

"괜찮아요. 아이들이 자라다 보면 별일이 다 있겠지만, 스스로 해결할 힘도 있답니다. 걱정하지 마세요."

잠이 확 달아났다. 전말이 허망하다. 아니 짐작은 했었다. 그런데 그 서슬 퍼렇던 어머니가 사실을 알고 본인은 아무 잘못이 없는 양 정아 엄마에게 전화하게 한 것이 오히려 괘씸해지는 것이다.

영아가 살아가면서 어떤 문제를 해결할 때 이렇게 일단 행동부터 하고 난 뒤에 아니면 그만이고, 그 책임은 잘 몰라서 한 것이니까 피해자가 이해하라고 가르치는 것이 되지는 않을까? 정식으로 사과를 받는 것이 아이의 교육에도 필요한 건 아닐까? 아니 좁쌀스럽게 학부모가 오해하고 한 행동을 일일이 따져서 시시비비를 가리려고 하는가?

학교에 오자마자 5반 선생님이 먼저 아는 체를 한다.

"선생님, 미안해요. 우리 반 애 때문에 욕을 보셨다며요?"

"선생님이 뭔 잘못? 그러니까 더 이상하네. 정작 말할 사람은 전화 한 통 없는데요."

아무 일 없었던 양 태연한 영아를 마주할 수가 없다. 내 감정이 추슬러지지 않는 모양이다. 좀스럽게. 정아 엄마의 전화가 모든 걸 해결했다고 너무도 당당한 두 모녀에게 아는 체를 해? 말아?

정아를 불렀다. 왜 그런 전화를 할 수밖에 없었는지. 둘이 서로 반목하면서 상처받고 있는 건 아닌지 또 궁금해지는 것이었다.

"둘이 사이가 안 좋아졌어?"

"아니요. 친한데요."

"그런데 왜 그런 전화를 했던 거야?"

"그냥 장난으로 해본 건데요."

"이제, 말 한마디가 얼마나 소중한지 알았지?"

"네."

여러 문장을 썼다가 지웠다. 결국 이렇게 먼저 문자를 영아 엄마에게 보냈다.

"오해는 풀리셨죠? 학부모님께 신뢰를 주지 못한 것이 담임으로서 마음이 많이 아팠습니다."

퇴근할 무렵에야 답이 왔다.

"선생님 참으로 죄송합니다."

황송하게도 이리하여 고발당하지는 않는 영광을 누렸다.

나 홀로 지옥

"애들아, 오늘 강당 개관 축하식에 우리 반이 초대되었다. 방송이 나오면 바로 내려가서 번호별로 줄 서렴."

"싫어요. 번호별로 안 서고 싶어요."

"누가 싫다 그랬어?"

"애은이요."

"그래? 그럼 애은이만 제일 뒤에 서 있어라. 실장과 행사 체육부장 줄 잘 세워라!" 하고 돌아서려는데,

"왜 번호대로 서야 해요?"

이어진 인이의 불만 섞인 소리를 뒤통수로 들으며 생각한다.

'괜히 무리수를 뒀나! 키와 번호 순서에 익숙하지 않은 애들인데 고집 피우지 말고 그냥 편하게 서라 그럴걸.'

잠시 생각하던 짬에 은희가 뛰어온다.

"그냥 마음대로 서면 안 돼요? 선희랑 서기 싫은데요."

순간 은희의 말이 거슬린다. 녀석은 좋아하는 애들과 싫어하는 애들이 분명해서 며칠 전에도 싫어하는 아이들로부터 곤욕을 당해 울고불고하여 겨우 수습한 적이 있다. 친구와 적대관계를 만들지 말라고 몇 번 당부했다. 그런데 이번에는 선희가 싫어서 못 서겠다는 것이다.

"번호대로 서! 내가 누구 싫다고 말하지 말랬잖아!"

시작부터 순탄치 않아서일까? 아침부터 머리를 지긋이 내리누르는 생리 두통 때문인가? 예민해져서 강당에 갔다. 아이들은 자기들이 원하는 아이들과 줄을 서 있

다. 엇? 저 녀석들이 보란 듯이 내 말을 어겼겠다.

 마음이 불편하다. 잘하면 봐줄까? 아니 이참에 혼내줘야 할까? 자존심을 걸어 말어. 혼자 마음속으로 되작거리고 있는데 인이, 상희 패거리에 부반장 대의원이 끼어 그저 눈치 없이 즐겁단다. 조용히 시켜놓으면 또 서로 붙잡고 있고, 가서 다짐을 받고 나면 다시 뒤를 돌아보고 있다. 그러더니 경계가 허술한 틈을 타 순식간에 패거리가 다 사라져 버렸다. 식을 진행해야 할 학교 측은 아이들부터 일찌감치 불러 모아 놓고, 정작 식장 준비하느라 방치한 틈에 학생들은 이리저리 떠들고 돌아다니는 아수라장이 되었다. 이 어수선한 판이 고스란히 담임들의 몫이 되었다. 옆 반 김 선생님은 2학년보다 말을 더 안 듣는 1학년 때문에 거의 울상이다. 가서 조용히 시켜도 빤히 쳐다보며 '왜 그러세요?' 하는 표정에 질렸단다. 비교해서 위로받아야 하는 걸까?

 현주와 하은이가 화장실을 간다고 한다. 잠시 상황을 보자고 한 뒤였는데 그새 사라져 버렸다. 나간 녀석들이 한참을 지나도 오질 않는다. '이것들을 내가 가서 벌을 주고 말리라' 한 명씩 오고 있는데 과자 냄새가 확 풍긴다. 몇 마디 잔소리로 들여보낸다. 여전히 애은이, 인이, 진희가 보이지 않는다. 씩씩거리고 있는데 과자를 한입 물고 나타나는 녀석들, 별로 미안한 기색도 없다. 벌을 주겠다는 생각을 접고 훈계를 하는데 표정이 떨떠름하다. 애은이의 표정은 반항기마저 들어있다. 인이 표정도 재수 없이 걸린 표정이긴 마찬가지다. 겨우 마음을 삭여 들여보낸다.

 지켜보고 있음에도 녀석들은 끊임없이 장난이다. 머리카락을 뽑아 누구 머리카락이 셌는지 내기하고, 옆 친구의 머리를 땋고, 어깨에 기대고, 손님은 와서 내려다보는데 녀석들은 안중에도 없다. 함께 있으니 그저 좋은가 보다. 다음에는 반드시 번호로 세우고 말리라. 혼자 별별 생각을 하며 화를 삭인다.

 옆 반 김 선생님이 검은 봉지 하나를 가져왔다. 우리 반 인이가 그 반에 맡겨놓은 거란다. 한참 사라졌다가 온 것이 저 과자 때문이었던가? 이 녀석들을 어떻게 해야 할까? 패거리가 여섯이니 그 정도 인원이면 1년 내내 담임과 충분히 맞짱을 뜨고 남을 숫자이다. 서로의 눈치를 살피며 엇나가는 재미를 붙이기 시작하면 걷잡을 수 없게 될 것이 뻔하다.

거의 난장판 같은 행사에 학생부장이 몇 차례 화를 내면서 와글와글 행사를 마쳤다. 이어진 다음 수업을 들어가려 하는데 여린이와 예은이가 불쑥 교무실에 들어온다.

"샘, 그 과자 우리가 돈 모아 산 건데 언제 주실 건데요?"

사정조가 아니라 시비조다. 순간 머리가 또 핑 도는 느낌이다. 혼자가 아니라서 너무도 당당한 것이다. 행사 한번 치르느라 가슴을 졸이는 담임의 마음 알기나 할까?

"그래? 너희들 이따 점심 먹고 탈의실로 모두 와라."

갈수록 태산이라더니 가져간 과자 내놓으라는 것이다. 3반에 수업을 들어갔는데도 계속 이 생각만 어른거린다. 혼을 낼까? 달랠까? 분명 애은이가 분위기 잡고, 인이가 동조하고 나머지는 덩달아 함께 하는 건데 이 녀석들을 어찌해야 등 돌리지 않고 내 마음을 보여줄 수 있을까?

내 심정을 그대로 이야기하기로 가닥을 잡았다.

종이 울리자마자 봉숭아 씨앗 터지듯 빠른 발걸음으로 아이들을 탈의실로 불러 모았다. 네 명이 왔다. '너희들이 선생님과 한번 해보겠다고 왔다는 말이지.' 속으로 생각하면서.

"선생님이 먼저 선생님 마음을 말할게. 듣고 너희들 생각을 말해도 좋아. 오늘은 너희들이 그렇게 바라던 체육관을 여러 외부의 협조를 받아 완공해서 개관하는 날이다. 그래서 축하하려고 외부 손님들이 많이 오셨다. 감사하고 기쁜 마음을 표현하는 날이야. 손님들이 오셨으니, 예의 있고 질서 있게 식을 치르면 서로 더 좋지 않았을까? 선생님은 조회 때 행사장에서 번호대로 서라고 했다. 너희들이 약간 불만스러워할 때 순간 흔들리기도 했어. 원하는 대로 해 줄까? 그러나 숱한 경험에 의하면 좋아하는 친구들과 서면 자제하지 못하고 떠들고 놀기 때문에 선생님이 번호를 고집한 거야. 그런데 너희들이 원하는 대로 줄을 섰더구나. 실은 그러고도 잘만 했으면 모르는 체하고 넘어가려고 했지. 그런데 선생님에게 수십 차례 지적을 받을 만큼 계속 딴짓을 했다. 억지로라도 번호대로 줄을 세울 걸 하고 후회를 했었다. 게다가 무단으로 나갔다가 오더니 과자를 사 왔다. 과자를 옆 반 친구에게 맡겨서 그 반 담임이 내게 가져다주기까지 하셨어. 학급 지도를 잘해 주시라는 당부가 아니겠냐? 그런데 너희들은 미안해하기는커녕 오히려 과자를 찾으러 올 만큼 너무도 당당했다.

너희들 나이는 친구가 참 소중하지. 그런데 자칫 그 친구들 때문에 해야 할 일이나 도리마저 잊어버리는 경우가 종종 생겨. 혼자서는 할 수 없는 말이나 행동을 집단의 힘으로 행하여 다른 사람에게 피해를 주는 것도 느끼지 못할 때가 있어. 오늘이 그런 경우 아닐까? 너희들 한 명 한 명 다 소중하고 이쁘고, 꿈도 많을 줄 안다. 친구들과 어울려 선생님이랑 1년 내내 대치하면서 어영부영 한 해를 보낼래? 아님 선생님과 함께 노력하면서 꿈을 키워갈래? 난 너희들이 집단행동을 하며 주위를 아랑곳하지 않고 지내다가 모든 걸 포기하지 않을까 걱정돼. 너희들이 뭐라고 생각하든 적어도 올해 너희들은 내 자식이야. 어느 한 명 소중하지 않은 사람이 없다. 너희들을 미워하거나 포기하면 이렇게 불러 이야기해 줄 힘도 나지 않을 거야. 내겐 너희들이 참 소중하다. 너희들이 속상하면 선생님도 속상하다. 그럼 너희들도 기분이 안 좋지? 너희들과 행복하게 1년을 보내고 싶어. 이제 너희들 이야기해 봐."

"실은요. 너무 배가 고팠어요. 우리끼리 돈 모아서 아침에 빵이랑 우유 샀는데 너무 먹고 싶었어요. 다음에는 잘할게요. 체육관에서는 우리끼리 있다 보니 흥분했나 봐요."

"맞아요. 다음부터 잘할게요. 한 번만 봐주세요."

그렇게 다짐을 받고 20분이나 늦어진 점심 약속을 위해 걸었다.

뜸을 들이던 녀석들의 대답치고는 너무 싱겁다. 마치 패거리 지어 담임에게 대항하려는 듯 모여 떠들던 녀석들은 어디 가고 그저 고개 숙인 힘없는 중딩 소녀들일 뿐이었다. 별 의미 없이 지들끼리 모인 것이 좋아서 한 짓인데 내가 너무 예민했던 모양이다. 작당해서 대항이라도 하면 어찌 설득할지 별의별 생각과 답변을 준비했건만 고개를 주억거리는 녀석들 앞에서 내가 혼자 만든 지옥이 무안하다. 자라 보고 놀란 가슴 솥뚜껑 보고 놀란 걸까? 아이들을 이렇게 내 상상으로 못되게 만든 것이 어디 한두 번이랴? 내 상상으로 '죽일 놈' 또한 얼마나 만들었을까?

"애들아, 미안, 꼰대가 되지 않으려 노력할게. 우리 함께 멋지게 1년 보내자!"

소녀 가장 은영이

    도시로 처음 전근하여 3학년을 맡았다. 변두리 지역이고, IMF로 힘든 시기여서 가정이 어려운 학생이 많을 거란 짐작은 했지만, 이혼 가정 여덟 명을 비롯해 편부모 및 소녀 가장까지 눈에 띄게 어려운 환경의 학생이 많았다. 한 해 동안 나의 부처님이고 하느님 같은 녀석들이었다.

    그중에 은영이는 팔순이 다 되신 할머니를 모시고 동생과 함께 사는 소녀 가장이었다. 은영이는 집이 어렵고 초등학교 때부터 따돌림을 당해왔다는 정보가 있었는데 생각보다 표정이 밝고 긍정적이었다.

    녀석은 할머니를 끔찍이도 아끼고 사랑하며 부지런하게 하루하루를 살았다. 언젠가 가정방문 일정을 물어봤는데, 방송국에서 단칸방을 수선하고, 컴퓨터를 설치해 주어 선생님에게 꼭 자랑하고 싶단다.

    은영이는 종종 교무실에 찾아오거나 방과후에 교실에 남아 나를 붙들고 이야기하기를 좋아했다. 아침이면 쌀이 바닥나 밥을 못했던 이야기를 배꼽 잡고 웃으며 해주었고, 햄스터가 아파서 슬펐던 이야기도 해주었다. 결손가정 아이 중에 현실을 받아들이고 최선을 다해 노력하며 사는 녀석은 이 녀석뿐이었다.

    국가의 지원으로 모든 생활을 유지하기 때문에 자칫하면 받는 것을 당연시하는 좋지 않은 습관이 들기도 하련만, 녀석은 작은 마음을 주어도 보답하려고 했다. 스승의 날, 방학식, 명절, 크리스마스 등에 꼭 편지를 써서 보내왔고, 소풍 때는 유일하게 음료수를 가져오기도 했다. 편지 속에는 껌이나, 초콜릿이 꼭 들어있었다. 아이들이 짓궂게 하나 주라고 해도 아랑곳하지 않고 편지봉투 속에 밀어 넣어 담임에게 가져왔다.

그런데 아이들은 은영이를 따돌렸다. 함께 점심을 먹지 않거나, 함께 앉지 않거나 하는 식이었다. 은영이는 아무 일도 없다는 듯이 생활했다. 스스로 이해가 되지 않으면 태산처럼 꿈쩍하지 않고 아이들의 말을 받아들이지 않았다.

아이들은 오히려 자신들이 은영이에게 따돌림을 당했다고 말하기도 했다. "너무 고집이 세요. 편을 들어 주려 해도 말을 안 들어요. 자기주장만 해요. 냄새가 너무 심해요. 아무것도 신경 쓰지 않고 사는 은영이가 차라리 부러워요……."

마음이 아팠다. 요즘 저렇게 현실을 인정하고 잘 꾸려나가는 녀석이 없다. 다른 녀석들은 매사에 반항적이고, 더 지저분하고 심란하게 행동해도 다 받아주는 녀석들이 은영이 하나를 왜 끌어안지 못하는지 수수께끼였다. 그러나 나는 애써 이 따돌림 현상을 모른척하며 개인적으로 수호천사를 만들어 부탁했다. 점심과 단체 행동 때 챙기며 함께 할 수 있게 도와주라고, 그러면 아이들은 은영이를 쫓아다니며 같이 하자고 조르건만 은영이는 마음이 동하지 않으면 아이들을 곁에 범접하지 못하게 했다.

은영이의 소원은 얼른 커서 돈을 벌어 할머니를 안 아프게 해드리고 호강시켜 드리는 것이었다. 그것 외에는 소원도 없단다. 가끔, 집에 들러 수지침 처방을 해드리면 할머니의 감사하는 마음이 학교까지 절절히 전해 왔다.

"내가 남을 돕고 살아야 할 것인디. 이릏게 도움만 받고 살어서, 자들보고 얼른 커서 다 갚으라고 하요."

그러던 2학기에 문제가 발생했다. 은영이가 긴 머리를 치렁치렁 풀고 다니는 것에 시비가 붙은 것이다. 선생님이 머리 묶으라 했는데 왜 풀었냐고 한 녀석이 시비를 건 것이다. 그런데 그 녀석은 하필, 방학 때 화상을 입어 학급 및 전교생이 마음을 모아 도와줬던 녀석이었고, 은영이도 마음을 다해 도왔던 녀석이었다. 그런 녀석이 시비를 거니 좀 더 서운해서 과잉 반응을 보이며 화를 냈다. 아이들은 화상을 입은 녀석의 편을 들었다.

반 아이들이 내게 몰려와 은영이가 아픈 아이한테 너무했다며 재판을 요구했다. 나는 당장 시비를 가리지 않았다. 이미 아픈 녀석은 아이들의 응원을 받아 화색이 환해 있었다. 은영이를 오후에 조용히 불렀다. 그냥 은영이 가슴 속 응어리를 풀어주고 싶어서였다. 나는 들을 귀만 준비했다. 그리고 은영이의 이야기를 들었다. 처음에는 절대 이야기하지 않겠다고 입을 다물었다. 아이들이 고자질했다고 난리를 친다는 것이다.

기다림 끝에 한 번 이야기의 물꼬를 트자, 녀석은 눈물범벅으로 악을 쓰듯 자신의 아픔과 서러움, 아이들의 부당한 대우에 대해서 낱낱이 이야기했다. 전혀 아프지 않을 것처럼 행동했지만, 실은 깊이 아파하고 있었고, 아이들의 잘못도 정확하게 꼬집을 줄 알았다. 초등학교 때는 중학교에 가면 친구를 꼭 잘 사귀어야지, 중학교에 와서는 2학년이 되면, 3학년이 되면 하는 바람으로 살아왔는데 이제 고등학교에 가서 잘할 자신이 없단다.

애들이 냄새난다고 해서 샴푸를 일부러 두 번 세 번 묻혀 감고, 향수까지 뿌리는 데도 습관처럼 냄새가 난다고 하는 것이 속상하단다. 아침에 집을 나서기 전에 동생과 서로 머리 냄새를 확인하고 집을 나선단다. 동생도 반에서 따돌림을 당하는 것은 매한가지였다. 두 시간 이상 열심히 녀석의 이야기에 귀를 기울이고 나니 녀석의 얼굴에서 웃음이 맴돌았다. 우리는 고하도 너머로 넘어가는 붉은 석양을 보면서 손을 잡고, 나란히 교문을 나섰다.

녀석은 아이들의 따돌림으로부터 상처를 덜 받으려고 미리 과잉 방어를 했다. 그러다 보니 녀석의 마음을 비집고 들어가려는 친구들이 번번이 실패했다. 은영이에게 조심스럽게 마음을 여는 연습을 해보자고 제안했다. 비록 사람들이 못 믿게 할지라도 세상은 나쁜 사람보다 좋은 사람이 훨씬 많다는 것을 믿어 보자고 했다. 상처받지 않으려고 방어벽을 치면 아무도 못 들어오는 키다리 아저씨의 성벽이 되어 버린다고.

겨울 방학식을 하는 날 이것저것을 챙겨서 은영이의 집을 방문했다. 은영이 할머니의 무릎, 허리, 등에 수지침도 놔드리고 할머니의 긴 이야기도 들었다.

"야, 니는 도서관 가는 것이 더 재밌냐? 나는 학교 가는 것이 겁나 좋드라. 방학하면 깝깝해서 어쩌까? 학교 가고 싶을 것인디."

은영이가 동생한테 하는 말을 들으며 은영이의 1년이 아픈 것만은 아니었구나, 아, 다행이다.

선생님을 믿어서 그랬다고요

아직 칼바람이 옷깃을 여미는 3월 중순이었다. 교단 15년 차에 처음으로 M시에 부임하여 3학년 담임을 맡았다. 여러모로 낯선 환경이었다. 학급 정원 33명에 한 학년이 12개 반이었다. 일제 강점기 때 지어진 교사 건물은 아무리 손을 봐도 좁아터진 복도를 늘릴 수는 없었다. 동서 100미터는 됨직한 긴 복도는 쉬는 시간만 되면 여학생들이 쏟아져 나와 달리기를 하고 소리 소리를 지르며 아수라장이 되었다. 왜 아이들은 쉼 없이 고함과 욕설이 섞인 괴성을 지르며 달음박질하는 것일까? 내가 맡은 7반 학생들은 나를 그녀들의 한참 후배쯤으로 보는 모양이었다.

'청소도구는 어디에 두느냐? 분필은 어디서 가져오느냐? 급식 순서는 어떻게 되느냐?'

내 질문에 호의적으로 반응하는 아이들도 있었지만, 모르쇠 하는 녀석들도 있었다. 아이들과 관계를 맺고 마음을 트는 것이 무엇보다 시급했다. 3월 정신없이 학년 초 업무를 수행하면서도 가정방문을 시도했다. 도시에서 무슨 가정방문인가 싶지만, 아이들을 이해하기 위해 이보다 더 좋은 활동이 없다. 통신문으로 가정방문 희망을 받으면 순수하게 희망하는 학생이 몇 안 된다. 그래서 한 명도 빠짐없이 가정방문을 한다고 엄포를 놓고, 기실 꼭 가야 할 학생을 빼지 않기 위해 용을 쓴다.

학교 공식적인 가정방문 기간은 3일이다. 오전수업을 마치고 저녁 7시까지 쉬지 않고 돌아도 하루에 7~8명 방문하기가 쉽지 않다. 사흘을 꼬박해도 20명을 채 못 채운다. 가정방문은 가히 충격이었다. 유달산 산비탈에 기대어 머리에 버짐 피듯 얼기설기 지어진 집들은 앞집 옥상이 뒷집 마당이었다. 골목에 신발을 벗고 대문 겸 방문을 열고 들어서면 부모님 방이 아이들 방과 뒤섞인 생존의 공간이 있었다.

가정방문을 마치고 나면 나의 처지를 감사했고, 아이들이 저렇게 멀쩡하게 해맑은 웃음을 지으며 학교를 나와 주는 것에 감사했다.

첫째 날 가정방문은 학교에서 가장 먼 지역의 학생들을 대상으로 했는데 거의 7시가 되어서야 마무리되었다. 사방이 어둑어둑해진 초저녁 마지막으로 우리 아파트에 사는 유나네 집에 들렀다. 3월 내내 유나는 거의 매일 지각했다. 혼도 내 보고, 달래도 보았지만, 소용없었다. 눈이 유독 크고, 키가 작달막한 녀석은 귀염성 있는 얼굴이었는데 녀석의 눈빛은 늘 반쯤 풀려 있었다. 복도에서 녀석의 비명 같은 욕설이 아이들의 소리와 섞여 간간이 들려오고는 했다. 한시도 가만히 앉아 있지 못한 채 허둥대며 돌아다니다 수업 종이 울리면 책상에 엎드려 잠을 잤다. 옷은 늘 입다가 만 것처럼 흐트러져 있고, 교복 앞 단추를 잠그는 법이 없이 풀어져 있었다.

"교복 앞 단추 좀 잠가라" 하면

"메리야스 입어서 괜찮아요."

하며 막무가내다. 단추를 잠가주면

"깝깝해요."

금방 풀어헤치거나 모두가 보는 앞에서 교복 치마를 훌러덩 벗어 던지고 하늘색 반바지 체육복을 입고 활보를 했다.

"속옷을 다 보여주는 것은 아니지!"

"같은 여자들끼리 어쩐대요."

하며 아무 데서나 팬티를 보이며 옷을 갈아입었다.

머리는 머리끝만 헐렁하게 묶어 방금 자고 일어난 것처럼 부스스했다. 그렇게 교실로, 복도로 다른 학급으로 종횡무진 쏘다니다 수업만 시작하면 어떻게 잠이 드는지 시간 내내 엎드려 잠을 잤다. 쉬는 시간 종만 치면 일어나 두 팔을 벌리고 옆 교실로 친구를 찾아다니고 수업은 5분에서 10분 늦었다.

"수업 늦지 마라."

"왜 저만 가지고 그래요. 다른 반 애들도 모두 늦는단 말이에요."

녀석과도 이야기가 필요했지만, 부모님과의 대화가 더 필요했다. 마침 같은 아파트 가정방문 첫날 마지막 순서로 녀석의 집을 방문했다. 부모님도 이 시간쯤에는 계시겠지.

유나네 대문을 열자, 눈에 들어온 광경은 나를 얼어붙게 했다. 코가 찍찍 흐르는 세 살배기 막냇동생은 "엄마 업떠" 하면서 포크에 라면 면발을 줄레줄레 걸쳐서 입에 넣으려고 용쓰고 있었다. 여섯 살 넷째는 냄비에 입을 파묻은 채 라면을 먹으면서도 눈은 TV에 고정되어 있었다. 초등학생 동생은 멀찌감치 식탁에서 라면을 먹고 있고, 유나는 부산하게 동생들 뒷바라지를 하고 있었다. 빨래는 거실에 널브러졌고, 쓰레기 봉지에서 미어터져 나온 쓰레기가 현관에 어지러웠다. 엎어진 우유갑에서 흘러나온 우유에서 고약한 냄새가 났다.

"우리 유나 기특하다. 동생들을 이렇게 네가 돌보고 있구나."

나는 눈물이 핑 돌아 녀석을 끌어안았다.

"그래 장하다."

엄마와 통화를 통해 집안 형편을 대강 짐작했다. IMF 전까지만 해도 가게를 하며 살만했는데 IMF 때 부도가 나서 아버지와 이혼을 했다고 했다. 아이들은 줄줄이 다섯이었다. 엄마의 직업을 구체적으로 밝히지 않아 짐작하기가 힘드나 밤에 일하는 모양이었다. 그 까닭에 방과후 육아와 가사를 유나가 책임질 때가 많았다. 위로 오빠가 고등학교에 다니지만, 손을 보태지는 않는 것 같았다.

어쩔 줄 모르는 녀석을 안고 등을 두드려 주었다. 탈피하고 싶은 현실이지만 벗어날 수 없는 일상이다. 나는 녀석이 짊어진 삶의 무게를 보고 내 마음이 모두 녹아내려 버렸다. 이후 나는 녀석에게 내가 무엇을 해줄 수 있을지를 고민했다.

녀석은 집에서야 어린 살림꾼이지만 학교에 오면 맘이 딱딱 맞는 친구들에게 모든 것을 훌훌 털어버리며 아무 생각 없이 보내고 있었다. 녀석에게 더 이상의 규칙이나 약속들은 의미가 없었다. 하지만 녀석의 일탈을 그냥 바라볼 수만은 없었다. 녀석이 너무 기특하고 대견하고 안쓰럽기에.

유나의 통학은 내가 책임지기로 맘먹었다. 아침에 아파트 입구에서 녀석을 기다렸다. 오후에는 친구들과 놀기 위해 절대 내 차를 타지 않겠다고 해서 아침만 태우기로 했다. 유나는 번번이 연락도 없이 바쁜 출근길에 나를 기다리게 했다. 엄마이기도 한 나의 아침 5분은 평시의 30분과도 맞먹을 정도로 바쁘다. 그런데 녀석은 대책 없이 나를 10분 이상씩 세워 놓아 전화를 걸면 그때야 일어나기도 했다. 깨워서 태워 가기를 수차 반복했다. 너무 미안하면 표현을 하지 않는 걸까? 그렇게 늦은 날도 '미안하다'라는 표현을 하지는 않았다. 어머니 혼자 다섯 자식을 건사하다 보니 그 고통이 얼마나 클까 싶었다. 그래서 엄마 역성을 들어주기도 했다. 나는 녀석을 태우고 가면서 조심스레 이야기했다.

"선생님은 남편이랑 둘이 벌면서 두 아이를 키워도 넉넉하다는 생각이 별로 들지 않는단다. 너의 엄마는 혼자서 다섯을 건사하려니 얼마나 힘드시겠냐? 네가 힘들더라도 엄마를 도와드려라."

영혼 없는 이야기였으리라. 차를 태워주고 나는 녀석이 변화를 채근하고, 학교생활에 좀 더 성실해지기를 은근히 요구하기도 했으리라. 녀석의 입장에서 편치만은 않았으리라.

결석한 날, 유나의 엄마에게 연락하면 녀석의 불성실한 생활 태도에 대해 오히려 어머니가 하소연했다. 일찍 와서 아이를 보라고 했는데 늦게 왔다거나, 주말에 살림을 부탁했는데 친구 집에서 자고 왔다거나 오히려 유나를 책망했다.

"어머니, 집에서 유나의 역할이 큰 줄 잘 압니다. 그런데 유나가 아직 아이잖아요. 제가 가정방문 갔을 때 동생들을 잘 돌보고 있었어요. 제 몸 건사하기도 힘든 나이이니 너무 탓하지 마시고 유나 입장으로 생각해주세요."

오지랖이었다. 사는 것이 팍팍한 어머니에게 훈계하고 나면 뒤통수가 따가웠다. 때로는 유나가 집에서 폭력을 당하는 것 같았다. 점점 유나는 집 밖에서 친구들과 어울리는 일이 많아졌다. 며칠씩 집에 들어가지 않은 날이 늘어났고, 결석도 잦아졌다. 친구들을 통해 수소문하여 겨우 찾아내면 절대 집에는 들어가지 않겠다고 했다.

"우리 엄마 저 죽일 거예요. 제발 저 찾았다고 엄마에게는 말하지 말고, 비밀로 해 주세요."

그러면 어머니에게 혼나지 않게 해주겠다고 달래고 달래서 집으로 돌려보내고는 했다. 어김없이 어머니에게 유나를 부탁하는 전화를 하기도 했다. 그럴 때마다 내가 월권하고 있는 듯한 불편함이 있었다.

유나의 성적은 최하위권이었다. 2학기에 들어 고등학교 진학 상담을 했다. 인문계를 모두 진학할 수는 없어, 학교에서는 암묵적으로 대강 80% 이하 성적 학생들은 실업계 진학을 권장하고 있었다. 유나에게 어디를 가고 싶냐고 물으니,

"엄마가 고등학교 가지 말라고 했어요. 모르겠어요."

"실업계 학교는 갈 수 있으니 엄마에게 고등학교 가겠다고 잘 말씀드려봐"

그러나 여전히 지지부진하여 나는 유나 어머니에게 전화를 걸었다. 그리고 두 가지 일을 알 수 있었다. 첫째로 우선 아이가 정신을 못 차리니 고등학교를 안 보내준다고 거짓 협박했다는 것. 그러나 둘째로 인문계 고등학교 원서는 써 달라는 것.

그 시점에 인문계 학교는 실제로 성적과 커트라인까지 대강 집계가 되고 있었다. 유나 어머니가 요구하는 학교는 이미 정원이 마무리된 상태였다. 성적과는 무관하게 인문계 학교를 희망하니 교사의 진학 상담이 별 의미가 없었다. 설득할 필요를 느끼지 못했다. 또한 떨어져도 미달된 학교들이 있어 큰 문제가 될 것 같지도 않았다. 원서를 쓰려면 보호자와 본인의 도장과 원서비가 필요하다고 전했다. 어머니는 직접 만나기는 쑥스럽고, 우리 아파트 앞 가게에 맡겨둔다고 했다. 가게에는 어머

니 도장만 있었다. 원서비는 대납할 수 있지만, 유나의 도장은 내가 만들 수 없는 노릇이었다.

어머니에게 고등학교 진학을 안 시킨다는 말을 들은 뒤로 유나는 아예 학교에 오질 않거나 아침에 얼굴을 슬쩍 비쳤다가 담을 넘어 사라져 버렸다. 볼 때마다 고등학교 원서가 마감되니 속히 도장을 가지고 오라고 했지만 속수무책이었다. 그 와중에 엄마마저 전화를 받지 않았다. 계속 문자를 남겼으나 묵묵부답이었다. 아이에게 말하지 않았지만, 인문계 학교 중에는 여전히 숫자를 채우지 못해 추가모집을 한다는 소문이 있어 아이만 학교에 온다면 아주 길이 없는 것은 아니었다. 그러나 본인의 장래 진로 앞에서 이렇게 무책임한 학생 본인과 그 부모의 태도는 이해할 수가 없었다.

원서가 마감되고 3일이 흘렀지만, 여전히 아이는 등교를 하지 않았다. 추가 모집한다는 인문계 학교가 있어 저녁에 유나 집에 전화했다. 고등학교에 다닌다는 오빠가 받았다.

"여차저차해서 유나가 고등학교 원서를 아직 못 쓰고 있는데 학교에 오지 않고 어머니는 전화를 받지 않는다. 내일이라도 당장 학교에 와서 원서를 쓸 수 있었으면 한다."

오빠는 처음 듣는 소리라고 했다. 어떻게 고등학교 원서를 안 쓸 수 있냐고 되물었다. 그날 밤, 오빠가 다닌다는 고등학교 모 교사가 전화를 걸어왔다.

"학생의 고등학교 원서를 써주지 않은 것은 교사로서 직무 유기입니다. 선생님, 전교조 교사지요?"

"원서를 안 써준 것이 아니라, 학생은 결석 중이고, 부모님은 연락이 안 된다. 그런데 전화를 하신 분이 누구시냐?"

이것이 무슨 상황이지? 오히려 나에게 책임을 묻겠다고 했다. 이 사람은 도대체 어떤 사람이지? 시내 M 고등학교 교사인데 어머니를 잘 안다는 것이다. 학생의 장래와 미래가 걸린 고등학교 원서를 써 주지 않는 것에 대해 책임을 묻겠다고 했다. 그리고 밤늦게 어머니로부터 전화가 걸려 왔다.

"유나가 그러는데 원서를 써주라고 아무리 졸라도 실업계를 가지 않으면 원서를 써 줄 수 없다고 했다면서요. 실업계를 보내려고 원서를 안 써줄 수 있느냐? 도장이 없으면 파서라도 써 줘야지, 우리 아이 고등학교 못 가면 인생을 책임질 수 있느냐? 그러고도 선생이냐? 내가 이혼해서 혼자 산다고 무시하는 모양인데 가만두지 않겠다."

"실업계 원서는 1차로 진작 끝나고 인문고는 2차인데 그마저 이미 끝났습니다. 유나가 결석해서 어머니에게도 분명 도장과 원서비가 필요하다고 했는데 왜 연락이 두절 되어 기한을 넘겼는지요? 내가 공문서를 위조할 수는 없었습니다."

아무리 이야기해도 소용이 없었다.

1년 동안 녀석을 어지간히 가슴으로 품어왔다. 무리한 짐을 진 녀석이 안쓰러워 아침마다 내 차로 통학을 시킨 것뿐 아니라, 가출해서 며칠을 굶은 녀석을 만나 밥을 사 주기도 하고, 가출해서 집에 들어가지 않겠다는 녀석을 달래 집으로 돌려보내기도 했다. 내가 쏟았던 마음이 부정당했다고 생각하니 배신감이 컸다. 이제 아이들에게 마음의 곁을 내주지 않으리라 몇 번이나 다짐했다. 감사하다고 하던 엄마가 하루아침에 돌아서서 나에게 칼끝을 겨누는 이 상황을 알 수가 없었다. 도대체 나에게 무얼 바라는 것인지, 내가 무얼 잘못했는지 앞으로 어떻게 일이 전개될 것인지 답답하고 불안했다.

무엇보다 나에게 이런 일이 일어난다는 것을 용납할 수 없었다. 참교육을 한다고, 아이들을 사랑으로 가르친다고, 좋은 선생님이 되려고 노력했다는 오직 그 자존심 하나로 버텨왔던 교직이었다. 월급쟁이로만 살지 않고 내 삶을 아이들에게 쏟아부었다고 자부했다. 학생과 학부모로부터 민원을 당하고 있다는 사실이 부끄러워서 견딜 수가 없었다. 인정할 수도 없었고, 누구에게도 얼굴을 들 수가 없었다.

아무에게도 입을 열어 이야기할 수도 없을 것 같았다. 교사를 더 할 수 있을지 자신이 없었다. 잠도 오지 않았다. 자리에 앉아 있을 수도 없었다. 계속 방 안을 서성이며 무엇을 해야 할지 갈피를 잡지 못했다. 음식이 목에 넘어가지 않고 먹은 게 없는데도 계속 화장실에 들락거렸다.

다음 날부터 한 치 앞을 예측할 수 없는 일들이 벌어졌다. 대통령실, 인권위, 도교육청, 군 교육청에 혼자 사는 엄마를 무시해서 실업계를 종용하다 입학원서를 안 써 준 파렴치한 교사로 민원이 올라가고, 언론사에서 취재를 왔다. 주변에서 관련된 소문이 흉흉하게 나돌았다.

불안이 엄습해 왔다. 초등학교에 다니는 우리 아이들에게 어떤 해코지를 할지 모른다는 불안과 공포 때문에 아이들을 학교에 보내기가 무서웠다. 언론사에서 카메라를 끌고 왔다. 실업계를 강요하다가 원서를 써주지 않았느냐고 물었다. 교사가 학생의 미래를 책임질 거냐고 물었다. 기자에게 사정을 충분히 해명하는 인터뷰를 했다고 생각했는데 저녁 9시 뉴스에는 실업계 원서를 강요한 교사가 학생의 고등학교 진학원서를 써주지 않아 물의를 빚고 있다고 보도되었다. 취재는 의미가 없었다. 이미 짜인 각본대로 뉴스를 내보내고 있었다. 지인들이 뉴스를 보고 위로 전화를 해왔다. 쥐구멍을 찾았다. 부끄럽고 부끄러웠다. 예측할 수 없는 미래는 큰 공포였다. 어떻게 되려고 이러는가? 30분 단위로 설사를 했다. 음식은 물 한 모금 먹을 수가 없었다. 언론사를 용서할 수가 없었다. 취재하고도 어떻게 이렇게 왜곡 보도를 할 수 있다는 말인가? 반드시 응징하리라.

다행히 교장 선생님이 중심을 잡아주었다. 내 이야기를 묻고, 듣고 나서는 아픈 마음을 공감해 주었다. 열정을 다해 가르쳤던 제자로부터 당한 심리적 배신감에 대해 본인의 경험을 들려주며 공감을 해주었다. 1년 동안 담임으로서 아이에 대해 담임으로 최선을 다한 것에 대해 놀라워하면서 쓰라린 마음을 안정시켜 주려 했다.

"입시 철에 언론사도 한 건이 필요하기에 진실보다 당시 이슈에 맞춰 뉴스를 제작하여 배포하는 관행이 있어요. 교직 경험 동안 이번이 처음은 아닙니다. 시간이 해결해 줄 거예요."

공감이 최고의 약이었던 것 같다. 그저 우둔거리던 가슴이 조금씩 안정을 찾았다.

민원 해결 절차로 교육청에서 조사를 나왔다. 2층 정보실 어두컴컴한 곳에서 2시간 이상 조사를 마치고, 법적으로 크게 하자가 있는 것 같지는 않다고 했다. 만약 도장을 임시로 파서 원서를 써줬더라면 오히려 공문서 위조가 될 뻔했다고 했다. 너무 힘들어하지 말고 조치를 기다리라고 했다.

처음에는 일을 소홀히 처리했다고 책망하던 남편이 일어난 현실을 받아들이고 문제를 해결해 보자고 했다.

"체벌한 것도 아니고, 실업계를 강요한 것도 아니고, 문서를 위조한 것도 아니고 고등학교 진학할 방법이 없는 것도 아닌데 이렇게까지 문제를 키운다는 것은 도저히 용납할 수 없다. 휴직할 결심을 하고 한번 싸워보자. 필요하면 법적으로 싸워보자."

남편이 함께 공감해 주니 살 것 같았다. 도저히 나에게 이런 일이 일어나고 있다는 사실을 인정할 수 없어 뿌연 안갯속을 헤매던 고통이 현실을 받아들이자 시야가 조금 트였다.

"그래 내가 무얼 그리 잘못했는가? 당당히 맞서 보자."

문제는 시 교육청 홈페이지에서 일어났다. 유나의 어머니가 시 교육청 홈페이지에, "학생이 교사에게 가서 원서를 써달라고 사정사정했는데, 실업계 고등학교를 강요하며, 원서를 안 써줘서 고등학교 진학 기회를 놓쳤다. 엄마가 혼자 산다고 얕잡아보고 일어난 일이다. 어떻게 이런 일이 있을 수 있냐. 책임을 지고 처벌해달라."

공개 게시판에 글을 올렸다. 학교에 결석하고 있던 유나와 유나 친구가 직접 게시판에 글을 남겼다. 선생님들에게 원서를 써달라고 부탁했는데 선생님들이 원서를 써주지 않았다는 것이었다. 심지어는 당시 원서를 써달라고 사정할 때 영어 선생님, 미술 선생님도 그 옆에 있었다고 주장했다. 함께 결석하고 있는 유나 친구도 그 모습을 봤다고 증언하는 글이 올라왔다.

선생님들과 재학생들도 글을 올리기 시작했다. 원서를 마감하는 즈음 유나가 학교에 온 적이 없다. 평소에도 유나가 어떻게 학교생활을 했는지를 증언하기 시작했다. 담임이 등교를 도우며 유나를 챙기던 이야기도 올라왔다. 학교에 와서 진실을 가리자고 했다. 게시판이 뜨겁게 달궈지고 있었다. 상관이 없는 시민들도 가세했다. 학교 내에서 만나는 동료 교사들의 눈길이 안쓰러웠다. 그런 눈빛을 만날 때마다 힘도 나지만 마음이 아팠다. 내게 도대체 무슨 일이 일어나고 있는가?

동료 교사 한 명이 게시판에 거짓을 올리는 유나 친구 집에 가보자고 했다.

"아이들이 상황 판단을 못 하고 있는 것 같다. 이 순간만 거짓말로 감쪽같이 넘어가면 된다는 생각 같다. 이로 인해 고통을 당할 다른 사람의 처지를 생각하지 못하고 있는 것 같다. 아이들에게 가보자. 가서 왜 거짓말을 하는지, 이에 따라 얼마나 복잡한 일이 벌어지고 있는지 사실을 알려줘야 한다."

유나 친구 집에 들렀다. 거짓말처럼 유나 친구가 게시판을 열어놓고 글을 올리고 있었다. 마음이 아팠다. 친구를 감싸기 위해 녀석은 거짓말을 했다. 교사로서 부끄럽고 자괴감이 들었다. 학생에게 버림받은 교사의 남루한 현실이었다. 그간 마음 닳아져 가며 감싸고, 챙기고, 아파하며 품었던 결과가 이런 것이었다. 같이 간 동료에게도 부끄러웠다.

나는 유나 친구와 친구 부모님을 앉혀놓고 이야기를 했다.

"네가 지금 하는 짓이 무슨 의미인 줄 아느냐? 선생님이 유나와 너의 거짓말 때문에 굉장히 난처한 상황에 처해 있다. 왜 거짓말을 시작했는지 모르겠다만 그 거짓말로 인해 선생님이 곳곳에서 어려움을 받고 있다. 그래서 선생님도 진실을 규명하기 위해 고발을 하려고 한다. 만약 네가 친구를 위한다고 거짓말을 계속한다면 법적인 처벌을 받게 될지도 모른다. 사실대로 이야기해라. 원서 마감 날 너희들을 왜 학교에 오지 않았으며, 학교에 오지 않았으면서 왔다고 거짓말을 했고, 와서 원서를 써달라고 사정했는데 선생님이 써주지 않았다고 거짓말을 했냐? 그리고 친구인 너는 왜 그걸 봤다고 거짓말을 하고 있냐?"가 이야기 줄거리였다.

친구 부모님도 난처해했다. 이러지도 저러지도 못하고 있던 친구 부모님도 나의 단호한 태도에 사실대로 이야기하라고 아이를 타일렀다.

"유나는 엄마가 고등학교 안 보내준다고 학교 다닐 필요가 없다고 했어요. 원서 마감일에 옆 학교 남학생을 만나러 가는데 같이 가지 않겠냐고 해서 따라갔어요. 만약 이 사실을 알면 엄마에게 죽는다고 거짓말을 해주라고 했어요. 그것뿐이에요."

"그럼 너의 거짓말을 인정하고 사실대로 게시판에 써라."

맥이 빠졌다. 부모가 무서워 시작한 거짓말이 일파만파로 커져 있었다. 유나 엄마는 이 사실을 어디까지 알고 있는 것일까? 게시판은 여전히 날 선 유나 엄마의 항의가 이어지고 있었다. 교사들과 학생 다수가 참여하여 답변하고 있었다. 시민들이 나름의 의견을 올리며 시시비비를 이야기하고 판관을 자처했다.

유나 친구는 이제까지 올린 글이 거짓말이었다고 밝혔다. 그러자 며칠째 시끄럽던 게시판이 순간 조용해졌다. 이제 사람들은 당사자인 내가 글을 써야 한다고 했다. 자세하게 그간의 모든 이야기를 써서 처음 본 사람도 진실을 이해할 수 있도록 글을 쓰라고 했다. 밤새 그간의 상황을 정리해 교장 선생님께 보여드리니 그렇게 올리자고 했다. 그러나 막상 게시판에 들어가니 그 글을 그대로 올릴 수가 없었다. 지금 죽자고 옳고 그름을 따지고 있는 상황에 대하여 내가 글을 올리는 것이 사실을 이해하는 데 도움은 될지언정 교육자로서 바른길인가? 이것이 내 교사로서 자존심을 회복시켜 줄 것인가?

결국 나는 준비한 글을 올리지 않고, 나의 입장문을 올렸다.

"이렇게까지 상황이 악화된 것은 순전히 교사로서 부덕한 저의 책임입니다. 여러 가지 이야기를 구구절절 말하고도 싶었으나 부질없다는 생각을 했습니다. 이미 여러 정황을 통해 진실이 충분히 전해졌을 거로 생각합니다. 중요한 것은 유나가 원하는 고등학교를 입학하는 것이고, 부모님은 오해를 풀고, 결자해지하셨으면 합니다."

　게시판은 모두가 기다리던 글이 아닌 나의 짧은 사과성 글이 올라오자 당황하면서도 오히려 상황이 종료되었다. 예상 밖의 나의 글이 백번의 해명 글보다 호소력이 있었다는 것이다. 더 이상 어머니의 글도 유나의 글도 올라오지 않았다. 그렇다고 사과를 한 것은 아니었다.

　이후, 어떤 사과 절차도 없이 아이는 다시 학교에 와서 원서를 썼다. 문제가 더 이상 비화하지 않는 것이 해결의 끝이었다. 나의 헤질 대로 헤진 마음을 꿰매는 일은 오롯이 내 몫이었다. 실컷 헤집고 나서 '아니면 말고' 끝이었다.

　한참이 지난 후 내가 먼저 어머니께 전화했다.

　"어머니 그때 왜 그러셨어요?"

　"선생님을 너무 믿어서 해결해 주실 거로 생각했어요."

　이렇게 그 고약한 사건의 전말은 어머니도 믿어버린 나의 오지랖 때문이었단 말인가.

　만약 그때 유나와 부모님에게 자신의 행동에 대해 사과를 받고 책임을 물었더라면 후배들이 근무할 교단 환경은 좀 더 나아졌을까? 교권에 대한 관심이 앞당겨졌을까?

똥 치우기

 3월 2일 개학식 새벽, 자꾸 눈이 뜨인다. 시계를 보니 3시, 다시 누워 잠을 청했는가 싶었는데 눈이 또 떠진다. 5시, '에라 모르겠다 일어나자.' 일어나서 내 반에 배정받은 학생들의 명단을 들여다보고 학급업무 몇 가지를 준비했다. 의식적으로 부인하지만, 무의식은 이미 개학을 준비하며 깨어 있었던 모양이다.
 십여 년 만에 올해는 담임을 한 차례 쉬고 싶다는 간절한 열망을 가졌다. 휴식이 필요했다. 충전을 위해서, 건강을 위해서, 내 꿈을 키우기 위해서. 업무분장 희망서에 돌아볼 것 없이 1, 2, 3 희망 모두 담임은 희망하지 않았다. 몇 학년 할 거냐고 묻는 동료의 말을 애써 모른 척하면서, 이번에는 내 뜻을 주장해 보자고 마음먹었다. 내가 희망한 업무장을 선배 교사도 쓴다고 해 흔들리기도 했지만 버티는 데까지 버티고 있었다. 돌아가는 분위기가 다행히 담임을 면하게 되는 것 같았다. 그렇게 인문사회 부장을 맡게 되었다. 들떠 여기저기 자랑을 했다. '처음으로 희망한 업무분장을 맡았다.' 가족들로부터 박수도 받았다. 그새 밖에서 담임 없는 내 일정이 꽉 채워지기 시작했다.
 그런데 마지막 인사위원회가 열리는 날, 내가 인사위원임에도 불구하고 불가피하게 광주에 가야 할 일이 생겼다. 가면서도 내내 마음이 불편했다. 애써 뽑아 줬는데 책임을 못하는 것이 못내 미안했다. 그런데 내 휴대폰에 불이 났다. 교감 선생님, 인사위원들이 돌아가면서 전화하는 것이었다.
 "할 수 없이 담임을 해주셔야겠어요."
 "선생님이 담임 안 해주면 이제 말 안 할 거야."
 그 말에 내가 또 마음을 바꾸고 말았다. 내 인생에서 제일 못하는 '아니오'란 답변! 그 말만 잘해도 내 인생이 좀 더 편할 수 있었을 텐데…. 결국 나는 또 담임을 맡았다. 선배의 말이 맞았다.

"아이고! 그 나이에 무슨 담임을 안 한다 그래!"

그러던 선배 선생님도 결국 담임을 수락했다.

다시 긴장하고 아이들을 만나기로 마음을 고쳐먹었지만, 저 마음속 깊은 곳에서 자꾸 불안한 모양이다. 꿈을 꾸면 아이들 절반이 땡땡이를 친 교실이 보인다. 남편은 그 나이에도 떨리냐고 했다. 내 무의식은 알고 있다. 내가 아니라고 해도. 나의 진심이 통할 때까지 1년을 온몸과 마음으로 씨름할 날들 앞에 나는 떨고 있었다.

새벽에 말똥거리는 눈을 뜨고 아이들에게 할 인사말을 새겨보고, 학부모님에게 드릴 통신문도 점검한다. 그리고 웃으며 개학 첫날을 맞기로 나를 자꾸 달랜다.

아침 8시 교실에 들렀더니 복사꽃처럼 해사하고 어여쁜 아이들이 빙그레 웃으며 맞아준다. '그래 이거야. 이런 분위기로 1년을 보내는 거야.'

여기저기 종종거리며 뛰어다니다가 화장실에 들렀다. 첫 문을 열었는데 이것이 웬 인사? 막 싼 물컹한 똥이 변기통에서 흘러내리고 있고, 바닥에도 떨어져 있는 것이다. 시큰한 냄새가 진동했다. 따악 한 대 맞은 느낌이다. 얼른 문을 닫고 나와서 한숨을 쉬었다. 한심한 녀석이라 투덜거려도 본다. 생각해 보니 우리 반 청소구역이다. 이 녀석을 어떻게 잡아내서 혼쭐을 내줘야 할까? 청소 시간까지 기다려 아이들에게 닦게 할까 생각도 했다.

"왜 우리가 저 똥을 치워야 돼요? 더러워요! 싫어요!"

첫날부터 아이들과 씨름할 일이 만만치 않다. 그럼 어떻게 할까? 에라 내가 한번 닦아보자. 누가 하든 어떠랴! 사람이 싼 것인데. 1층에 내려가서 고무장갑과 화장지를 한 뭉치 가져왔다. 그리고 화장지를 잔뜩 풀어 바닥에 똥을 훔쳐냈다. 싼 지 얼마 되지 않은 똥에서 구릿하게 덜 발효된 설사 냄새가 풍겨왔다.

그러나 신기하게도 막상 변기를 닦으면서 아이의 마음이 짐작됐다. 어른인 나도 개학을 하기 위해 떨리고 두렵고 설레는 마음으로 잠을 설쳤는데, 심약한 어느 녀석이 얼마나 애를 태우다 여기에 그 마음을 흘린 것일까? 내가 이 똥을 치우기 전에는 한심한 녀석으로 잡아내어 혼내줘야 할 아이로만 취급되었는데 그 녀석의 불안이 고스란히 전해져 오는 것이다. 생각해 보니 아이들의 똥을 치워본 것은 처음이다. 올 한 해, 똥을 치우는 이 마음 이어지길. 그러나 똥은 말고.

전학생

　수업을 다녀오니 전학생이 와 있었다. 여러 곳을 전전하면서 안 좋은 의미로 유명한 학생이었다. 순간 긴장되면서 가슴이 요동을 쳤다. 개학하고 며칠 동안 아이들과 씨름을 덜 했던 것이 새삼 떠올랐다. 편할 때는 편한 것을 잘 못 느끼는 모양이었다. 특히 올해 우리 반이 긍정적이고 수용적이어서 아이들을 설득하려고 애쓴 일이 없었다는 것을 이제야 깨달았다.

　선입견을 품으면 안 되겠지만, 전학생에 대한 불안이 담임들에게는 있다. 전학 온 녀석 중에 부적응으로 이 학교 저 학교 옮겨 다니는 아이가 종종 있는 데다, 전학생 한 명이 와서 어떤 경우에는 애써 만든 반 분위기를 싹 바꿔놓는 경우가 종종 있기 때문이다.

　한 시간 동안 수업하면서 아이를 받아들일 각오를 하느라 호흡을 골랐다. 그래. 올해 나의 부처님 한 분을 모시는 거다. 쉬는 시간 교무실에 내려갔더니 확인할 사항이 있어 잠시 전학을 보류했으니 기다리라고 했다. 그래야 고작 며칠 미뤄질 것이지만.

　그러더니 며칠 소식이 없다가 월요일에 다시 학생이 왔다고 했다. 상담실에 내려가 보니 교감 선생님이 어머니와 대화 중이었다. 잠시 후 학생 아버지가 술 냄새를 풍기며 나타났다. 그리고 다짜고짜,

　"이 새끼 모가지를 비틀어 버린다"라는 것이다.

　아이에게 별 하자가 없는데 전학을 미루는 것이 화가 난다며 술을 먹고 와 교감 선생님에게 욕을 하며 행패를 부리고 있었다. 말 상대를 하던 교감 선생님이 어이가 없는지 화를 내다 나가 버렸다.

담임이 안중에 있을 리 없었지만, 아버지를 자리에 앉혔다.

"아버님, 아버님의 서운함은 이해합니다. 자식의 전학이 이유 없이 미뤄지고 연락도 없는 것이 속상하셨다면 사과드립니다. 그러나 학교는 나름대로 절차가 있기 때문에 확인하지 않을 수 없습니다. 더구나 선이는 수차례 전학을 했던 아이라 신중하게 알아볼 수밖에 없었음을 이해하십시오. 그리고 선이 담임으로서 저를 믿고 맡겨 주신다면 몇 가지 당부를 드리겠습니다.

부족함이 많지만, 담임으로서 올 1년 최선을 다하겠습니다. 그러나 전학이 대수가 아닙니다. 전학을 와서 잘 적응하고 학교를 졸업해야 할 것 아닙니까? 그러려면 아이에 대해서 솔직한 정보를 주셔야 합니다."

"우리 아이는 잘못한 것이 없어요. 초등학생에게 돈 2백 원 뺏은 걸 가지고 학교에서 주동자로 몰아 전학을 시킨 거예요. 그때도 학교를 뒤집어 버릴 수도 있었지만 참아주고 전학을 택한 겁니다. 우리 아이는 아무 문제 없어요."

"아이에게 아무 잘못이 없다고 하면 참 곤란하네요. 물론 학교나 친구들이 더 잘못했을 수도 있었겠지만, 아이가 변하기 위해서는 반드시 스스로를 돌아보고 잘못된 행동을 고치려고 해야 합니다. 지금처럼 문제를 학교에만 돌린다면 담임을 맡은 저로서는 매우 부담스럽습니다. 앞으로 크고 작은 일이 있을 텐데 믿고 맡기지 않고 그때마다 시시비비 가리며 학교에 책임을 떠넘기면 어떻게 소신껏 교육을 하겠습니까?"

"앞으로 학교를 믿고 아이를 맡기겠습니다."

아버지는 많이 누그러져 있었다. 내친김에 몇 가지 더 다짐을 받았다.

"그리고 아무리 화가 난다고 해도 학교 선생님들에게 다짜고짜 욕설을 퍼붓는 것은 있을 수 없는 일입니다. 욕하신 것은 정식으로 사과하시고, 앞으로 아무리 화가 나도 아이 앞에서는 교사나 학교를 욕하시면 안 됩니다. 부모가 그러면 아이가 저희에게 무엇을 배우겠습니까?"

"예, 알겠습니다. 지금은 제가 술에 취했으니 내일 교감 선생님께는 사과를 드리지요."

"한 가지만 더 부탁드릴게요. 담임인 제가 최선을 다해도 부족한 부분이 있을 겁니다. 그래서 아이의 적응을 위해 전문 상담 선생님을 초빙해서 상담을 받게 될 겁니다. 상담을 받는 것도 부모님이 적극 지지하고 도와주셔야 가능합니다. 괜찮겠습니까?"

"네, 그래야지요."

욕을 언제 했나 싶게 금방 수긍하고 돌아갔다.

다행인 것은 아이의 표정이 생각보다 밝다는 점이었다. 세상에 대한 분노보다 멋대로 자란 아이의 분방함이 더 보였다.

시간이 흘러 선이가 정식으로 등교하기로 했다. 우리 반에 전학생이 올 거라고 말했더니 아이들이 박수를 치고 좋아했다.

"어떤 애가 와요? 어디서 와요?"

아이들은 전학생에 대해 관심이 많았다. 성아는 책상을 가져다 놓겠단다. 모두 기다리는 눈치였다. 역시 아이들이 교사인 나보다 순수하다. 환대란 이런 것인데.

"글쎄, 오면 물어보자. 너희들이 따뜻하게 맞아주렴. 지나치게 패거리로 몰려다니지도 말고, 빨리 적응하도록 도와줬으면 좋겠다."

선이는 아버지 없이 엄마와 왔다. 게다가 교복은 승마복처럼 바지 끝단을 최대한 줄이고 엉덩이 부분은 최대한 부풀렸다. 하물며 조끼는 남학생 조끼였다.

"아버님이 본인 일에 책임을 지는 건 아이의 교육에도 참 중요합니다. 그런데 왜 함께 오시지 않으셨나요? 어제 저와 약속하셨는데요."

"아버지가 새벽까지 술을 드셔서 제가 아이를 데려왔네요. 오후에 오실 거예요."

"그런데 넌 어제 산 교복이 왜 이 모양이냐? 우리 학교는 이렇게 바지를 맘대로 줄이는 걸 허용하지 않는단다. 교칙을 지키려고 노력하지 않으면 1년 내내 학교 선생님들과 싸우게 돼.”

"사면서 줄였어요. 오늘 가서 다시 늘려 입고 올게요.”

"그래, 이왕에 전학 왔으니까 와서 잘 적응하려고 노력해라. 노는 친구들 찾아서 세를 과시하려 하지 말고 친구들과 잘 어울리렴.”

"그리고 어머니, 아이 용돈은 얼마씩 주나요?”

"하루에 만 원도 주고, 2만 원도 줘요.”

"너무 많네요. 돈을 많이 가지고 다니면 돈을 탐내는 친구들이 몰려들어요. 하루 차비에 얼마씩만 더 보태 주세요. 돈이 있어 인스턴트 식품 사 먹으면 밥도 안 먹거든요. 게다가 많이 먹으면 건강도 안 좋아지고, 아무리 마음을 곱게 쓰려고 해도 성질이 사나워질 수밖에 없어요. 마음을 잡는데 음식부터 제대로 먹어야 하거든요.”

"맞아요. 친구들과 돈으로 사귀는 것 같다니까요.”

선이는 아니라고 용돈은 줄이면 안 된다고 엄마에게 눈을 껌벅거렸다.

그렇게 일단 돌아가 오후에 아빠랑 오겠다던 녀석이 오후에 혼자 터벅터벅 왔다. 볼에 주근깨가 까무죽하고 포동한 얼굴에 빙그레 웃음을 띠는 모습이 생각보다 귀염성이 있다.

"그런데 선생님, 할 말이 있어요. 우리 아빠 못 와요. 술에 취해서 아마 이번 주 내내 못 올 걸요. 어젯밤에 엄마랑 한판 붙어서 엄마는 병원에 입원했어요. 아빠는 술 취해 엄마 잡으러 간다고 소리소리 질러요.”

일단 교실에 데려가 자기소개를 시켰다. 반장에게 도서실에서 교과서를 타오는 것을 도와주라 했다. 그런데 한 시간 후에 반 아이들이 몰려왔다.

"선생님, 전학생이 복도에서부터 신발 신고 가버렸어요.”

"엥? 겨우 한 시간 있다가?”

전화했지만 먹통이다. 우선 선이 아버지에게 전화했다.

"선이가 수업 한 시간하고 나가버렸는데 찾아보세요."

이후에 아버지 전화도 먹통이다. 아무런 사건도 없이 첫 수업을 받는 날 도망간 것이다. 황당했다. 열심히 하겠다고, 맘 잡게 해달라고 자기소개를 썼던 녀석이었다. 그럭저럭 노력하면 될 거라 생각했던 내 판단이 잘못된 모양이다. 상담 선생님을 요청해 놨는데 그 역시 취소해야 했다. 뭐가 문제인걸까?

아침에 선이가 교실에 없어 교문 쪽을 내려다보니 고치기로 한 승마복 바지를 입고 와 교문에 잡혀 있었다. 교실에 와서 왜 교복을 늘리지 않았느냐고 물으니,

"이제라도 바꿔 입고 올까요?" 한다. 전학 날 부모님과 연락이 안 되어 오빠라도 함께 와서 다짐을 받으라고 했는데 역시 혼자 왔다. 왜 혼자 왔냐고 하면,

"아빠는 술 드시고 우리 찾느라 눈깔이 뒤집혔어요. 엄마는 얼굴이 터져서 얼굴 들고 못 다녀요. 오빠는 직장에 나갔어요. 엄마라도 데리고 올까요?" 한다. 판단이 서지 않는다.

"너 교복 늘린다고 하더니 왜 그대로 입고 왔어?"

"집에서만 몰래 입으려고요. 지금 가서 치마로 갈아입고 올게요."

"그런데 왜 입고 왔어?"

"아 깜빡 잊어버렸어요."

"그래 갈아입고 와라."

그리고 그 길로 달려가 4교시에 왔다.

"왜 이제 왔어?"

"차비가 없어서 걸어왔다니까요. 오다가 할머니를 만났는데 할머니가 학교 안 가도 좋으니 아빠 얼굴 좀 보라고 난리예요. 우리 아빠는 나 안 보면 못 살거든요. 그런데 엄마랑 집 나왔으니까 아마 일주일간 술 먹을걸요. 쌤통이에요."

병원에 가서 옷만 갈아입는다더니 그새 할머니도 만나고 여러 볼 일을 보고 온 모양이다.

교실에 들여보냈더니 그새 문자가 온다.

"선생님 저 상담하고 싶어요. 공부하기 싫어요."

점심때 녀석을 만났다.

"수업시간이 심심해서 힘들어요."

"그래, 수업이 원래 재미있어서 듣는 것은 아니란다. 학교를 다니기로 했으니까 수업은 재미없어도 듣는 거야. 그리고 집중해서 듣다 보면 재미가 붙기도 해. 재미없어도 마음공부다 생각하고 참아. 상담은 월요일에 시켜줄게."

"알았어요."

"그리고 휴대폰 왜 안 냈어? 이리 내놔. 뺏기면 한 달간 압수야."

"선생님, 저 절대 안 들킬 자신 있어요. 그러니까 안 낼게요. 이거 없으면 안 된단 말이에요."

"이건 약속이야. 너만 예외로 할 수 없어. 너희 친구들한테 다 전해. 학교에 있을 때는 전화하지 말라고. 그리고 네가 교실에서 쓰면 친구들이 금방 일러."

"알았어요. 낼게요."

그렇게 하루를 무사히 보낸 우리 선이 어깨를 다독다독 두드려 준다. 엄마에게 전화가 왔다.

"우리 선이 학교에 왔나요?"

"네 무사히 마치고 갔네요."

"선생님, 선생님만 믿을게요. 감사합니다."

"네 얼른 나으세요."

그렇게 놀토만 기다리던 금요일이, 풍랑주의보가 내린 섬에 남편을 묶어 둔 채 저물어간다.

"선생님, 안녕하세요? 오늘 지각 안 하려고 6시에 일어나서 아빠 차 타고 7시 50분에 도착했어요. 나 잘했죠? 호호호."

"그래 참 잘했다. 우리 선이 이제 지각하거나, 도망가거나 선생님들한테 눈 부릅 뜨고 달려들면 안 돼!"

"네. 알았어요. 여기 휴대폰 있어요. 아 잠깐만요. 문자 한 통만 날리고 드릴게요."

"그래 휴대폰 없어서 허전해 어쩌냐? 이 기회에 휴대폰 중독을 조금씩 치료하자."

"네 쌤, 저 휴대폰 없이 한 달도 거뜬히 보낼 수 있다니까요."

"그래 그러면 됐고, 혹시 엄마 것 하나 더 가져왔으면 이제는 꼭 아침에 제출해야 해."

"네. 알았어요. 그런데 쌤, 저 시험공부 때문에 책 좀 사러 갈게요."

"엥? 벌써 시험공부 하게? 너무 빠른데?"

"엄마가 공부하랬어요. 아빠가 돈도 줬어요. 가서 얼른 사서 올게요."

"서점은 머니까 오후에 가. 또 아침에 나갔다가 이름표 없다고 교문에서 걸리면 어떡해?"

"아니요. 지금 살게요. 금방 갔다 올게요. 이 앞에 문구사에 있대요. 지금 사야 해요. 금방이면 돼요."

"차라리 점심때 가라."

"지금 갔다 올게요. 외출증 끊어 주세요. 네? 쌤!"

"알았어. 금방 다녀와야 해!"

"네 쌤! 감사합니다. 그런데 쌤 달력에 제가 표시해 놓은 날은 폰 빌려주셔야 해요."

책꽂이에 꽂혀 있어 나도 찾기 힘든 내 달력을 녀석이 끄집어내어 끄적이고 있다. 들여다보니 '4월 1일 선이 문신 지우러 보호 관찰소 가는 날, 4월 25일 선이 재판 가는 날'이라고 쓰여 있다.

점입가경이라더니 보호관찰소에 이어 재판도 있다고 한다. 조용히 붙들고 물었다.

"너 왜 재판받는데?"

"아따 선생님, 내가 말했잖아요. 보호관찰 건하고 재판하고 같은 건이에요."

"넌 양파껍질처럼 매일 새로운 사실을 말하는데, 내가 어디까지 놀라야 하냐?"

"호호호 더 없어요. 갔다 올게요."

전학을 온 지 한 달이 다 되어가는 선이는 오늘을 제외하고 지각하지 않는 날이 없었다. 지각을 않고 자습 전에 찾아온 녀석이 기특해 안아주고 달래 주느라 내 눈이 멀었다. 높은 톤의 목소리에서 녀석의 충동을 느꼈어야 했다. 그새 교실을 나가며 아이들에게 손까지 흔들었단다. 입꼬리가 올라가고 눈이 게슴츠레해지는 간드러진 웃음에서 짐작해야 했다.

조회 때까지 오지 않았지만, 녀석을 잊고 있었다. 오늘부터 교문에서 걸리면 오후에 남기로 했건만 세 명이 또 걸려 온 것이다. 이름표, 넥타이, 치마 등으로 걸려 온 녀석들 아침 기를 쥐어짜 귀신 씻나락 까먹듯 달래고 어르다 아침이 갔다. 우린 이것 말고도 해야 할 이야기가 참 많은데…….

그새 평생교육 명단 정리하랴, 외부 교사에게 상담학생 배정하랴, 행정실에서 보낼 서류 정리하랴, 수업하랴, 아프다는 녀석 만져주다 경황없이 세 시간을 보냈다. 문득 선이가 생각나 교실에 가보니 아침에 한 번 보인 후 들어오지 않았다고 한다.

어머니에게 전화했다.

"어머니 선이가 또 나가 버렸네요."

"예전 학교에서는 이런 적은 없었는데 어쩐대요? 전화도 없어 찾기가 힘들 것 같아요. 한번 찾아볼게요."

"어머니, 우리 선이가 이제껏 학교 규칙을 지키는 훈련이 서투른 것 같아요. 항상 예외로 제외되다 보니 규칙을 지키는 걸 힘들어하네요. 순간순간 충동을 이길 힘이 없어요. 제멋대로 성장했다고 할까요. 그래서 말인데요. 날마다 학교에 와서 이렇게 서로 힘들기보다는 전문기관에서 상담하거나 치료해서 스스로 학교에 오게 하는 것이 어떨까요?"

"네 그래도 되면 그렇게 해야죠. 우리는 돈 번다고 아무것도 몰라요. 선생님이 좀 알아봐 주실래요."

"저도 알아볼게요. 하지만 어머니도 알아보세요. 전문기관의 도움을 받기 위해서는 금전적 부담도 있을 거예요."

선이를 극구 두둔하며 학교 탓을 하던 때와는 달리 어머니의 어조가 누그러져 그나마 안심했다.

6교시가 끝나고 청소를 막 시작하는데 교무실 복사기 뒤에서 고개 하나가 쑤욱 올라왔다. 구부정한 자세로 애써 어색하게 웃으며 녀석이 나타났다.

"호호호 선생님 죄송해요. 한 번만 용서해주세요. 쌤."

두 손까지 싹싹 빌며 용서해 달라고 한다.

"이리 와봐. 너 책 사러 가서 이제까지 뭘 하고 왔어?"

"문구사에 갔더니 책이 한 권밖에 없잖아요. 그래서 한솔문고까지 가서 책을 사고 나니 놀고 싶잖아요. 그래서 우영이 불러서 놀았어요."

"우영이? 우영이는 학교에 거의 안 다니는 아이인데 왜 맨날 그 애와 붙어 다니냐?"

"편하고 착해요."

담배 냄새가 확 풍겨온다.

"너 냄새가 심상치 않은데?"

"아, 피시방에 갔거든요."

"밥은 묵었냐?"

"아니요. 게임 하다 잊어먹었어요."

"선생님이 오늘은 널 혼낼 기력이 없거든. 어제 너와 씨름하고 밤새 내 머리가 지끈거렸는데 오늘까지 뒷머리가 무거워서 화낼 힘도 없다. 널 진짜 사랑하면 이런 상황에 화를 내야 하는데 지금 그럴 수가 없다. 저기 가서 뭐하고 왔는지 한 장 가득 써봐."

"쌤, 교실에 가서 써올까요. 교무실 바닥은 불편한데요."

"그게 벌이거든. 거기서 써."

"선생님, 한 번만 더 지각하고, 땡땡이치고, 꼬라지 부리면 어떤 처벌도 받을게요. 한 번만 용서해 주세요."

"그래, 너도 모르게 각오를 한 것을 잊어버리고 충동적으로 행동하게 되지?"

"네."

"남들도 충동이 있지만 자기의 할 일을 생각하며 억제하고 참기도 한단다. 매일 반복되는 것은 병이란다. 병은 고쳐야 해. 선생님 힘만으로 안 되니까 너를 도와줄 더 좋은 곳을 알아보자."

내일 또 같은 일이 반복되겠지만, 오늘은 그냥 보내기로 했다. 치료 방법을 찾아야 하는데 오늘도 나는 신이었으면 좋겠다.

"아빠가 학교 앞까지 데려다줬다. 바로 학교에 갈까 하다가 피시방에 가서 게임 한 판만 해야지 하고 피시방에 갔다. 아홉 시까지는 들어가려고 했는데 가기가 싫었다. 4교시가 시작되어 학교에 갔다.

내가 잘한 건 아니지만, 선생님이 화를 내니까 확 열이 받았다. 내가 웃으면서 말해도 선생님은 우리 엄마한테 전화해서 다 꼬질러 바친다. 나를 차라리 때리든지 죽이든지 해야지, 왜 내 잘못을 우리 엄마를 불러서 엄마가 선생님께 잘못했다고 빌게 만드는지 모르겠다. 선생님이 정말 밉고 싫어서 진저리가 났다. 선생님이 엄마 아빠를 무시하는 것 같아 정말 싫다. 학교는 다니기 싫지만, 우리 엄마 아빠를 무시하는 선생님에게 복수하기 위해서라도 학교 열심히 다녀야겠다. 그래서 보란 듯이 복수하고 말겠다.

내가 잘못한 것은 안다. 선생님도 화가 났겠지만, 전화는 하지 말았으면 한다."

선이가 오늘 무단 지각을 했다. 혼내는 내게 눈을 치켜뜨고 오히려 화를 내서 반성문을 쓰게 했다. 늘 잘못하고도 싱글벙글 웃는 것이 녀석의 가능성이기도 했다. 그런데 말뿐, 학교에 적응해 보려고 하는 흔적이 없어 오늘은 화를 내기로 했다.

"너 이리 와. 이렇게 계속 다닐 거야? 오늘은 용서할 수 없어. 혼 좀 나자."

내가 정색하니까 녀석의 표정이 싹 바뀐다.

"어디서 뭐 하다가 왔어?"

"말하기 싫은데요."

"뭐라고? 말하기 싫다고?"

"말해봤자 똑같잖아요. 학교 그만 다니면 되잖아요."

녀석이 쓴 글은 온통 원망투성이다. 엄마 아빠를 위해서 복수하려고 학교를 열심히 다니겠다니. 잘못된 계기지만 동기 유발이 되었다면 다행이다. 수업이 끝나고 상담실로 아이를 데리고 갔다.

"선생님이 어떻게 너의 부모님을 무시했어?"

"내가 잘못하는데 왜 부모님을 끌어드려서 자꾸 사과하게 해요?"

"그래 선생님이 부모님께 연락한 건 미안해. 그런데 선생님이 혼자 해결할 힘이 부족하다. 그렇게 부모님을 생각한다면 부모님에게 연락 갈 일을 안 하든가, 했어도 선생님 선에서 해결할 수 있게 반성을 하면 연락을 안 하지. 그리고 학교를 안 오는 것은 당연히 부모님께 연락하는 것이 선생님 의무야. 만약 오지 않은 날에 무슨 사고가 났는데 부모님에게 연락을 안 했다고 해봐. 선생님이 책임을 져야 해. 앞으로도 너에게 무슨 일이 생기면 당연히 연락할 거야. 선생님이 너의 부모님을 무시한 것이 아니고 네가 부모님과 선생님을 괴롭히고 있는 거야. 그리고 그 태도는 뭐냐? 이제까지 너의 최대 장점이 항상 잘못해도 웃으며 인정할 줄 아는 것이었다. 그런데 오늘 무단 지각했다고 야단치니까 바로 선생님한테 눈 부릅뜨고 소리 지르고 대들었어. 선생님은 그걸 제일 못 참거든."

"선생님이 화내니까 저도 못 참죠."

"그런데 이유나 알자. 잘못해서 혼냈지만, 선생님이 널 이해할 수 있도록 납득은 시켜줘야 할 것 아니냐? 왜 아침에 학교로 안 오고 피시방으로 갔어?"

"어제 반 친구들을 데리고 집에 갔는데요. 고모들이 오더니 그것들이 놀아야 한다고 우리한테 욕하고 나가라고 하잖아요. 그래서 애들에게 쪽팔려 얼굴을 볼 수가 없었어요. 학교에 가기가 싫었어요."

"그랬구나. 친구 사귀려고 데려갔는데 많이 민망했겠네. 그래도 고모님한테 그것들이라고 하는 건 심한데? 그러면 선생님한테 평소에 잘하던 문자라도 날리든지, 전화라도 사전에 했으면 선생님이 너를 혼내도 이해는 했을 것 아니냐? 아무 연락 없이 안 오니까 너라는 애를 통째로 못 믿게 되고 화부터 내게 되잖아. 결과적으로 부모님과 선생님 괴롭히는 꼴이 되었어. 그 생각까지는 못 했지? 너 기분만 생각하고 행동하면 이렇게 예상치 않은 일이 생기게 된단다. 세상에 핑계 없는 일은 없단다. 행동할 때 늘 두 번 생각하고 해야 해!"

"알았어요. 다음에는 안 그럴게요."

"앞으로 어떤 일이 있어도 선생님한테 대거리는 안 했으면 싶다. 선생님도 그 대목에서 늘 이성을 잃어버리거든. 노력하자. 나도 화내지 않으려 노력할게."

"네."

"이리와 그런 의미에서 손 한번 잡아보자. 그리고 그 이쁜 웃음 한번 웃어줘."

녀석이 씨익 웃는다. 우리는 손을 꼭 잡고 약속했다. 교실에 내려오니 애들은 이미 가고 없었다. 옆 반 선생님이 기다리다 못해 종례해 준 것이다.

"너 이제 우리 학교 학생이 된 거야. 여기에 서명해라. 지금부터 학교 규칙을 잘 지키겠다고 맹세하는 거야."

"헤헤헤 알았어요. 선생님, 여기다 하면 돼요?"

학적 담당 선생님이 선이를 불러 다짐을 받고 있다. 마음속에 갈등이 일었다. 저 녀석을 불러서 휴대폰을 뺏어야 하나, 모른 척하고 넘어가야 하나. 아침에 선이가 휴대폰을 내지 않아 일부러 불렀다. 녀석이 학교에서 공공연히 휴대폰을 썼다는 제보를 접수한 터다.

"선이야, 이리 와봐라."

"네, 쌤. 왜요?"

"너 휴대폰 어디에 있어?"

"집에 있는데요. 왜요?"

"선생님은 속여도 애들은 속일 수 없어. 만약에 선생님 속이고 안 냈으면 쥐도 새도 모르게 가지고 있든지, 바보처럼 애들 앞에서 왜 문자를 하고 놀아?"

"쌤, 한 번만 봐주세요. 애들한테는 뺏겼다고 하고 내일부터 안 가져올게요."

"이미 하나 뺏긴 친구가 있는데 널 봐주면 애들이 뭐라고 그러겠냐? 너 혼자면 한번 봐줄 수도 있고 안 걸을 수도 있다. 그렇지만 규칙인데 어떡하냐?"

"저번 학교에서는 한번은 봐줬는데요."

"여기는 저번 학교가 아니거든."

"어떤 년이 일렀어. 잡으면 죽여부러!"

"뭐라고? 지금 뭐라고 그랬어?"

"아니요. 아무 말도 안 했는데요."

표정이 싹 굳으며 올라갔던 입꼬리가 내려오고 눈꼬리가 대신 올라간다. 눈빛이 순식간에 변하고 표정이 굳을 수 있다는 것이 신기하다.

"휴대폰 어디 있냐 이리 내놔라."

"싫은데요. 휴대폰 못 내요."

"그래? 그럼 학생과로 가야겠다."

"가서도 못 내요. 학생과로 보내주세요."

"학생과 가면 규칙대로 징계를 받을 텐데."

"괜찮아요. 안 무서워요. 학생과 보내주세요."

녀석의 태도에 차분하던 내 가슴이 또 요동을 친다. 자존심이 상처를 입은 걸까? 버릇없는 태도에 분노하는 걸까? 하여튼 목소리가 나도 떨리며 흥분하고 있다. 학생부장에게 전화했더니 몹시 바쁘다며 제발 보내지 말고 해결하란다.

"휴대폰 이리 내놔라."

"안 낸다니까요. 난 휴대폰 없이는 못 살아요."

"그래? 학생부장님이 바쁘시다니 교감 선생님에게 보내야겠다."

"왜 쌤은 내 일을 선생님이 해결 안 하고 맨날 누구에게 꼬질러 바쳐요?"

녀석의 큰 눈에서 눈물이 그렁그렁해지면 악을 썼다. 그 말에 나도 인내심을 잃고 있었다.

"너 뭐라고 그랬어. 알았어. 선생님이 해결할게. 휴대폰 내놔! 어디서 날마다 선생님한테 와서 버르장머리 없이 성깔을 내고 그래? 지금 네가 성깔 부릴 때냐? 넌 아침에 내가 일부러 불렀어. 그런데 보란 듯이 거짓말해 놓고 잘못했다고 백번 빌어도 부족할 판에 뭐라고? 선생님이 꼬질러 바쳐? 이리 내놔! 내기 싫으면 이대로 짐보따리 싸서 내일부터 학교 오지 마. 너 멋대로 하는 곳으로 가라고!"

나도 악을 썼다. 녀석이 한풀 꺾였다.

"그럼 4월 1일에 한 번 빌려주세요."

"그건 그렇게 큰 소리로 말하는 것이 아니라 차후에 따로 사정할 일이야. 그리고 우리가 무슨 원수 졌냐? 한 번도 아니고 매번 선생님과 씨름해서 어쩌겠다는 것이냐? 다른 학교에서는 널 포기하고 무슨 짓을 해도 그냥 뒀는지 모르겠다만, 이곳에서는 그렇게 할 수가 없거든. 너는 이미 내 품에 날아온 내 새끼야. 그래서 그냥 포기할 수가 없어. 남들처럼 적응하려고 노력해야 해. 규칙이라는 것이 안 지키려고 하면 감옥이지만, 당연히 지키는 아이들은 일상이야."

"그러면 하루만 빌려주세요."

녀석이 잔머리를 굴리고 있을 터였다. 다른 휴대폰을 가져올 수도 있다. 한 달 새 녀석이 쓰는 번호가 네 개였다. 오빠 것 엄마 것 아빠 것이라며.

"일단 내고 종례 다녀와서 생각하자."

교실에 가서 훌쩍훌쩍 운다. 아이들의 분위기가 팍 가라앉으며 실실 눈치를 본다.

다음 날 휴대폰 때문에 학교를 오지 않을지도 모른다. 어머니께 전화한들 무슨 뾰족한 수가 있을까 하지만 또 전화를 한다.

"어머니 오늘 선이 폰 안 내고 있다가 걸려서 내일부터 압수하기로 했네요. 오늘도 짜증을 실컷 부리네요. 저도 인간이어서 내 앞에서 성깔을 부리고 눈 부라리며 대드는 것이 제일 힘드네요."

"네 선생님 죄송해요. 날마다 학교 가서 선생님 말씀 잘 들으라고 하면 저한테도 짜증 부려요. 잘 타일러 볼게요."

전학생 선이는 전에도 지금도 어디에도 있다. 하루아침에 끝나지 않을 지난한 선이의 질풍노도와의 씨름은 분명 의미가 있다. 인간의 존엄성을 잃지 않으면서도 가능한 덜 상처받고, 덜 상처 주면서 스스로 설 수 있도록 가슴에 사리를 만들고 계실 선생님들에게 무한한 연대 의식을 느낀다.

중견 교사의 새 학기 다짐

초임 때 선배 교사들이 "수업하기 힘들지요? 아이들 만나기 어렵지요?"라고 위로 겸 염려를 해주시면 단호하게 "괜찮은데요"라며 겁 없이 말했던 때가 생각난다. 그런데 교직에 몸담은 지 스무 해가 가까워지는 요즘, 선배님들의 그 말들이 너무 생생해진다. 2월 말의 기다림은 설렘보다 두려움이 앞선다. 어떤 아이들을 만날까? 또 얼마나 마음을 삭이면서 1년을 보낼까? 과연 아이들의 눈높이를 맞출 수 있을까?

일은 할 때보다 맘먹을 때가 원래 더 힘들다. 개학 날 만난 아이들은 그런 나의 두려움을 조금씩 녹이며 할 일을 하나씩 일깨워준다. 나는 약간 무서운 첫인상으로 조금 쉽게 보내고 싶은 유혹이 생긴 것도 사실이다. 하지만 약간 긴장한 얼굴로 똘망똘망 쳐다보는 아이들과의 첫 대면에서 난 다시 긴 겨울잠을 깨고 활기차게 녀석들과 한올 한올 엮어갈 뜨개질을 시작한다.

교직은 연륜과 경력이 아이들에게 결코 장점으로만 작용하지 않는다. 오히려 나이 먹은 선생님에 대한 선입견이 마이너스 요인으로 작용하기도 한다. 젊은 선생님들은 경험과 노하우가 적지만, 실패를 두려워하지 않는 용기와 열정으로 아이들의 눈높이에 맞추고 공감하며 만날 수 있다는 점이 가장 큰 장점이다. 교직은 연륜이 오히려 가르칠 수 있는 용기를 줄어들게 하는 특별한 직업이다. 상대는 살아서 펄펄 뛰는 변화무쌍한 세대인 데 비해, 비교적 변화를 두려워하는 보수적인 교사가 그 상황에 맞닥뜨려야 하기 때문이다. 그런 면에서 교사는 지속적으로 사회나 세계의 변화를 가장 민감하게 받아들여야 하는 직업인지도 모른다.

그러나 고단함 속에서 실천으로 다져진 연륜은 교육 선배로서 큰 힘이 될 때가 있다. 아이들의 눈빛만 보고도 흔들림을 느낄 수 있고, 말 한마디로 변화를 감지하고, 행동 하나로 녀석에게 어떤 상황이 닥칠지 감지하여 녀석들에게 적절한 대처를 해줄 수 있는 노하우는 하루이틀에 생기는 것은 아니다. 아이들과 끊임없이 부대끼고 아파하면서 체득하는 경력 교사만의 노하우인 것이다. 그러나 시간이 때로는 교사를 기계로 만들기도 한다. 아이들에 대한 사랑과 열정은 빠져버리고 요령과 관행과 기술만 있을 때 아이들의 나이와 교사의 나이 차만큼의 간극이 벌어지고 만다. 더 이상 대화와 교육이 통하지 않고 강압과 핑계와 포기만 있을 뿐이다.

아이들을 만나는 것은 사무 처리하듯 요령으로 할 일이 아니다. 매번 반복되는 일임에도 항상 새로운 아이들이어서 처음 시작하는 마음으로 만나야 하고, 세상에 한 사람밖에 없는 천부인권을 가진 소중한 존재로 받아들이고, 정성스러운 마음으로 한 아이 한 아이의 삶과 만나야 한다. 더구나 아이들은 최신 정보에 있어 때로는 교사를 앞지르고 있어서 아이들을 이해하기 위한 고민과 성장이 끊임없이 요구된다. 또한 청소년은 자기중심적인 특성이 있어 다른 사람의 마음을 헤아리거나 배려하는 것이 취약하지만, 자신의 인권 침해에 대해서는 교사보다 예민하게 반응하는 경우가 많다.

그런 면에서 신규 교사뿐만 아니라 경력 교사에게도 학급운영, 존중과 자치의 생활교육, 학생 주도의 배움 수업까지 지속적인 연수가 필요하다. 물론 연수는 형식을 갖춘 곳이어도 좋지만, 형편이 되지 않으면 학교 내에서 소모임을 가져도 좋겠다. 아니 교사의 자발적인 학습공동체가 지역마다 학교마다 학년마다 필수적이다. 혼자 있으면 교사도 관리자도 꼰대가 되기 십상이다. 교직은 자칫 사유화, 개별화되는 순간 공적인 책무감보다 사적인 욕망이나 이해관계에 빠지기 쉽다. 관리자도 마찬가지다. 늘 거울처럼 성찰할 수 있는 관계와 소통은 경력의 길고 짧음에 상관없이 필요하다.

요즘 학교에서 소모임들이 활성화되고 있다. 매우 바람직한 현상이다. 생활지도 문제나, 수업, 학교 운영을 개별 영역이나 책임으로 돌리지 않고 함께 의논하고 배우면서 공동대처하는 것이 교원을 교육의 공적 영역으로 책무감을 다할 수 있게 한다. 또한 단순 직업인을 넘어 교육을 통해 삶을 실현하고 보람과 의미를 가질 수 있다. 일단 모여 서로 어려움을 나누고, 정보를 교환하고, 내가 빠뜨리거나 놓친 부분을 보완하고 새로 시작할 힘을 얻는 것이 필요하다. 새로운 용기는 항상 배우고 성찰하면서 키워진다. 배움과 성찰이 없으면 요즘 아이들을 탓하는 일만 반복된다.

교육에는 왕도가 없다. 학생을 중심에 둔 다양한 시도와 끊임없는 노력만이 변화하는 아이들과 눈높이를 맞추는 지름길이다. 눈높이를 맞추면 아이들의 인격이 보인다. 아이들의 인격이 소중해지면 나의 교사로서의 인격도 존중받는다. 아이들로부터 점점 멀어져 가는 것은 나이 탓만은 아니다. 내 마음이 먼저 포기하고 관성에 젖어 쉬운 길만을 찾다가 노쇠한 것이다.

아이들은 교사가 믿어주고 마음을 열어주는 만큼만 교사에게도 마음을 열어준다. 자꾸 편해지고 싶은 마음을 추스르기 위한 다짐 몇 가지를 해본다.

    첫째. 아이들을 일관성 있게 지도하자.
    둘째. 아이들이 인격을 갖춘 인간임을 한시도 잊지 말자.
    셋째. 아이들은 수단이 아니고 목적이다.
    넷째. 부단히 배우고 노력하고 시도하자.
    다섯째. 아이들은 반드시 변화한다는 믿음을 갖자.
    여섯째. 아이들의 변화에 조급해하지 말자. 오늘 당장 성과가 없을 수도 있다.

전입

 2월 말, 내가 사는 도회지 근처 소읍으로 발령이 났다. 늘 친정이나 시댁을 가면서 지나치는 곳이었으나, 무화과나 옥수수를 사려고 한두 번 길가 노점상에 내렸던 기억 외에는 가본 적 없는 가깝고도 먼 곳이었다. 학교는 읍 소재지에 있지만, 인가나 상가로부터 상당히 떨어진 산밑에 있었다. 부임 전에 미리 학교에 갔는데, 붉은 벽돌 담장이 높다랗게 둘러쳐진 학교 건물은 멀리서는 내부를 가늠할 수 없었고, 길모퉁이가 시작되는 서남쪽 끝에 문이 없는 입구가 있었다. 동서로 길게 뻗은 교사 본관은 페인트가 희끗희끗 벗겨진 채 휑한 바람 소리를 내며 서 있었고, 흙바람이 황토 운동장 복판을 회오리처럼 훑고 지나 소나무 숲으로 사라졌다. 검푸른 산이 학교를 감싸고 있어 다소나마 황량함을 상쇄하고 있었고, 교문 왼편 산으로 뻗은 산책로가 나를 유혹했다.
 "됐어! 산이 있는 학교라면."
 교문 앞에 주차하고 학교에 들어서다가 나도 모르게 목책을 따라 산길로 접어들었다. 오솔길이 가파르지 않게 이어졌다. 큰 소나무, 키 작은 사스레피나무, 얼크러진 채 말라붙은 청미래덩굴, 우북한 마른 풀더미 뒤에 봉긋 솟은 무덤 앞 잔디 마당은 으슥하면서도 아늑해 보였다. 운동장의 흙바람을 싣고 사납게 지나가던 바람도 솔숲에서 자취를 감추었다.
 한참 산길을 걷다 정신이 들었다. '아차, 학교에 인사하러 왔지.' 돌아서서 학교로 내려와 교정을 둘러보았다. 버석버석 메마른 화단에 향나무 몇 그루가 덩그러니 서 있어 바람은 더 속도를 내며 창문을 흔들었다. 2월 말이어서 학생은 물론 교직원의 인적도 귀했다. 실내로 들어서니 복도에 여기저기 시커멓게 눌어붙은 껌딱지며, 어지럽게 흩어진 종이 쪼가리, 기울어진 화장실 문짝이 손을 맞이했다. 그래도 어디랴, 하마터면 고등학교 입시생을 두고 먼 곳으로 출퇴근할 뻔했는데, 집에서 30분 거리로 발령이 났으니 참으로 감사할 따름이었다.

3월 2일 개학이자 입학식 날이었다. 아침부터 학생들은 교실과 운동장에서 우왕좌왕하는 사이, 교무실에서 업무분장이 발표되고, 입학식 일정과 개학 시정이 발표됐다. 마지막으로 전입교사 소개를 마친 후에야 다목적실에서 입학식을 시작했다. 학생부장과 사회자가 "조용히 해!"를 몇 차례 외치면서 반 배치고사 1등인 신입생 대표가 입학 선서를 했다. 성적 우수 학생 몇 명이 장학금을 받으며 어수선한 입학식을 마쳤다.

나는 2학년 담임을 맡았다. 3층으로 오르는 계단에는 과자 봉지, 찢어진 공책, 버려진 책들과 쓰레기가 널브러졌고, 까만 껌 자국들이 수없이 눌어붙어 있었다.

교실에 들어서자 35명이 넘는 아이들이 교실을 꽉 채워 앉아 있었다. 도시 아이들 못지않게 말쑥하고 이목구비가 또렷한 게 '이쁜 녀석들이네' 싶었다. "안녕하세요? 반가워요!" 하니 아이들도 "안녕하세요?" 인사를 했다.

그런데 교실은 복도보다 더 심각했다. 버리지 않은 책과 학용품이 책상 속, 사물함, 쓰레기통, 교실 바닥에도 가득가득 넘쳐났다. 삐쭉 튀어나왔거나 반쯤 드러누운 사물함 문짝들은 헤벌쭉 열려있었다. 문 한 짝이 떨어져 나간 청소함에서 빗자루가 밖으로 쏟아져 나와 있었다. 껌딱지와 쓰레기에 포위되어 언뜻언뜻 보이는 교실 마룻바닥은 기름 먹은 철로의 목책 같았다. 아이들과 교실이 참 어울리지 않은 느낌이었다. 어디서부터 손을 대야 할지. 대청소를 해야겠는데 아이들과 가능할지 의문이었다.

복도든 교실이든 껌딱지만 붙어 있는 것이 아니라, 곳곳에 침 자국도 흔했다. 원래 더러운 곳이니 아무 데나 침을 뱉고 쓰레기를 버리고, 껌을 씹다가 버려도 죄의식이 없었다. '깨진 유리창 효과' 그 자체였다.

첫날부터 가슴에 무거운 돌덩이가 얹힌 기분이었다. 그나마 아이들을 겨우 앉혀놓고 분위기를 잡으려는데, 교실이 2층으로 바뀌었으니 내려가야 한다는 전갈이 왔다. 아이들이 와 소리를 지르며 교실 밖으로 쏟아져 나갔다. 3층에서 2층으로 교실이 바뀌었으나 형편은 비슷했다. 교실 바닥에 눌어붙은 때가 조금 덜하다고 해야 하나.

분명히 담임교사와 함께하는 수업시간인데, 복도에서 다른 반 아이들 몇 명이 소란스럽게 얼쩡대며 친구들을 불러댔다. 친구들이 폴짝폴짝 뛰며 이름을 부르고 손을 흔들자, 아이들의 시선은 창으로 향했다. 동시에 찬이는 벌떡 일어나 교실을 나갔다.

"어디가?" 할 틈도 없이 찬이는 사라지고, 아이들은 서로 눈짓을 하며 당황하는 내게 "원래 그래요." 했다. 나를 소개하는데 아이들은 나와 눈을 맞추지 않았고, 내 말은 아이들의 눈과 귀에 닿지 못한 채, 교실 뒷벽에 부딪혔다가 내게 되돌아왔다.

교사들은 2월 말 개학을 앞둔 며칠, 특히 개학 전날은 잠을 이루지 못한다. 경력이 수십 년을 넘도록 불면의 밤은 더 길어진다. 설렘이라기보다 오히려 불안감에 가깝다. 몇 번이나 아이들에게 들려줄 내 소개말이나, 부모님께 드릴 통신문, 아이들에게 나누어줄 자기소개서 문건 등을 챙겼는데도, 뒤 보고 덜 닦은 느낌으로 밤새 뒤척였다.

'올해는 제발 사고 치는 아이가 없어야 하는데…'

그렇게 며칠을 준비한 말들은 받아주는 이 없이 다시 내게로 돌아왔다. 아이들은 새 담임에게는 도무지 관심이 없고, 새로 만난 그들끼리 좌로, 우로, 뒤로 돌면서 서로 이야기하고 눈짓하며 한시도 가만히 있지 못했다. 교직 20년 만에 참패당한 느낌이랄까? "집중!"이란 말을 몇 번이나 하고 나니 뒷덜미에서 정수리까지 뜨끈한 기운이 올라오면서 머리카락이 쭈뼛거리고 눈이 뜨거워졌다. 자기소개서를 작성하라는데 여학생 몇 명이 고개만 숙이고 있을 뿐, 수런수런 떠들고 진지하게 작성하지 않았다.

"자기소개서는 입으로 쓰지 말고 손으로 쓰자. 이야기하면 짝꿍도 생각에 집중할 수가 없다."

여학생 몇 명과 남학생 한두 명이 내 눈치를 보며 "조용히 해!" 소리를 드문드문 지른다. 첫날부터 화를 낼 수도 없고, 부탁을 몇 번이나 하면서 겨우 아이들의 자기소개서를 받아냈다.

"학급은 첫날 잘 잡아야 1년이 편하다는 선생님들의 말은 틀렸어. 첫날 서로 소통하고 존중해야 관계가 만들어지고 교육을 할 수 있어."

라고 주장했던 내 소신에 자신이 없어지고, 풍선에 바람 빠지듯 흐물거리며, 학생들을 지배하고 싶은 강한 유혹에 빠졌다.

피하듯이 허둥지둥 교실을 빠져나와 교무실로 갔다. 교사들은 업무에 따라 정해진 자리로 이동하느라 그야말로 북새통이었다. 컴퓨터를 뜯어서 옮겨 가네, 그대로 두고 가야 하네, 실랑이를 벌이고, 책꽂이와 책, 사물들을 이동하고, 쓰던 의자도 옮겨가느라 몸 비킬 곳도 없었다. 교무실 뒤쪽에 산더미처럼 쌓인 책들과 잡동사니가 교무실 밖 복도까지 밀려 나갔다.

그 사이 아이들은 방치되고, 입학식에 참석한 1학년 학부모들은 교실과 복도를 오가며 담임 선생님께 눈도장을 찍거나, 아이가 중학교에서 어떻게 생활할지 궁금하고 불안해서 교실을 흘끔거리는 눈치다. 모두 각자도생하고 있었다.

그날 저녁, 대형마트에 장을 보러 갔는데, 지나가는 젊은 엄마가 아이와 나누는 통화 내용이 들렸다.

"응, 오늘 새 학년 담임 선생님 만났어? 나이는 젊어? 나이를 많이 먹었다고? 아이고, 어쩔까!"

아하, 아이들도 엄마들도 나이 든 선생님은 인기가 없구나. 만나 보지도 않고 퇴짜 맞은 그 초등학교 담임 선생님이 남 같지 않았다.

누동뜩지

출근 둘째 날 아침이었다. 학년실이 따로 없는 교무실에서는 교원들 대부분이 심야전력 난방기 주변에 모여 차를 마시거나, 이러저러한 이야기를 하던 참이었다. 문이 빼꼼 열리며 3학년인 듯한 남학생이 머리를 삐쭉 들이밀었다.

"○○아, 교무실에 들어올 때는 인사를 해야지."

A 선생님이 친절한 목소리로 인사를 주문하자 아이가 고개를 꺼떡하며 시늉하던 찰나였다.

"야 이 새끼야, 머리가 그게 뭐! 누가 염색하고 학교를 오라 그랬어, 교복 위에 사복 벗어!"

풍채 좋고 경륜이 깊어 보이는 선생님이, 들어오는 학생의 복장 지도를 시작했다.

"추워서 입었는데요."

"너 이리 와! 누가 눈 치켜뜨고 싸가지 없이 말대꾸하라고 했어!"

"말대꾸 안 했는데요."

날 선 실랑이를 하는 선생님과 학생 사이를 50대 B 여선생님이 중재하셨다.

"아이구, 죄송하다고 해라. 얼른!"

순간 아이는 홱 고개를 들더니 눈을 번들거리며 그 여선생님을 노려보았다.

"너 눈깔을 치떴어! 이리 엎드려!"

아이가 온 목적은 아무도 묻지 않았다. 인사하지 않았다고, 복장이 불량하다고 시작된 지도가 학생과의 실랑이로 번지고 급기야 아이는 복도에 엎드린 신세가 되었다. 아이는 교사들의 말 폭탄으로 엎드리기는 했으나, 목과 이마에 파란 힘줄이 서고 눈에 핏발이 비쳤다. 지도하던 선생님은 아이의 태도가 불손하고 괘씸하다며 더 흥분하였다.

"선생님 나가시게요."

전입교사를 유독 살갑게 맞이하던 40대 여선생님이 화가 난 선생님의 팔짱을 끌자 그분은 마지못해 교무실을 나가셨다.

교실에 조회를 다녀오니 벌 받던 아이는 가고, 선생님들이 요즘 아이들의 한심한 작태에 대하여 한마디씩 하고 있었다.

"하여간 요즘 새끼들은 버르장머리가 없어. 집에서 뭘 가르쳤는지 모르겠어. 보이는 대로 지도하지 않으면 머리 위로 기어올라. 우리가 안 하니 선배님이 악역을 하신 게지. 편하자고 맘먹고 눈 딱 감아 버리면 지도하는 선생님만 욕을 먹게 된다니까. 꼭 규칙도 안 지키는 놈들이 열심히 지도하는 교사에게 교원평가 불이익을 주니 적극적으로 지도할 맘이 안 생겨."

교직원 조회 때 생활지도에 대한 언급이 있었다.

"아이들의 불손한 태도나 규칙을 위반한 학생을 보면 모든 선생님이 똑같이 지도해야 합니다. 학생들에게 궂은소리 듣지 않으려고 대충 넘어가고, 부드럽게 대하면 아이들이 간을 봅니다. 누구라도 보는 즉시, 그 자리에서 지도하고, 말을 듣지 않으면 학생부에 넘겨 본때를 보여야 합니다. 그래서 우리 학교는 선생님 전원이 '누동똑지' 정신을 실천하기로 합의했던 것입니다. '누구나 동시에 똑같이 지금 지도하는 것'이 어느 때보다 필요합니다. 학기 초에 잡지 않으면 1년 내내 고생합니다."

이런 약속을 선생님들은 금과옥조처럼 지키려 했다. 학생을 지도할 때는 반드시 교무실로 불러왔다. 볼일을 보러 온 학생도 머리부터 발끝까지 검열을 받지만, 심부름을 왔거나 선생님이 불러서 온 학생들도 혼이 쑥 빠지게 돌림으로 야단을 맞아야 했다. 복도가 얼어붙게 추워도 외투를 입은 학생의 옷을 빼앗고, 외투를 입은 학생은 급식실에서 쫓겨나야 했다. 그것이 '누동똑지'를 실천하는 성실하고 열정적인 지도였다.

그 결과, 교무실은 아이들이 가기 싫은 곳이 되었다. 서로 미루다 학급에서 힘없는 아이가 억지로 떠맡거나, 그러지 못할 때는 학생들은 학생들대로 전투태세를 정비하여 교무실에 왔다. 혼자 불려 오면 고개를 푹 수그리지만, 서너 명 많게는 열 명씩 불려 오면 선생님들과 말씨름을 했다. 쉬는 시간마다 교사들의 책상 옆, 교무실 뒤 켠, 교무실 복도 곳곳에 무릎 꿇은 학생, 손들고 있는 학생들이 늘 북새통을 이뤘다.

선생님들이 '누동쪽지'로 대동단결하는 만큼 학생들은 더 만만치 않았다. 소위, 잘나간다는 아이들은 결코 혼자 다니지 않았다. 5~6명에서 7~8명까지 몰려다니며 선배들에게는 90도 인사를 했다.

한 번은 수업하러 계단을 올라가는데, 한 무리의 2학년 남학생들이 내려오면서 "안녕하십니까?" 하고 90도로 인사를 하는 것이었다. 평소 눈도 잘 맞추지 않던 머스마들의 살갑고 씩씩한 인사에 그만 가슴이 벅찼다. 나도 꾸벅 인사를 하며 "그래 안녕!" 반갑게 인사했다. 인사하고 쳐다보니 녀석들의 눈은 다른 곳을 향해 있었다. 뒤돌아보니 3학년 남학생 한 무리가 손을 흔들며 올라오고 있었다. '아이고 남사스러라, 녀석들은 돌아서서 얼마나 웃었을꼬.'

수업을 들어가도 교사는 존재감이 없었다. 교실 문을 들어서며 호흡을 가다듬고 큰소리로 "애들아, 안녕!" 인사하면, 그제야 주섬주섬 자리로 돌아오는 아이들을 인내하며 쳐다보다가 "박수 3번 시작!"을 몇 차례 해야 겨우 진정되었다. 수업 시작 5분이 넘었는데 앞문을 벌컥 열고 들어오는 찬이 부류들은 교사는 쳐다도 안 보고, 친구들에게 늦게 온 사연을 다 말한 뒤에야 자리에 앉았다. 늦었다고 타박하면,

"다른 반 애들도 다 그러는데 왜 우리만 갖고 그래요."

바로 시비조가 되며, 나를 보지 않고 아이들에게 공감을 이끌었다. 용이는 "맞아요. 다 그래요!" 그러면 아이들이 까르르 웃었다. 찬이 녀석은 순간 용감한 영웅이 되었다. 넘지 못할 선을 넘으며 자유를 누리는 찬이를 은근 부러워하거나, 잘나가는 찬이 눈에 벗어나는 걸 두려워하는 눈치였다. 더 시시비비를 가려봤자 내게 이

득이 없을 것 같다.

"수업 끝나고 교무실로 내려와."

그 말이 목구멍까지 올라왔다. '누동똑지' 그 단어가 유혹적이었다. 교사의 말이 교실에서 통하지 않으니, 녀석이 친구들의 동조를 구하며 힘을 얻었듯, 나도 녀석을 교무실로 끌고 가 선생님들의 단체 린치로 복수하고 싶은 유혹이 들었다. 그러나 그럴 수는 없었다. 그것은 교사와 학생 사이의 교육이기보다 화풀이고 녀석을 포기하는 것이었다.

상담은 다수의 시선을 받는 공개된 장소에서는 효과가 없다. 뭔가 관계를 만들 대화가 필요한데 복도나 교무실에서 하면 아이의 마음을 열기는커녕 오히려 눈들이 집중하게 되어 아이를 자극하게 된다. 학생들과 상담할 장소를 몇 차례 찾았으나 마땅한 곳이 없었다. 겨우 찾아낸 곳이 쓰지 않는 의자를 수북하게 쌓아둔 검은색 철문의 1층 창고 겸 별실이었다. 대충 책걸상을 정리하고 그곳으로 아이를 불렀다.

"찬아, 수업 끝나면 1층 특별실로 올래?"

"싫은데요. 선생님하고 할 이야기 없는데요."

몇 차례 호출 끝에 찬이와 마주 앉았다. '무슨 말을 해야 할까? 찬이의 마음을 열 만한 이야기는 뭐가 있을까?'

"찬아."

"왜요?"

"왜 수업에 늦었어?"

"애들과 놀다가 늦었어요. 다음에는 안 그럴게요. 집에 연락하지 마세요."

아이들 앞에서 기고만장하던 당당함은 어디 가고, 집에 연락하는 것을 두려워하는 머스마가 있었다.

"왜 집에 연락하면 안 되는데?"

"엄마가 또 지랄지랄해요. 같이 죽자고 하고요. 용돈도 안 줘요."

"알았어. 연락 안 할 테니 잘 지내보자. 친구들이 뭐가 그렇게 좋아서 수업을 계속 늦는 건데?"

"잘 통하고요. 놀면 재밌어요."

"어디서 주로 놀아?"

"노래방도 가고요, 겜방도 가요."

"담배도 피워?"

"엄마한테 들키면 죽어요. 그래서 쪼끔만 피워요."

"학교에서는 어디서 피워?"

"화장실에서도 피우고요. 뒷산 묏등에 가서도 피워요."

"술도 마셔?"

"선배들하고 놀 때나, 여자애들하고 놀 때요."

찬이의 태도가 교실에서와 사뭇 달랐다.

가까이 보니 녀석은 날씬하게 쭉 뻗은 키에 머리는 왁스를 발라 위로 세웠다. 약간 까무잡잡하고 반질반질한 피부와 오똑한 콧날은 애들 앞에서 찡긋하며 웃는 작은 눈과 잘 어울렸다. 메이커 있는 재킷을 입고 음료수나 마이쮸 등의 과자를 들고 다니며 아이들에게 뿌렸다. 왁스 때문에 선생님들과 숨바꼭질을 했는데, 등교 시간이나 무서운 남선생님 시간에는 재빨리 물을 묻혀 지우지만, 이내 가방에서 왁스를 꺼내 수탉 벼슬처럼 머리를 세웠다. 녀석은 남학생 패거리에서 영향력을 행사했고, 그래서 노는 여자애들 사이에서 사귀고 싶은 남학생 1호였다. 소문에 의하면 선배들을 잘 모신다고 했다.

소위 '잘나가는 애들'은 공부가 아니라, 선배의 인정을 받는 것이 중요했다. 정기적으로 돈 상납도 하고, 단체로 맞는 의례를 치르기도 한다고 했다. 자기 학년에서는 이른바 짱으로 인정받으며 무법자로 등극하는데, 남학생들을 예닐곱 명씩 몰고 다니며 혼자서는 할 수 없는 무법을 일삼았다.

그 패거리 내에는 두 부류 아이들이 함께 활동했다. 비슷하게 힘을 과시하는 녀석이 서너 명, 반에서 혼자일 때는 그야말로 힘없고 존재감 없는 애들이 두세 명 섞여 있다. 그중 존재감 없는 애들이 패거리 뒷배를 믿고 행동대원 역할을 했는데, 패거리에 들어가 짱에게 충성하면 다른 아이들에게 더 이상 무시당하지 않고 군림할 수 있었기 때문이었다.

학기 초에 힘없고 착하던 녀석들 중에는 패거리의 인정을 받으면서 안하무인이 되는 아이들이 가끔 있다. 교실에 침도 뱉고, 수업 중에 선생님에게 말대꾸도 했다. 그러면 패거리들은 '우-'하면서 응원했다. 그래서 힘없는 아이들이 패거리에 들기를 원했다. 교실은 폭력적인 서열이 지배하는 정글이었다.

아이들은 떼로 단결하여 수업을 방해하기도 했는데, 한 아이가 계속 딴지를 걸어 신호를 보내면 다른 이들이 동조하면서 수업 진행을 방해하고 교사를 궁지에 몰아넣기도 했다. 교사들은 나중에 이 사실을 알고 아이들의 악마성에 치를 떨기도 했다. 젊은 남선생님 중에는 이 상황을 도저히 참지 못하고 싸대기를 날렸다가 그 자리에서 경찰에 신고당해 파출소로 출두하기도 했는데, 이 경험으로 선생님은 말이 없어지고, 더 이상 아이들에게 마음을 주지 못하였다. 교사들에게도 '누동똑지'의 명분은 충분하였다.

아이들의 세상

 잘나가는 아이들이 주도하는 문화에 모든 학생들이 동조하지는 않았다. 개인적으로 이야기하면 잘나가는 아이들의 폭력성을 매우 불편해하고, 선생님들이 따끔하게 혼내주기를 바랐다.
 그런데 진아는 뭔가 독특했다. 분위기에 동조하지 않고, 어떤 내색도 하지 않으며, 혼자 공부하거나 책을 읽는 등 정글 같은 반 분위기 속에서 스스로를 지키는 별종에 가까웠다. 패거리들도 진아를 건들지는 않았다. 오히려 진아가 다수의 아이들을 따돌리는 것처럼 보였다. 강력하게 통제하지 못하는 교사에게 실망하는 듯했고 교사를 동정하는 듯도 했다.
 "작년 담임 선생님은 완전히 아이들을 잘 잡았어요. 잘못하면 절대 용서하지 않았어요. 그래서 수업시간에 더 공부하기가 편했어요."
 강력하게 잡지 못하는 내게 건네는 은근한 압력이었다. 녀석의 말이 일견 틀리지 않았고, 부모님들 대부분이 바라는 바이기도 했다. 순간 나는 흔들렸다. 녀석은 평소 조회나 수업시간 등 단체로 있을 때는 결코 속내를 표현하지 않았다. 결국, 잘나가는 아이들이 가장 신경 쓰는 것은 전체 학생들이 그들의 행동에 대해 어떻게 반응하는가가 중요했다. 다수가 동조하지 않으면 지속할 수 없었을 터였다.
 나는 진아 부류들이 노는 부류의 행동에 대하여 자신들의 의견을 당당하게 표현하기를 은근히 바랐다. 학급 분위기를 이끌어가는 건 아이들의 반응에 달려있다고 생각했기 때문이다. 그러나 그들은 같은 학생이다. 귀찮은 일에 말려들고 싶지도 않고 주도권을 잡은 아이들의 위세에 눌려, 아이들의 횡포가 불편하면서도 큰 소리로 동조하는 웃음을 뱉거나 때로는 짱에게 굽신거리는 아이들이 더 많았다.

교실도 작은 사회였다. 부당하다는 걸 알지만, 위압적인 분위기에서 살아남기 위해 주류 세력에 동조하면서 견디고 있었던 것이었다. 내키지 않으면서도 동조할 수밖에 없는 이 아이들의 불편함을 교사가 읽어주고 대책을 세워야 했다. 그러나 현실에서 나는 여유를 갖고 대응하기보다는 동조하는 아이들에게 오히려 실망하고 상처를 받았다.

여학생 중에도 잘나가는 패거리가 있었는데, 남학생 패거리와 어울리며 남녀로 사귀기도 하지만 때로는 싸우기도 했다. 이렇게 학교와 선생님들과 소통하지 못하는 대척점에서, 아이들은 아이들대로 한세상을 만들어 나름 사는 법을 터득한 정글이 '교실 붕괴' 현상으로 나타났다.

중3인데 벌써 팔다리에 근육이 단단하여 건장한 남성미를 뿜는 옆 반 민호는 사귀는 여자 친구에게 지나치게 몰입하고 그녀의 행동 하나하나에 예민하게 반응하였다. 수업이 끝나면 바로 일어나 여자 친구 반 뒷문에 서 있다가, 그녀와 살짝 손을 잡고 복도에 서 있을 때는 눈이 게슴츠레해지고 입가에 웃음이 부끄럽게 번졌는데, 이럴 때는 덩치와 다르게 아이의 표정이 되었다. 그러나 여자 친구가 다른 남학생과 이야기라도 하면 분노가 폭발했다. 여자 친구가 삐지거나 자신에게 소홀하면 고래고래 소리를 지르고, 유리창을 깨거나 주먹으로 시멘트벽을 쳐서 피가 철철 흐르기도 했다. 이럴 때는 아무도 제어할 수가 없었다. 교사가 말리기라도 하면 교사에게도 '씨-'하면서 분노를 전이시켰다. 수업시간도 개의치 않았다. 이런 민호를 아이들도 두려워했지만, 교사들도 공포였다. 담임도 어찌하지 못하고 방치하는 수밖에 없었다. 그런 순간 교사들은 자괴감을 느꼈다. 보다 못해 교장실로 찾아가 이 학생을 어떻게 조치해 달라고 건의해도 학교장 역시 뾰족한 수가 없었다. 오히려 조용히 넘어가기를 은근히 종용받았다.

녀석의 이런 행동은 어릴 적 집을 나간 엄마에 대한 감정이입이기도 했다. 여자 친구에게서 모성애를 느끼는 동시에 언제 버림받을지 모른다는 불안이 있었다. 여자 친구도 이 상황을 어찌할 도리가 없었다. 한번 분노가 폭발하면 무서워서 덜덜 떨면서도, 평소에는 너무나 잘해 주는 데다, 엄마에게 버림받은 상처가 워낙 크다는 것을 알기 때문에 관계를 끊지 못했다. 모성애가 이성으로 작용하고 있었다.

이렇게 정글 속 상처투성이 아이들을 바라보는 나의 마음도 여기저기가 아려왔다.

적응앓이

전입교사들은 아이들로부터 혹독한 텃세를 겪어야 했다. 아이들은 새로 전입한 교사를 자신들의 후배 정도로 생각하는 것 같았다. 수업을 하면 진땀이 났다. 아이들을 집중시키려니 목소리가 커지고, 소리소리 지르다 보면 편도가 탱탱 붓고, 정수리 쪽이 묵직해지면서 열이 위로 뻗쳐 올랐다. 무기처럼 마이크를 사서 아이들과 소리 크기로 경쟁했다. 마이크 소리가 커지자 학생들은 경청은커녕 목소리를 더 키워서 온 교실이 아수라장이 되었다. 수업을 하고 있어도 듣는 아이들이 있는지 자신이 없었다. 내 목소리가 교실 뒤 환경판까지 갔다가 다시 내 귀로 되돌아오는 느낌이었다.

경청하고 호응이 좋은 학생들을 만나면 교사들의 수업은 훨씬 효능감과 전달력이 높아진다. 학습 주제에 대한 무한한 지식과 배움의 세계가 펼쳐질 수 있다. 그러나 경청이 없는 교실에서는, 준비해 온 내용을 끄집어내지도 못하고 방어나 제지만 하다가 진땀을 흘리고 수업을 끝내기 마련이다.

나는 학생 배움중심수업을 위해 매시간 활동지를 만들었다. 혼자서 과제를 해결하는 것이 아니라, 모둠원과 함께 협력해서 풀어야 하는 수업 활동지다. 그러나 스스로 자료를 읽고 주제에 대해 깊이 생각하고 협력하여 의견을 나누는 아이들은 극소수이고, 집중하지 못하는 아이들이 더 많았다. 모둠마다 온갖 수다를 떨다가 옆 모둠까지 합세해서 떠드는 바람에 온 교실이 시장통이 되기 일쑤였다.

수행평가를 무기로 시간마다 활동지를 걷고 일일이 평을 해서 되돌려주기도 하였지만, 쉬는 시간 교실 바닥에는 활동지가 무수히 굴러다녔다. 수업을 마치고 돌아서는 뒤통수가 후끈거렸다. 진지하게 수업에 참여하는 상희와 아린이는 나를 어떻게 생각할까? 참담했다. 이대로 교사를 계속할 것인가?

 아이들과 간격을 좁히기 위해서 이해와 공감대가 절실했다. 그래서 아침 자습 시간에 개인 상담을 시작했다. 개인적으로 만나면 다소곳한 아이들이 집단으로 모이면 왜 이리 거칠어지고 뾰쪽해지는 것일까? 교사에게 대거리하고 반항하는 것으로 자존감을 세우는 녀석들 앞에서 교사인 나는 작아지고 또 작아졌다. 한때, 참교육한다고 여기저기 불려 다니며 강의도 했는데 자괴감이 들었다. 어떤 돌파구도 찾지 못하는 무능한 내 처지를 누구에게 터놓지도 못하고 끙끙거리며 혼자 가슴앓이를 하고 있었다.

 돌파구가 필요했다. 그래서 3월 중순 꽃샘추위를 뚫고 30여 명 학생의 가정방문을 했다. 저녁 7시가 넘을 때까지 강행한 일정으로 힘들기는 했으나, 아이들을 새롭게 보는 계기는 되었다.

 찬이 패거리에 붙어 늘 행동대원을 하는 영민이가 때로는 찬이보다 거슬릴 때가 있었는데, 가정방문을 하여 부모님에게 보여준 영민이는 다른 아이였다. 부끄럼 많고 내성적이며 동생도 잘 돌보고 엄마 일손까지 돕는 든든한 큰아들이었다. 그런 녀석이 학교에서는 말끝마다 엉뚱한 말대답을 하거나 갑툭튀하며 신경쓰이게 했다니 믿어지지 않았다. 영영 구제불능일 것 같았던 녀석의 모습과는 달리 집에서 희망을 보았다. 그렇다고 녀석의 행동이 나아지지는 않았다. 한순간도 집중하지 못하고 나대며 수업을 방해하는 녀석의 모습을 영상으로 그대로 찍어 부모님과 공유하고 싶은 충동을 느낀 것이 한두 번이 아니었다. 그렇게라도 해서 무리에서 살아남으려는 녀석의 발버둥이란 걸 알지만 이해하고 싶지 않았다. 그래도 가정방문 이후 녀석의 행동을 견딜만한 힘이 내게 생겼다. 구제불능이 아니라 학급, 혹은 학교 문화 속에서 살아남기 위한 녀석의 생존 방법이란 걸 알게 된 것이었다.

 소위 잘나간다는 아이들은 선배들과 어울리면서 학년에서 짱을 먹고 친구들 위에 군림했다. 특히, 남학생들은 서열이 정해지면 동물의 세계 이상의 상하관계가 생겼다. 서열에 끼지 못하는 아이들 몇몇은 그들만의 세계 속에서 어울려 살기도 하지만, 대부분은 이 서열 속에서 옴짝달싹 못했다. 그러나 평소에 무시당하고 힘없고 존재감 없던 아이들이 소위 잘나가는 아이들 무리에 끼게 되면 그 위세와 만용이 돈키호테 저리 가는 막무가내가 된다. 행동대원이 되어 누구도 엄두 못 낼 말과 행동으로 무리에서 인정받으려 했다. 영민이도 그런 부류일 수도 있었다.

나는 기안이나 품의 등의 행정업무에 심하게 취약했다. 제목을 몇 칸 띄어 써야 한다거나, 근거 공문을 본문 앞에 기재해야 한다거나, 관련 자료를 붙임인지, 첨부인지로 정확히 가려 써야 한다거나, 공문 마지막에 몇 칸을 띄어 쓴 후에 끝이라고 쓰고, 마침표를 꼭 찍어야 한다거나, 김밥 한 줄 1,000원이라고 써야 하는데 10,000원이라고 써버린다거나, 이런 사소한 일로 공문을 몇 차례 반려받다 보면, 그때마다 주눅이 들고 무능한 교사가 된 느낌이었다.

발령받은 지 2달이 된 4월쯤, 새로 전입해 온 교사들의 입에서 '적응앓이'란 말이 돌았고 서로 깊이 공감했다. 함께 전입한 옆 반 담임인 김 교사는 주요 부서의 기획을 맡았다. 당시만 해도 행정업무를 지원하는 행정사 제도가 없던 때라, 기획이 그 역할을 다해야 했다.

특히 3월에 집중되는 공문과 학년 초 업무를 처리하다 보면 아침 자습 시간을 지도하지 못할 경우가 있다. 강제로 아침부터 자습하라고 하니, 30분 자습을 버티는 게 학생이나 교사나 수업보다 신경이 쓰였다. 자습 1시간이 수업보다 고된 느낌이었다. 조회 이후에는 아침부터 진땀이 나고, 맥이 쑥 빠져나간 느낌이었다.

그런데 담임이 없으면 아이들은 자유 그 자체로 학급은 아수라장이 되었다. 김 선생님이 업무를 하다가 자습 지도를 못 한 날이 있었는데 지나가던 선배 교사가 이를 목격하고 교무실로 내려와 자습 시간에 학급관리를 제대로 하지 않았다고 소리를 질렀다. 조회가 끝나고 교무실에 내려오니 교무실 분위기가 얼음장이었다. 김 선생님은 울고 있었다. 우리는 각자의 역할을 해내고 있을 뿐, 같은 학교 동료들의 처지나 사정에 관해 관심이 없었다. 이른바 동료애가 작동되지 않는 학교 문화였다. 그래서 서로 쉽게 탓하고 화내는 분위기라 학생들의 교육과정이나 생활교육을 공동의 힘으로 운영하지 못하고 있었다. 각자도생이었다.

  나 역시 내 반을 들여다보기도 버거워 바로 옆 동료나 교실을 신경 쓸 겨를이 없었다. 그날에야 어려움에 부닥친 동료가 옆에 있다는 걸 알아챘다. 나 혼자 아이들과 힘들어하고 있나 보다 전전긍긍했는데 알고 보니 나와 똑같은 고민을 김 선생님도 하고 있었다. 자습 시간에 늘 우리 교실 앞을 얼쩡대는 민호를 보며 '왜 저 반 담임은 관리를 하지 않을까?' 은근히 불편했었는데, 담임은 담임대로 민호와 씨름을 하고 있다는 것을 알게 되었다. '적응앓이'로 힘들다는 말에 동병상련 공감하며 이 부적응이 내 문제만이 아닌 것이 다행스러웠다. 주위를 돌아보니, 선배 국어 선생님도,

  "애들이 왜 이런다냐, 내가 이제까지 애들과 관계 맺기와 수업만은 자신이 있었는데 수업이 안된다."며 하소연을 하였다. 우리는 학생들과 학교 문화에 치이면서 '적응앓이' 공감대를 가진 끈끈한 동료들이 되어갔다.

교사의 고민

역사 수업시간, 찬이는 계속 엎드려 있었다. 사귀던 여자 친구와 헤어졌다는 소식은 들었지만, 그래도 교사인 나는 다른 아이들과 똑같이 수업에 참여하기를 바랐다. 어떻게 달랠까 생각하다 살며시 고개를 들게 하고 책을 펴 주었다.

큰소리로 소란을 피우던 민희는 조용히 시키니 어느 사이 졸고 있었고, 영길이는 아무것도 하지 않고 실실 나를 쳐다보며 웃고만 있다, 그 모둠은 영길이가 베끼기라도 해서 과제를 완성하면 모둠원 전체 상점을 주기로 했다. 수업에 집중하지 못하고 떠드는 연아에게 왠지 화를 내고 싶었지만, 꾹꾹 참고 설명을 해주다가 시간이 끝나버렸다.

정말 진지하게 활동지를 푸는 아이들이 훨씬 더 많지만, 내 눈에는 따라오지 못하는 아이들이 가슴에 남아 자꾸 궁리하게 된다. 아직 녀석들과 가슴이 찡하게 통하는 수업을 못 한 것 같아 찜찜하기 그지없다. 이 녀석들이 모두가 행복하고 재밌게 수업할 방법은 무엇일까? 순간순간 아이들의 배움중심수업을 포기하고, 혼자 일사천리로 열심히 강의하고 싶은 충동이 일어난다. 밥값이라도 한 것 같은 자기만족을 얻기 위해.

'그래도 그건 아니야. 활동지를 어떻게 더 흥미롭게 만들까? 어떤 질문이 아이들의 호기심을 자극할까? 아이들이 서로를 믿고 물어보고 협력하게 할 수 있을까? 아이들이 배우지 않고, 행복하지 않으면 나의 학교생활도 결코 행복할 수 없다. 좋은 방안이 뭘까?'

고민도 잠깐, 교무실에 들어서자마자 통계를 내야 할 설문지와 카네이션값 걷은 돈을 계산해서 내야 하고, 어제 실시한 과학의 날 행사의 글짓기 우수 작품 뽑기,

우수 그림 뽑기 등등…. 당장 해결해야 할 업무에 치여 수업시간에 했던 고민은 흔적도 없이 잊혀 버린다. 쌓인 업무 처리에 쫓겨 학습지 만들기는 자꾸 뒷전으로 밀린다. 그러다가 수업에 들어가면 늘 하던 대로 때울 수밖에 없다.

어디 그뿐인가. 우리 반 30여 명 중에 사춘기 앓이를 하고 있어 다양한 방법으로 지지하고 격려해 줘야 할 녀석들이 아홉 명이다. 정도의 차이는 있지만, 손 부여잡고 이야기를 해줘야 할 녀석, 따끔하게 아픈 충고를 해줘야 할 녀석, 상담 선생님과 연결해야 할 녀석, 소통할 공감대를 찾아야 할 녀석, 부모님과 소통해야 할 녀석, 지속적인 관심이 필요한 녀석 등 처방전도 제각각이다. 그러나 차분히 대화할 시간이 참 부족하다. 담임인 나는 나대로 바쁘고, 아이들은 아이들대로 아침 자습, 오후 방과후 활동, 저녁 학원 시간 때문에 대화 한번 제대로 하기가 힘들다.

그래도 아이들을 학교생활의 가장 중심에 두는 것이 교사의 제일 중요한 책무다. 아이들을 중심에 두면, 없던 시간을 만들 수 있다는 믿음으로 아무 때나 아이를 만나면 붙들고 창가에 서서, 혹은 특별실에서, 혹은 청소 시간에, 혹은 쉬는 시간에, 혹은 점심시간에 말을 걸어 보지만 갈증이 해소되지 않는다.

선생님들이 행정업무에 치여 학생들을 뒷전에 둘 수밖에 없을 때 교사는 무기력해지고 자괴감이 든다.

교장 나와!

　교육은 학교의 노력만으로 가능한 것이 아니다. 가정과 학부모, 지역과 협력하지 않으면 온전하게 이루어질 수 없다. 그래서 나는 가정방문도, 전화 면담도 소중하게 여기는 편이다.

　그런데 전입해서 3월 초, 학부모와의 전화 면담에서 이유 없이 학교를 불신한다는 것을 알아냈다. 담임으로서 참 억울했다. 아직 관계를 시작한 것도 아닌데 이렇게 불신하는 까닭은 무엇일까? 깍듯하게 대하는 것까지는 기대도 안 하지만 소중한 아이를 맡을 담임과 진지하게 소통하는 것마저 거부하는 이유는 무얼까?

　어느 날 수업을 다녀오니 교무실이 난장판이 되어 있었다. 파란 작업복에 긴 작업화를 신은 남자분이 소리소리 지르며 교감과 선생님들에게 삿대질하고 있었다.

　"○○이 새끼 잡아 와, 내가 손모가지를 분질러 불 테니, 내 새끼가 맞았는데 왜 학교에서 조치를 안 해! 교장 나와. 내가 도 교육청에 민원 넣어서 모가지를 따버릴 테니."

　흥분해서 앞뒤 가리지 않고 소리 지르고, 금방 누구든 한 대 칠 기세였다. 요점은 자녀가 친구에게 맞고 왔는데 그 학생을 아버지가 직접 응징하겠다고 교무실로 잡아 오라는 것이었다. 그럴 수는 없다고 하자, 교무실을 뒤집었다. 한바탕 소란이 끝나고 학생부장, 경력이 오랜 교사들이 전후 사정을 이야기하면, 미안하다 말도 없이 슬그머니 물러가는 부모님도 있었다. 이런 홍역을 한두 번 치른 것이 아니었다. 거의 한 달에 한두 번꼴로 학부모들이 교무실로 쳐들어오거나, 직접 교실에 가서 학생을 폭행하는 경우도 있었다. 학생과 학부모가 충분히 납득하면서 교육적인 회복이 가능한 학교폭력 해결 방안은 무엇일까?

　학부모가 돌아가는 것으로 문제가 끝나는 게 아니었다. 학부모들에게 이렇게 폭력 아닌 폭력을 당하고 나면 정말 교사들은 더 이상 근무할 맛이 나지 않았다. 아이들과 씨름하기도 힘든데 학부모들의 융단 폭격은 완전히 교사들의 사기를 저하시켰다. '정말 명퇴라도 해야 할까?'

어느 날은 "교장 어딨어?" 하는 학부모를 교장실에 안내했다. 선생님들은 교장실에서 2시간 정도 큰소리가 오가면서 말싸움하는 것을 교무실에서 조마조마하며 듣고 있었다. 같이 소리 지르며 화를 냈다가 달래다가 진땀을 뺀 뒤에야 학부모를 보내고 난 뒤 학교장은 교무실에 와서 분노를 쏟아냈다.

"이런 학부모를 왜 교장실로 보내냐? 교사들이 말리고 해결해야지."

"이런 민원을 교장 선생님이 해결해 주셔야 하는 것 아닌가요? 저희가 안전하게 수업할 수 있게요."

그 순간은 애쓰신 교장 선생님을 위로해야 했는데 말대답을 잘못해서 더 역정을 내셨다. 그러나 진심이었다. 학교장이 학교 민원을 책임지고 해결해 주어야 교사들이 안전하게 수업하고 아이들에게 전념할 수 있다. 민원을 해결하는 것은 관리자의 당연하고 중요한 지원이라고 생각했다.

이 학교는 큰 공단과 인접한 학교여서 학부모 대부분이 공단 근무 근로자이거나, 하청 공장 노동자들이었다. 가정환경이 매우 열악하고 많은 아이들이 가정 내에서 돌봄이 부족했다. 학생들은 폭력적인 학교 문화 속에서 전전긍긍하다 보니, 집에 가서 학교 이야기를 긍정적으로 할 리가 없었다. 친구들과 갈등이 생기면 대부분 자기에게 유리하게 이야기를 전했다. 아이 말만 듣고 학교에 찾아와 물의를 빚은 학부모들은 전후 사정을 듣고서야 슬그머니 물러났다. 찾아오는 분 중에는 노조 활동가로 상식이 있는 분들도 있다는데 이렇게 막무가내로 학교를 불신하는 이유는 뭘까? 소통이 필요했다. 신뢰 회복이 절실했다. 평화롭고 행복한 학교를 어떻게 만들까?

영우의 칼부림

 수업을 마치고 교무실로 내려오니 옆 반 민호와 우리 반 영우가 내 자리 옆에 고개를 바닥에 처박다시피 하고 무릎을 꿇고 앉아 있었다. 작은 영우의 등판이 들썩이고 있었다.
 "엇? 너희들 무슨 일이 있었어?"
 영우는 금방이라도 독기를 뿜어낼듯한 눈빛으로 슬쩍 쳐다보더니 다시 흐느꼈다. 민호는 별 반응 없이 고개만 숙이고 있었다. 옆자리 선배 선생님이 한마디 건넸다.
 "그것들이 칼부림을 했어요. 하이고 싸가지 없는 것들. 쯧쯧쯧!"
 "민호가 먼저 이야기해 볼래? 무슨 일이 있었던 거야?"
 "몰라요. 이 새끼가 먼저 나한테 칼을 휘둘렀어요."
 "진짜? 아무 일도 없었는데 칼을 휘둘렀다고? 영우야, 왜 그랬어?"
 "엉엉엉! 이 새끼가 맨날 나를 무시하고 놀리고 괴롭혔다고요."
 울음통에 말이 중간중간 끊기면서도 영우는 억울한 심정을 이야기했다.
 "민호야, 네가 무시하고 놀리고, 괴롭혔다는데 무슨 이야기야?"
 "안 괴롭혔어요. 이 새끼가 자꾸 재수 없게 알짱거려서 비키라고 한 거예요. 이 새끼는 초등학교 때도 그랬어요. 뻑하면 칼부림한다니까요."
 "네가 괜히 먼저 쳤잖아."
 영우는 손등으로 눈물을 씩씩 닦으며 맞받았다.
 민호와 영우의 싸움은 애초에 체급이 맞지 않았다. 민호는 덩치가 건장하고 다리와 팔에 울뚝불뚝 근육이 붙어서 사내 티가 나는 데다 선배들에게 인정받는 잘나가는 무리였다. 반면에 영우는 키가 작고 조그만 얼굴에 주근깨가 눈언저리를 덮어 더 왜소해 보였다. 입 주변에 핀 허연 부스럼딱지는 녀석을 한없이 안쓰럽게 했다.

영우는 얼굴에 불만이 가득했고 노는 친구 없이 혼자 교실 주변을 배회했다. 친구들은 영우를 '없는 아이' 취급하거나 한 번씩 툭툭 치며 건들었다. 영우도 어느 순간까지는 참다가 한계치가 지나면 물불을 안 가리고 욕하고 온몸으로 덤벼서 피를 보거나 큰 사달을 냈다. 사실 교사들에게는 가장 어려운 아이로 인식되고 있었다.

그런 영우의 담임이 누가 될지가 교사들에게는 큰 관심사였던 듯했다. 새로 부임한 내가 녀석을 맡게 되자 다들 걱정스럽게 지켜보고 있었는데, 그것을 몰랐던 나에게 새 학년 첫 사건이 터진 것이었다.

녀석들의 눈높이로 나도 같이 쭈그리고 앉아 둘의 이야기를 공평하게 들었다. 영우는 말을 제대로 잇지 못하고 두 손등으로 눈물을 쓱쓱 닦으면서, 민호가 평소에 어떻게 자신을 괴롭히고 놀리고 무시했는지 서럽게 이야기했다.

다 듣고 난 후에 자리를 옮겨, 셋이 같이 책상에 앉았다. 그리고 상대방의 입장에서 이야기하기를 시도했다. 민호는 칼을 휘두른 건 영우라며 무시하는 태도로 실실거렸다. 반면에 영우는 너무 억울해서 그대로 넘어갈 수 없다고 했다. 그런데 입장을 바꿔 이야기해 보라고 하니 민호의 표정이 자못 진지해지면서 영우 입장에서 많이 속상했겠다고 했다. 영우한테 미안하다고 했다. 그러나 영우는 입이 댓 발 나와 건드리기만 하면 다시 통곡할 태세였다. 영우가 용서할 수 없는 것은 단지 오늘만이 아니었고, 민호 뿐이 아니었다. 수시로 자신을 무시하고 함부로 대하는 친구들에 대한 서운함이 쌓여 있었다. 선생님들마저 사정을 충분히 듣지도 않고 보이는 현상이나 사건만으로 자신을 천하의 말썽꾸러기 취급하니 설움이 봇물처럼 터졌다. 말을 잇지 못하고 주먹과 옷소매로 눈물을 닦으면서 울고, 또 울었다. 영우가 사과할 수 없다고 해서 조금 시간을 더 주기로 했다.

말짱해진 민호는 교실로 보내고, 영우는 상담실로 보냈다. 상담 선생님 말을 빌리면 상담실에 가서도 30분 정도를 훌쩍이고는 한 시간을 곤히 잤다고 했다. 그때까지만 해도 학교폭력 관련 규정이 없어 웬만한 사건은 대화와 상담으로 처리하고 그래도 안 될 때 선도위원회를 열었다.

영우는 거동이 불편한 아버지와 함께 살았는데, 아버지를 혐오하는 발언을 종종 해서 걱정하며 가정방문을 갔다. 영우는 황토밭 너른 들판을 지나 야트막한 산 아래 옹기종기 작은 집들이 모여 사는 구릉지 마을에 살았다. 영우가 내 앞을 서너 걸음 앞서가고 있는데 마을 앞 사당나무 아래로 할머니 한 분이 내려오고 있었다.

"영우냐? 우리 강아지 온가?"

영우는 부끄럽다는 듯이 할머니와 나를 두고 휑하니 달아났다. 우리 강아지란 말에 내 마음이 푸근해졌다. 짠하디짠한 녀석이라고 지레짐작하며 온 발걸음이었다. 할머니의 우리 강아지란 말에 짙은 사랑내가 났다. 안심되었다. 할머니의 사랑은 충분히 받고 있겠구나.

두 칸 오두막 같은 집 어두컴컴한 방에서 아버지가 목발을 짚고 토방을 내려와 나에게 인사를 하는 둥 마는 둥 뒤란으로 피해 갔다. 사춘기 영우가 아버지를 이해할 리가 없었다.

"우리 아빠는 맨날 성질만 내요. 아빠도 아니에요. 없었으면 좋겠어요."

묻지도 않은 말에 아빠에 대한 불만을 무시로 쏟아냈다.

"엄마에게 갈 거예요."

"엄마가 어디 계셔?"

"수원에요. 수원에 가버릴 거예요."

엄마의 의사와 상관없이 모든 화풀이 끝에 해결책은 엄마에게 가는 것이라고 믿는 모양이었다. 영우가 어릴 적 엄마는 집을 떠났다. 아버지는 아무런 생계 능력이 없었다. 사춘기 영우에게 아버지 훈계가 잔소리로만 들렸고 아버지에 대한 증오가 있었다. 아버지 때문에 엄마가 집을 나갔다고 믿고 있었다. 주저앉을 것 같은 오두

막의 어두컴컴한 부엌과 방만큼이나 사춘기의 영우에게는 희망이 보이지 않았다. 아버지를 떠나 엄마에게 가면 해결될 거란 기대가 유일한 돌파구였다. 그래도 할머니의 '내 강아지' 말씀은 영우에 대한 내 걱정을 절반으로 줄여 주었고 녀석의 행동을 연민으로 바라볼 수 있게 되었다.

영우의 칼부림 사건과 가정방문 이후 영우가 분노를 폭발하는 일이 조금씩 줄고, 교실 칠판을 지우거나 교무실로 분필을 가지러 오거나 존재감을 드러내기 시작했다. 교무실 앞에 종종 와서 서 있기도 했다. 자신의 이야기를 들어주는 선생님이 생긴 것이었다.

선생님 중에는 사고뭉치 영우가 변화되는 과정을 지켜보면서 무조건 나를 지지하고 박수를 보내는 이들이 생겨났다. 이후 혁신학교를 만드는 과정에서 나에게 밑도 끝도 없는 신뢰를 보내주는 바탕에는 이렇게 영우의 변화가 있었다.

선생님들의 사랑법

물론 힘든 아이들만 있는 것은 아니었다.

국어 선생님은 늘 아이들과 호흡을 같이했다. 국어 선생님을 중심으로 아침 시간, 쉬는 시간, 점심시간에 도서관을 열고, 도서 대출 봉사를 하거나 독서 활동을 성실하게 하면서 나름 재미있게 생활하는 동아리 아이들도 있었다. 선생님은 수고롭지만 그 아이들을 통해 교사임을 느끼며 버틸 수 있었다.

체육 선생님은 두 분이었는데 체육 활동을 통해 즐겁고 행복한 시간을 만들려고 지극 정성이었다. 그래서 아이들이 제일 좋아하는 시간이 체육 시간이었다. 하루는 읍내에 나갔다가 두 자녀를 학교에 보내는 엄마를 만났는데 하소연을 했다.

"선생님, 비가 오면 우리 애가 너무 짜증을 내요. 오늘 체육 못 하게 됐다고요. 그래서 비가 오는 날은 부모들도 성가시네요."

체육관이 없어 모든 수업을 운동장에서 하는 까닭에 비가 오면 영락없이 교실 수업을 하므로 아이들은 일기예보에 예민했다. 50대 말, 60대 초반 나이에도 두 선생님은 수업이나 행사를 성스러운 의식처럼 준비하고 진행도 정성을 다하셨다. 교사 중심의 수업보다 항상 학생이 무엇을 원하는지, 어떻게 해야 학생에게 좀 더 도움이 될 것인지를 고민하셨다. 명품 수업, 명품 체육대회, 명품 친목회, 명품 학교를 만드는 일에 자부심을 갖고 실천하였다. 체육수업을 즐기는 아이들의 얼굴은 활짝 핀 꽃 같았다. 아이들과의 소통은 나이에 반비례한다고 믿었던, 나의 상식을 깨는 선생님들이었다.

점심시간이 되면 산새 지저귀는 소리와 함께 아이들의 떼창이 울려 퍼졌다. 뒷산에 조울거리던 진달래, 개나리, 민들레, 양지꽃, 개불알꽃들이 나른한 봄 잠에서 화들짝 깨어나 고개를 쑥 빼고 교실을 기웃거렸다. 선형이, 승현이, 예람이는 마이크를 하나씩 쥐고 돌아가며 목청껏 노래하고 있다. 모두의 표정은 봄 햇살 같았다.

번듯한 강당이 있어도 대부분의 학교는 체육수업이나 행사 외에는 커다란 자물쇠를 채워 관리하며 아이들의 접근을 차단하는 형편이다. 그런데 교실 세 칸을 터놓은 열악하기 그지없는 다목적 강당은 번듯한 체육관을 무색하게 했다. 점심시간이 되면 무대 위에서는 여학생들이 모여 목청껏 노래했다. 독창도 하고 서넛이 떼창도 했다. 순서를 기다리는 아이들은 서서 몸을 흔들고, 함께 화음을 맞추기도 했다. 앉아서 부르는 아이, 친구의 손을 잡고 부르는 아이, 모두가 행복한 표정이었다.

수업에는 집중을 잘하지 못하던 아름이가 노래를 절절하게 부르는 모습이 너무 인상적이었다. '좋아하는 것은 저렇게도 잘하는데. 그래 저 녀석은 저런 장기가 있었는데 내 수업 태도만으로 평가할 뻔했어.' 이 시간을 통해 쌓였던 스트레스나 공부에 대한 부담을 확 날릴 수 있으리라.

무대 아래는 탁구대 세 대가 설치되어 남학생들이 땀을 줄줄 흘리면서 탁구를 했다. 체육 선생님은 때로는 무대로 올라가 노래방을 챙기다가, 때로는 탁구대로 내려와 아이들의 탁구 코치가 되기도 했다. 순서를 받지 못해 구경만 하다 돌아가는 아이들은 민들레 개불알꽃 흐드러진 언덕 밑에서 나비처럼 맴을 돌았다.

선생님의 헌신은 몸에 배어 있었다. 담임이 아니지만 매일 급식지도를 하고, 지도가 끝나면 아이들 속에 섞여 느지막이 점심을 드셨다. 목 빠지게 기다리는 아이들을 위해 식사가 끝나면 바로 차 속에서 앰프를 챙겨 다목적실로 향했다. 교사 없이 강당을 개방하면 관리가 엉망이 된다. 그래서 대부분의 학교는 점심때 강당을 개방하지 않는다. 선생님들은 알 것이다. 누구에게도 양보할 수 없는 유일한 점심 휴식 시간을 매일 아이들에게 투자하는 게 어떤 의미라는 걸.

매일 아이들 속에서 헌신하는 선생님의 얼굴은 행복 그 자체다. 정년이 얼마 남지 않았지만, 아이들에 대한 열정은 젊은 교사보다 더 뜨겁다. 아이들은 사소한 잘

못도 반드시 바로잡는 엄격한 선생님을 무서워하면서도, 하염없이 베푸는 사랑 때문에 좋아하기도 했다.

  이 아이들은 모를 것이다. 운동장에서는 햇살을 가르며 축구 하는 아이들의 함성이 자자하고, 강당에는 노랫소리 흐르는 학교가 그리 많지 않다는 것을. 그들이 얼마나 큰 행복 속에서 추억을 만들고 있다는 걸 먼 훗날에야 알게 될 것이다.

  아이러니하게도 이분들은 생활지도의 최전선에서 아이들을 복도나 교무실에 수시로 엎드려뻗쳐 시키는 주인공이다. 그분의 아이들 사랑법이었다.

혁신학교를 만나다

 나는 교직 경력 20년이 되면서 더 이상 변화를 꾀하기보다는 한계 안에서 머물기로 작정했던 것 같다. 혼자 '참교육'이란 이름으로 무던히 고군분투했던 시간이었다. 부적응 학생을 놓지 않고 지도한 사례나, 학급운영 주제의 연수 강사도 하고, 참교육 실천대회에 사례 발표도 했다. 독서토론 수업 실천 사례 강의도 하면서 나름 아이들을 포기하지 않는 교사로 살았다고 생각했다.
 만족할 만큼은 아니지만, 수업도 그럭저럭 할 만했다. 적어도 자는 학생은 없고, 5~6명이 또박또박 대답을 해주었다. 집중하지 못한 눈빛들이 태반이었지만, 그것은 어찌할 도리 없는 개인의 능력이라고 생각했다. 수업 활동지를 만들고, 수업 주제에 관한 토론 활동도 하고, 가능한 서술형 평가를 하려고 애썼다. 하나라도 더 알게 하고 쉽게 설명하려 노력했다. 모든 학생을 목표에 도달시킬 수는 없는 거라고, 원래 수업은 그런 거라고, 다양한 모든 아이를 안고 갈 수는 없는 거라고 치부해 버렸다. 학생들의 자발성이나, 학습 의욕을 개인별로 끌어낼 철학이나 재간이 내게 없었다. 게다가 학기 말에 교사의 수업 평가를 하면, 아이들은 '이대로 괜찮다'고 평가해주었다. '조금 졸리기는 하지만 바꿀 것은 없다'고 했다. 스스로 만족스럽지는 않았지만 뾰족한 수가 있는 것도 아니어서 정년까지 이렇게 수업해도 되겠다고 맘먹고 있었다.
 그러던 내게 도끼로 뒤통수를 맞는 만남이 있었다. 혁신학교를 만난 것이었다. 처음에는 받아들일 수가 없었다. 그간 월급 외에 어떤 지원이나 도움 없이 고군분투하며 참교육으로 교실과 아이들을 지켜왔는데, 일관성없는 조변석개 교육정책은 일말의 반성도 없이 또다시 교사가 바뀌고, 학교가 바뀌어야 한다는 것이었다. 그리고 이것이 '혁신학교 운동'이라니 기가 찰 노릇이었다. 심한 반감으로 혁신학교를 만났다.

"교실이 붕괴되는 것은 학생들이 불행하기 때문이다. 세계 청소년 중에 가장 많은 시간을 공부와 사교육비에 투자하지만, 세계에서 가장 많은 청소년이 자살하고, 행복 지수 최하위, 학습 흥미도 꼴찌인 것이 우리 청소년들의 현실이다. 공부만 잘하면 모든 것이 용서되고 모든 특권을 누리는 부당한 현실을 공정이라고 여긴다. 일부 고등학교에서는 우열반을 편성하여 우수반 학생들에게는 최상의 학습 조건을 제공하고, 열등반은 우수반의 들러리 역할을 시키는 곳도 있다. 우수반은 공부하는 교실도 다르고, 기숙사 잠자리도 다르고, 심지어는 S대 진학 내신 성적 관리를 위해 시험문제를 넌지시 제공하는 학교가 있다는 소문도 돌았다. 어떤 교육적인 열정이나 실천도 S대 합격 여부에 비교될 수 없었다. 올해 S대에 몇 명 갔느냐가 학교 평가의 척도였다. 그런데 학생들의 가장 가까운 자리에서 교육이라는 이름으로 첨병 역할을 하며 부추기는 사람들이 바로 교사였다. 좋은 대학을 위해, 편안한 직장을 위해, 미래의 행복을 위해서라며 학생들을 무한 경쟁에 몰아넣어 갈등하는 교실을 만들어왔다. 심하게 부끄러워해야 마땅하지만, 우리 교사들은 반성하지 않았다. 스스로 판단하여 행한 것이 아니라, 국가 공무원으로서 시키는 대로 충실하게 업무수행을 했을 뿐이기 때문이었다. 나치 치하의 하인리히가 자신의 행동이 가져올 결과에 관한 판단이나 책임감 없이, 그저 명령대로 따랐을 뿐이라고 말한 것과 같지 않은가.

자존감이 가장 소중한 청소년기에 공부를 못 하면 존재 자체를 인정받지 못했다. 소외된 청소년들의 선택지는 두 가지였다. 우울감 때문에 자살로 삶을 마감하거나, 비행을 저질러 존재감을 과시하는 것. 이런 교육 생태계를 저항하는 학생들의 몸부림은 교사들에게는 죽을 맛이지만 학생 개개인의 입장으로 보면 그나마 건강한 것인지 모른다. 이 같은 교육 환경 속에서 학생들의 집단적 저항 현상이 교실 붕괴로 나타났다.

학생들이 불행하면 교사들도 불행하다. 교육 정상화가 필요했다. 학부모나 교사가 행복하기 위해 역설적으로 학생들을 행복하게 할 방안을 찾아야 했다. 국가가 주도한 교육개혁이 성공한 적은 거의 없다. 교사들의 자발성이 없었기 때문에 선언이나 한때의 유행으로 그치는 경우가 많았다.

그런데 '혁신학교 운동'은 교사들이 시작했다. '작은 학교 살리기 운동'이 경기도에서 성과를 내면서 거대한 학교 혁신운동으로 확산했다. 고군분투하면 좌절이 깊어질 뿐, 개인적인 실천만으로는 학교를 바꿀 수 없다. 구성원이 함께 학교를 바꾸고 만들어야 한다. 내가 발 딛고 있는 학교의 아이들을 들여다보고, 아이들에게 맞는 교육과정을 함께 기획하고 함께 실천해야 한다. 그래야 아이들이 바뀌고, 학교가 바뀐다. 경쟁 위주의 입시 교육은 더 이상 교육이 아니다. 학생들의 다름을 인정하고, 있는 그대로 존중하며, 교복 입은 시민으로서 주권을 부여해야 한다. 교사가 지식을 손에 쥐여주는 일제식 수업이 아니라, 학생이 스스로 찾고, 함께 배우며 나누는 수업이 필요하다. 학생들이 배움의 주체로서 자발성과 학습의 기쁨을 키울 수 있도록 교육해야 그 속에서 학생의 자율성과 자발성이 살아나고 민주시민으로 성장할 수 있다.

그러려면 먼저 교사들이 변해야 한다. 학교의 철학도 비전도 방향도 없이, 주어진 국가 교육과정의 틀 속에서 소수의 관리자가 만든 학교 교육계획에 따라, 수동적으로 학급을 운영하고, 정한 수업시간에 주어진 교과서를 기계적으로 전달하는 것으로는 변화하는 시대에 대응할 수 없다. 우리 학교 학생에게 필요한 학교 철학과 비전은 구성원 모두가 수평적인 관계 속에서 협의를 통해 만들어야 하고, 이를 실현할 학교별, 학년별, 학급별, 교과별 교육과정을 설계 운영해야 한다.

교과서 속의 지식만을 객관식 평가로 판별하여 줄 세우는 교육으로는 더 이상 우리 학생들이 미래를 살아갈 힘을 기를 수 없다. 경쟁은 우열을 가르고 갈등을 조장해 특권의식을 부추길 뿐, 민주시민을 키울 수 없다. 아이들이 살아가는 데 필요한 역량을 교육과정 속에서 배우고 실천할 수 있도록 학생도, 교사도, 학부모도 함께 배우고 성장해야 한다."

이 내용을 읽었을 때, 내 가슴은 뛰기 시작했다. 학교에서 예산을 받을 목적으로 '무지개학교'를 신청했는데, 심사에서 탈락한 모든 학교에 예산 없는 '자율 무지개학교'라는 이름표만 돌아왔다. 3월 말이 되어도 이 업무를 인계받을 적임자가 나타나지 않았다. 연구 기획으로 공문을 작성하다 번번이 점을 안 찍거나, 기안문 끝에 '끝'을 표기하지 않거나, 띄어쓰기가 틀렸다고 기안한 공문을 반려받기를 거듭하다가 마침내 결심했다. '어디 한번 해보자.'

그래서 연구기획 업무를 반납하고 무지개학교 주무를 자청했다.

어디 한 번 가봅시다

　예전에 경기도 혁신학교의 박 선생님으로부터 혁신학교 운영 사례를 들으면서 학교가 이렇게까지 달라질 수 있다니, 도무지 믿기지 않았다. 학생 생활지도라는 용어를 생활교육으로 바꾸고, 규제와 통제 일변도의 학생 생활규정은 학생들이 스스로 협의해서 자율적으로 결정하고, 교사와 학부모가 토론의 장을 통해 서로를 존중하는 민주적인 풍토가 정착되고 있다는 것이었다.
　소수의 부장들이 학교 교육계획을 수립하는 것이 아니라, 2월 방학 때 선생님들이 모여서 학교 교육과정을 함께 논의하고, 지역과 연계하여 단계별로 학년별 프로젝트 수업을 하고 있다고 했다. 선생님들은 과목을 뛰어넘어 함께 수업을 고민하고, 함께 수업을 만들고, 서로 수업을 참관하여 나누고, 수업 협의회를 통해 성장하고 있다고 했다.
　교사를 학생에게 돌려주기 위해 경기도 교육청에서는 혁신학교에 행정 실무사를 추가 배치하여 교무행정업무를 지원하고, 학교에서도 복지교사를 임용하여 학교생활에 어려움을 겪는 학생들을 지원한다고 했다. 교사들이 학교 행정업무로부터 해방되니 교무실에서 수업 이야기를 할 수 있는 분위기가 조성되었다고 했다.
　꿈같은 소리였지만, 혁신학교를 직접 운영하는 선생님들의 목소리여서 무척 궁금했다. 무엇보다 교장 선생님이 권위를 내세우지 않고, 교사들과 평등하게 협의하고, 협의 사항을 존중하고 지원한다니 그보다 반가운 소식이 없었다.
　다행히 나의 가슴은 아직 뜨겁고, 상처받은 교사들은 교실을 다시 세울 방안을 갈구하고 있었다. 4월에 개교기념일이 있었는데, 그동안 서로 적응앓이 하소연을 하기도 하고, 부대끼면서 마음이 통한 교사들 여섯 명이 작당했다. 기존에 근무하던 선생님 세 명과 새로 전입한 선생님 세 명이 경기도 장곡중 혁신학교를 답사하기로 계획했다.

개교기념일은 교사에게도 간섭받지 않고 쉬거나 바람을 쐬고 싶은 날이었다. 그래서 교무부장은 3월 초부터 누가 개교기념일에 근무할 것인지 정해야 한다고 서둘렀다. 그런 황금 같은 휴일을 반납하고 왕복 10시간 이상 걸리는 경기도 혁신학교 운영 사례를 직접 배워보자고 의기투합한 것이다. 모두 50살이 넘은 중년 교사들이었다.

그런데 학교장은 흔쾌히 출장을 허락하지 않고 난색을 표했다.

"한두 명이 가서 배우면 되지 굳이 여섯 명이나 갈 필요가 있냐, 출장비가 늘 부족한데 여섯 명 모두에게 출장비를 지급하는 것은 어렵다."

마치 우리가 팀으로 놀러 가는 것으로 여기는 투였지만 몇 차례 교장실을 찾아간 끝에 운전하는 선생님만 출장비를 받고 나머지 선생님들은 출장비 없는 출장을 허락받았다. 휴일에 학교 변화를 위해 자발적으로 답사를 간다는 데 박수 치고 격려해 주는 관리자가 그리웠다. 그렇지만 이것이 현실이었다.

1인 출장비는 경기도 시흥까지 오가는 기름값도 되지 않았다. 우리는 관리자에 대한 서운함을 훌훌 털고 밥값, 기름값을 갹출하여 경기도로 출발했다. 무너져가는 학교를 세울 요술 방망이가 있다면 경기도가 아니라 별나라라도 갈 기세로 가슴은 뜨거웠다.

새벽부터 출발한 덕에 오전에 경기도 혁신학교에 도착할 수 있었다. 학교는 빨간 벽돌담에 담쟁이넝쿨이 오르는 고색창연하고 이색적인 건물이었다. 모든 것이 새롭고 의미 있게 느껴졌다. 학교는 30여 학급이 넘는 대규모로 학생 수에 비해 공간이 비좁아 보였는데, 그 안에서 그 요술 방망이 같은 혁신학교를 만들고 있다니 모든 게 색다르게 보였다. 우리는 새로운 점을 찾아보려고 여기저기 눈을 굴리며 두리번거렸다.

교무실에 들어가 혁신학교 업무 담당 선생님, 교감 선생님과 인사를 나눴다. 뭐가 다를까? 사람이 다를까, 공간이 다를까, 시설이 다를까? 여유 없이 빽빽한 좌석의 교무실에서도 뭔가를 찾으려 했다. 선생님들은 모두 자기 일에 집중하고 있었고, 교감 선생님은 무심하게 우리를 맞이했다.

다른 점이라면 난데없이 방문한 우리에게 흔쾌히 수업 참관을 허락해 주는 것이었다. 2학년 한문 수업이었다. 사전 예고가 되거나 공개수업이 아닌데도 우리 여섯 명에게 참관을 허락했다. 칠판에 학습 목표도 쓰지 않았고, 그 흔한 동영상 하나 없었다. 아이들은 그 단원에서 처음 만난 한자를 옥편에서 음과 뜻을 알아내고, 모둠에서 머리를 맞대고 문장을 해석하고 있었다. 교사의 어떤 설명이나 도움이 없이, 음과 훈뿐만 아니라 문장의 의미를 해석하여 그것을 작은 촌극으로 표현하는 것으로 수업을 마무리하고 있었다.

'배움의 공동체' 수업을 하고 있었다. 우리는 깊은 충격을 받았다. 물론, 아이들 수준이 더 높아서라기보다 교사가 학생들 스스로 할 수 있게 믿어주고, 기다려 주고, 훈련을 시키고 서로 협력할 수 있는 관계를 솔선하여 만들어 온 결과이다. 서로 머리를 맞대고 과제를 해결하는 학생 주도적 수업이었다. 물론 모둠에서 찾은 결과가 다 정답은 아닐 수 있다. 그마저 교사가 맞다 틀리다 지적하고 정리하는 것이 아니라, 각자 해결한 결과를 공유하고 다른 모둠의 결과를 들으면서, 배움과 성장이 일어났다.

학생들이 스스로 탐구하고 서로 협력하여 미로 같은 배움의 길을 터벅터벅 찾아가고 있었다. 게다가 그 과정에서 즐거움을 느끼고 있었다. 수업을 참관하면서 그간 체념하거나 포기하고 있던 내 수업에 새로운 성장의 불씨를 지피게 되었다.

수업 참관 후에는 학생부장님에게 학생부 이야기를 들었다. 여기서는 생활지도란 말을 쓰지 않는다고 했다. 규제나 통제가 없어지면 무질서가 되는 생활지도라는 용어 대신 이곳에서는 '생활교육'을 한다고 했다. 교육은 강요가 아니라 생각하게 하는 것이고, 그 생각이 스스로 실천하게 하는 것이어서 어떤 상황에서도 스스로 생각하고 판단하여 실천할 힘을 키운다고 했다.

생각해 보니 덴마크에서 목격했던 장면이 떠올랐다. 언제 덴마크의 고등학교를 방문한 적 있었다. 학생들은 실내에서 신발을 벗게 했는데 그중 두 명이 여전히 운동화를 신고 있었다. 그래서 규칙을 지키지 않는 학생을 왜 그냥 두냐고 학교장에게 물었다.

"학교의 규칙은 실내에서 신발을 벗는 것이지만 지키지 못하는 학생의 사정이 있을 수 있고, 그것은 그 학생의 판단에 맡긴다. 신발을 신었다고 어떤 벌이나 규제는 딱히 하지 않는다."

획일적으로 통일된 규칙만이 질서 있게 보이던 당시의 우리 눈에는 아주 낯선 모습이었다.

다시 현재로 돌아와서. 학생회는 학생, 학부모의 의견을 수렴하는 설문과 토론을 통해 생활 규칙을 결정했다. 그렇게 만들어진 규칙은 교사가 강요하고 통제하는 것이 아니라, 학생들 스스로 캠페인이나 자체 활동 평가를 하며 지켜간다고 했다. 생활 규칙을 만들어 스스로 지키는 여러 활동이 학생회 활동의 내용이었다.

게다가 학생과의 소통과 행복한 학교생활을 위해 감동 이벤트도 종종 한다고 했다. 학생부장님은 교문에서 매일 아침, 학생에게 90도로 허리 굽혀 인사를 하는 '등교맞이'를 하는데, 두발과 복장을 점검하고 지적하는 통과 감시 절차가 아니라, 학생들을 환대하는 의미라고 했다. 처음에는 어색해하던 학생들이 지금은 함께 인사하고, 교사와 하이파이브도 한다고 했다. 만우절에는 학생과 교사가 역할을 바꾸어 수업하고, '학생의 날'에는 교사들이 교복을 입거나 동물 복장을 하고 재롱을 피우며 아이들을 즐겁게 하면서, 다양한 방법으로 학교가 학생 편이라는 것을 알리려 한다고 했다.

이 외에도 여러 교육활동을 통해 선생님들은 학생들을 행복하게 만드는 방법을 연구하는 중이라고 했다. 선생님이 행복해야 학생도 행복하다는 내 생각과는 180도 달랐다.

끝으로, 교무부장님은 학교 교육과정을 만드는 과정을 소개하셨다. 2월, '새 학년 준비 기간'에 전 선생님들이 열흘 정도 모여 학교 교육과정을 만든다. 먼저 학교 비전을 점검하고 비전에 필요한 역량들을 찾고, 이를 실현할 교육활동을 학년별 단계별로 수립하는 것이었다. 특히, 지역의 주민으로서 살아갈 수 있도록 인근 지역과 연계한 학년 프로젝트 수업에 가장 큰 공을 들인다고 했다. 지역의 역사를 탐구하고, 인근의 텃밭을 가꾸고, 지역의 문제를 찾아 토론하고 해결 방안을 찾아 함께 실천하고 지자체에 건의하는 등 학년별 교육과정을 운영하고 있었다.

모든 학교 운영과 교육과정은 교직원 협의를 통해 결정된다고 했다. 그래서 협의회가 많다 보니 사실 가장 큰 어려움이 협의회라고도 했다. 민주주의는 이 지구상에 만들어진 가장 이상적인 제도이지만, 그 과정은 어렵고 시간이 걸리고, 쉽지 않은 가시밭길이라는 말씀도 덧붙여 주었다.

돌아오는 차 안에서 우리들의 셈법은 조금씩 달랐다.

'현실적으로 가능하지 않은 학교인 것 같다.'부터 '수업을 어떻게 교사가 하지 않고, 학생에게 다 맡기냐?'라는 분, '우리가 할 일이 많을 것 같다. 한 번 해보자!'라는 선생님도 있었다.

교사부터 배워보자

돌아와서 다시 본 우리 학교는 혁신학교와 관점이 많이 달랐다. 선생님들의 교육에 대한 열정은 비슷해도 철학이나 학생을 바라보는 눈이 많이 달랐다. 아침부터 교문에서 교복을 입지 않은 학생, 치마 길이가 짧은 학생, 머리가 긴 학생, 이름표가 없는 학생, 가방 없이 등교하는 학생들을 교문 앞에 세웠다가 벌로 오리걸음을 시킨 뒤에 교실로 들여보냈다. 벌을 받은 아이들은 교실에 들어올 때부터 신경질을 부리고 험한 말로 투덜거렸다. 뺨은 종로에서 맞고, 한강에서 눈 흘긴다고, 가방을 책상에 내리치며 "씨-!" 하고 아침부터 짜증을 냈다. 보는 담임도 욱하기 십상이다.

아이들은 아침부터 기분이 상하면 그날은 망하는 날이다. 엉뚱한 수업시간에 훼방을 놓는 거로 성질을 부리거나 약한 녀석을 잡아 화풀이한다. 이른 아침부터 홀로 교문에서 전교생을 지도하는 학생부장님은 얼마나 고단할지 생각하며, 기분 상하지 않게 이 부작용을 전달하는 것이 늘 숙제였다.

학생과 교직원들의 신뢰가 두터운 체육 선생님은 늘 혁신 방법을 고민하셨다.

"김 선생, 우리 학생들 영어 공부를 혁신적으로 할 수 있게 한 번 해볼까? 학생들이 영어 단어를 외면서 등교하게 할 아이디어가 떠올랐네."

아이들을 위해, 학교 혁신을 위해 교사들이 여러 아이디어를 냈다.

그런데 혁신의 출발은 교사들 먼저 '학생 배움의 철학'을 공유하고 교육관을 세워야 했다. 수요일 오후 시간을 '연수의 날'로 잡고, 자료나 책을 복사해서 함께 읽고 내가 첫 발제를 했다. 사실 경험도 없는 내가 이론을 읽고 발제를 하는 것이 꽤 지루하고 재미가 없었을 것이다.

교사 중에는 경기도까지 함께 다녀와 의기투합을 한 분도 계시지만, 연세 드신

분 중에는 나를 별종으로 보는 듯한 느낌을 받았다. 가장 연세가 많으신 선생님은 나의 첫 발제를 듣고 "저 김 선생 빨갱이 아니여?" 했다는 뒷말이 전해왔다. 게다가 교장 선생님은 교사의 열정이 승진점수와 비례한다고 생각했는데, 도대체 승진이나 점수에는 전혀 관심 없는 중년의 여교사가 왜 아침부터 저녁까지 심지어 쉬는 날까지 반납하며 학교 일에 발 벗고 나서는지 궁금하다고 했다.

'연수의 날'에는 강사를 초빙하기도 했다. 교직원들이 학교 공동체를 만들어 학생들을 주체로 세울 수 있는 연수가 무엇일까 고민하고 또 고민했다. 무엇보다 존중과 협력을 바탕으로 모두가 행복한 학교를 만드는 학교 문화 세우기가 시급했다. 온갖 경험과 정보를 바탕으로 강사를 선정했고, 우리 학교 상황을 구체적으로 설명드리며 학교 변화의 실마리를 마련해 달라고 부탁했다.

"우리 학교는 도시 근교 공단 근처 학교인데요, 부모님들의 돌봄이 많이 부족해서 학생들이 조금 거칠어요. 교사들은 고경력 교사가 많은데 대부분 열정적이지만 소통과 이해보다는 엄격한 통제와 규제로 학생 지도를 하고 있어요. 그러다 보니 학생들이 학교에 대한 불신이 크고 학생 간에 폭력과 힘이 작용하는 문화가 만연해 있어요. 게다가 관리자와 교직원 간에도 위계질서가 존재해서, 협력적이고 수평적인 문화를 형성하는 것이 절실합니다. 학생들을 중심에 두고 존중과 협력, 소통이 가능한 민주적인 학교 문화를 만들 수 있도록 강의 부탁드려요."

마치 한 번의 연수로 모든 것이 해결될 것 같은 요술 방망이를 요청했다. 그러나 연수 운영은 다수의 선생님이 성장하기도 했지만, 번번이 된서리를 맞았다. 경기도 혁신학교에서 모신 선생님이 혁신학교 사례를 발표하는 과정에서,

"우리 학교도 처음에는 이 학교처럼 학생들의 문화가 폭력적이고, 관리자와 교직원이 협력하지 못했습니다."

라고 말을 했는데, 강의 내용을 트집 잡아 학교를 비난했다며 학교장에게 사과하라고 노발대발하였다. 우리의 노력을 비교적 이해하여 힘이 되어주던 교감이, 교

장을 대신하여 사과를 종용할 때는 참 막막했다. 중간에서 이렇게 중재를 종용하는 교감의 어려움을 이해하면서도 지원하는 리더십이 아쉬웠다. 변화를 위해서는 우리를 객관화할 수 있는 성찰적인 대화가 필요했다. 장애물이 앞에 있다고 멈추고 주저앉을 수는 없었다.

연수를 배치할 때마다, 기안을 올릴 때마다 구두 결재에서부터 막혔다. 20시간이 넘는 수업 사이사이 선생님들과 협의하여 연수를 기획하고, 기획안을 들고 교무부장, 교감, 교장을 차례로 설득하고, 예산을 원활하게 쓰기 위해 행정실에 설명해야 했다. 신뢰하고 이해하기보다는, 피곤하게 안 해도 될 일을 벌이냐는 눈빛으로 바라보는 대상 앞에서 구구절절 설명할 때는 벽에다 대고 혼자 중얼거리는 느낌이 들 때도 있었다.

"꼭 그 강사를 초빙해야겠냐? 조금 더 생각해 보자."

애가 탔다. 이미 어렵게 섭외했는데 흔쾌히 허락해 주지 않았다. 딴지 거는 것이 관리자의 책무라고 생각하는 것처럼, 수업 끝날 때마다 교장실 공기를 염탐하며 기분이 좋은 어느 때를 맞추기 위해 한없이 잔머리를 굴려야 했다. 기분 좋은 소식을 하나 들고 가서 끼우듯이 허락을 받아내기도 하고, 사정하기도 하고, 얼굴 붉히며 밀어붙이기도 했다. 한 번에 허락받기는 극히 드물었고, 세 번까지는 가서 설득했다. 응원을 받아도 선생님 한 명 한 명의 마음을 열어 함께 하는 일이 쉽지 않은데 이렇게 번번이 막히면 맥이 풀렸다. 어느 휴일 TV에 법륜스님이 대중 강연 중 상담을 해 주고 있었다. 나와 비슷한 경험을 가진 어느 교사가,

"자꾸 교장이 하고 싶은 일을 못 하게 하면 어떻게 할까요?"

하자 스님은,

"다섯 번 찾아가 봤어요?"

하는 것이었다. 순간 큰 위로가 되었다. 세 번까지는 찾아가 웃으며 설득하지만 그래도 안 되면 얼굴을 붉히고 나와서 포기했다. 다섯 번까지 갈 에너지가 없었기

때문이다. 오히려 저것은 넘을 수 없는 벽이라고 느낄 때, 나는 선생님들을 모아서 의논했다. 선생님들께 협의를 통해 도움을 요청하면 한결같이 내 일처럼 공감해 주고 방법을 찾아주었다. 교직원회의 때 번갈아 일어나서 의견을 내 보자, 기획 회의에서 의견을 피력해 보자, 교감 선생님은 이야기가 통하니 교감 선생님과 의논해 보자 등등 여러 방안을 찾아냈다. 선생님들은 무엇을 믿고 이렇게 지원하고 솔선할까? 절대적이고 무조건적인 응원과 지원과 협력과 공동의 실천이 학교 변화의 역사를 만들었다.

동시에 관리자와 부딪히기보다는 혁신학교의 공을 관리자에게 돌리는 등 관리자의 효능감을 높이는 방안을 고려했다. 학교 변화의 소식을 기사로 작성하되 학교장 이름을 반드시 게재한다거나 대외 모임에서 학교장의 협력에 대하여 치하하고 감사하는 것을 잊지 않았다.

학생들의 변화가 보이고, 읍내 상인들이,

"애들이 몰려다니며 말썽을 피우는 일이 줄었어요."

대외적으로 입소문이 나면서 공식적으로 혁신학교를 공공연히 부정하거나 방해하는 일은 줄어들었다.

매주 수요일에 개최하는 협의회와 연수 시간은 사실 선생님들의 참여를 위해 많은 공을 들여야 했다.

학생을 규제와 통제 대상으로 볼 것인가? 존중받아야 할 교복 입은 시민으로 볼 것인가는 한 분 한 분 교사들에게는 평생의 교육 철학이며 매일 지도를 통해 보여주는 모습이어서 쉽게 변화되기는 어려웠다. 그래서 함께 강의를 듣고 토론도 하는 지속적인 자리가 필요했다. 자리를 마련해 놓고 보면 꼭 참석했으면 하는 선생님은 늘 참여하지 않는다는 것이 큰 아쉬움이었다. 아무리 감동적인 강연이라도 마음을 열고 듣지 않으면 잘난척하는 잔소리 정도로 아까운 시간이 되고 만다. 오히려 수업이 없고 학생들이 없는 이 기회에 병원에도 가고 싶고, 은행 일도 보고 싶고, 다급한 일들을 해결하고 싶은 유혹이 셀 수 없다. 게다가 관리자들이 적극 지원하면 힘이 실리지만, 그만그만한 동료 교사가 단어만 들어도 닭살 돋는 '혁신학교'를 외치며 동동거리니 핑계가 생길 수밖에 없다. 그런 선생님들의 생각을 존중하고 인정하는 마음 역시 우리에게 필요한 자세였다.

 그런데 연수를 앞두고 일주일 전, 하루 전, 당일까지 전체 메시지로 협조를 구하고 또 구했어도 참여하지 않는 교사들에게는 서운한 마음이 생겼다. 상처받지 않고 편안하게 부탁하는 자세가 나는 부족했다.

학교문제 진단 소위원회

학교 문화를 수평적으로 바꾸고, 학생이 중심이 되는 학교 문화를 만들기 위해 교직원과 학부모가 1년여간 연수를 받고 열심히 협의했다. 그러나 교직원 50여 명이 한마음이 되기는 어려웠다. 더구나 실천이 따르지 않는 연수는 눈에 보이는 변화를 불러오기 힘들다. 한 해가 저물어가는 11월, 새로운 돌파구가 필요했다.

급한 것이 학생들의 생활규정이었다. 학생들의 인권을 염두에 두지 않는 통제 위주의 규제는 필요 없는 갈등을 유발했다.

체육 활동 시간이나 계단 미끄러짐 사고 예방을 위해 '실내화는 하얀 운동화를 신어라.'는 규정은 학생은 물론 대부분의 교사에게도 거북한 규정이었다. 한여름에도 땀 차고 냄새나는 운동화를 신으라니, 학생들은 공공연히 슬리퍼를 신었고 교사들은 압수하는 술래잡기를 했다.

머리 길이 귀밑 3센티, 파마·염색 금지, 반지·팔찌·귀걸이 금지, 색조 화장 금지, 치마 무릎 및 3센티, 색깔 있는 운동화 금지, 핸드백형 가방 금지, 춥든 덥든 무조건 교복착용 등 모든 학생이 이 규정을 지키는 것은 사실 불가능했다. 그러다 보니 학생들은 매일 규정 위반으로 처벌받는 것이 일상이었다. 모두 처벌할 수 없으니 눈에 띄는 아이들이 주로 혼났다. 그러면 그 학생은 억울하고 부당하다고 반항했고 학교는, "학생들에게 자율권을 주면 안 돼. '누동폭지'로 모든 교사가 보는 즉시 지도하고 잡아 와서 함께 교육해야 해."로 위태롭게 유지하고 있었다.

시급한 것이 인권을 중시하는 학생, 학부모, 교직원들의 통일된 학생 지도관이었다. 관련하여 생활지도의 기준이 되는 '학교 생활규정'을 현실에 맞게 고치는 것도 시급했다.

11월이 돼서야 선배 교사가 주도하여 '학교문제 진단 소위원회' 약칭 '학진위'를 만들고, 학생, 학부모, 교직원 3주체가 한자리에서 만나 소통의 물꼬를 텄다. 학생들은 학교가 규칙이라는 명분과 성적이라는 채찍으로 학생을 괴롭히기 위해 존재한다고 생각하고 있었다. 그런데 '학진위'의 소통 과정에서 교사들이 학생들의 권리와 학생들의 행복에 대하여 고민하고 있다는 걸 공유하게 되었고, 모임과 협의가 거듭되니 학생들과 학부모들은 교사들의 이야기에 고개를 끄덕이며 긍정적인 반응을 보이기 시작했다.

　학부모들은 학부모들대로 학교와 교사들을 불신하고 있었다. 교사들의 수업이 자녀의 성적 향상에 큰 도움이 되지 않는다고 생각했다. 5시 '땡'하면 퇴근하고 1년에 두어 달 방학까지 누리면서 거의 공으로 월급을 받는 줄 알았다. 학생들의 진정한 실력을 키우는 곳은 학원이라고 생각하여 어떤 노력을 해서라도 학원을 보내줘야만 부모 역할을 한다고 생각했다. 그런데 학진위에서 학생과 학부모와 교사들이 만나 처음으로 교육에 대하여, 학생들의 권리와 행복에 관하여 이야기하니 학부모들은 학교를 보는 시각이 달라졌.

　'교사들도 학생에 대해서 고민하는구나. 학교에서 학생들과 씨름하느라 참 고생하는구나. 교사들이 아무리 맘을 먹어도 할 수 없는 한계가 있구나. 학부모들이 손을 보태야 하겠구나.'

　이렇게 우리를 가로막고 있던 두꺼운 장벽이 만남과 소통을 통해 허물어지기 시작했다. 물론, 소통의 물꼬를 텄다고 모든 것이 일사천리로 수월한 것은 아니었다. 먼저 논의한 것은 학생 생활규정이었다.

　교복 착용과 머리 길이, 염색, 화장, 명찰 착용 등은 교사와 학생들의 갈등 깊은 주제였다. 처음부터 자율성을 이해한 소수의 학부모도 있었지만, 학부모들은 학교가 학생들의 교복 착용과 용의 지도를 철저히 해주기를 요구했다. '등교맞이'에 대한 이견도 있었다. 교문 지도를 해야 한다는 의견과 환대의 등교맞이로 바꿔야 한다는 의견이 맞섰다. 학생들을 환영받아 마땅한 존재가 아니라 준범죄자 취급하는 것은 학교생활에도 악영향을 준다는 의견이 많았지만, 강력한 규제와 통제를 바라는 학부모들의 의견을 단박에 무시할 수는 없었다. 학교 변화를 힘 있게 추진하려면 학부모 교육이 필요했다.

생활규정은 하루이틀에 만들어지는 것이 아니었다. 물론 문서만 손 보는 것은 하루에도 끝낼 수 있겠지만, 모든 교육 주체의 의견 수렴을 하고, 수렴한 다양한 의견을 토의와 토론을 통해 조정하는 과정이 문제였다. 이 과정 자체가 민주주의 과정이고 학생들이 주인이 되는 과정이다.

먼저 '학진위'에서 현재의 생활규정을 세세히 점검하여 1차 설문을 하고, 여기서 찾아낸 문제점을 바탕으로 대안을 묻는 2차 설문을 했다. 학생·학부모·교사의 설문 결과 통계를 들고 교직원들이 먼저 협의회를 했다. 교사들도 의견이 일치하지 않았다. 엄격히 지도해서 규칙 위반 학생은 엄벌에 처해야 한다는 의견과 생활교육 차원에서 규제를 과감히 덜고 학생의 인권을 보호해야 한다는 의견이 대립해서 관계가 불편해지기도 했다. 지난한 토론을 하더라도 학생과 학부모 앞에 교사들의 통일된 의견을 만들자는 합의를 하고 절충안을 만들었다.

교직원의 절충안을 들고 학생과 학부모가 참여하는 공동 토론회를 열었다. 학교장은 학생들에게 동등한 발언권을 주었을 때 엉뚱한 안이 도출되면 어떻게 책임을 질 것인가를 계속 우려했다. 그래서 교감 선생님은 개회사에서 학생들의 의견을 존중하겠지만, 상황에 따라 다 수용하지 못할 수 있다고 몇 번이나 엄포를 놓고, 직접 토론을 진행했다.

토론은 예상을 크게 벗어났다. 학생들은 매우 성숙하게 토론에 참여했다. 충분히 어른들의 우려에 공감을 표시하면서도 학생들이 누려야 할 최소한의 자유에 대하여 어른들을 설득했다. 특히, 머리 색깔과 파마를 양보하는 대신 단정한 머리를 위해 부드러운 왁스는 허용해 달라고 끝까지 주장했다. 그러면 학부모들이 동조하는 형식으로 의견을 보탰다.

이견도 있었다. 휴대폰 수거에 대하여 학생들은 자유를 주장하였으나, 교사와 학부모들은 수업시간 휴대폰 수거를 주장하며 학생들을 설득하였다. 학생회장이 공약하였던 실내에서 '슬리퍼 허용'이 만장일치로 합의되어 학생들이 환호하기도 했다.

결과로 보면 아직 미흡한 부분도 있지만, 이 같은 과정을 통해 교육의 3주체가 학생 생활규정을 만든다는 데 큰 의미가 있었다. 몇 차례의 학생회의와 설문 절차가 아이들을 이토록 성숙하게 만들었다. 학생의 인권 존중에 대한 교직원들의 노력이 변화시킨 문화였다. 일부 교원과 학부모 중에는 끝까지 통제 위주의 철저한 생활지도 방안을 요구하는 의견도 있었지만, 그때마다 학부모 대표들이 아이들의 입장에 공감해 주었다.

생활규정에 있어 일반적으로 가장 보수적인 분들이 학부모들인데, 처음에는 보수적이던 다수의 학부모가 토론 과정을 지켜보면서 입장을 선회하기도 했다. 학생들이 자신의 입장을 정확히 밝히되 떼를 쓰지 않고 어른들을 논리적으로 설득하는 모습에 마음이 동한 것이었다.

"아이들이 이렇게 원한다면 규칙을 완화하는 것이 좋겠다. 아이들이 자기 생각을 이렇게 잘 표현하는 줄 미처 몰랐다."

이렇게 학생과 학부모의 의견이 상당히 일치된 것은 학부모님들이 등교맞이에 참여하면서 규제가 비현실적임을 이해했고, 꾸준히 학부모 모임이나 아카데미를 통해 이 문제에 대하여 고민하고 토론한 결과였다.

매일 아침 교문에서 등교맞이를 하는 어머니들은 교복 바지통을 규제하는 것은 현실적으로 도저히 불가능한 일임을 설파하였고, 곱슬머리인 아이들의 머리를 단정하게 할 방법은 젤이나 무스라고 역설하였다. 한여름에 합성 섬유 교복만이 아닌 무채색 면티를 허용하는 안도, 겨울 교복 위에 외투를 허용하게 하는 안도 모두 학부모들이 적극적으로 지지해 주었다. 난상토론을 예상했던 안들이 의외로 쉽게 해결되면서 교육 주체 간에 따뜻한 신뢰가 생기고, 아이들은 믿고 지지해 주는 만큼 성숙한다는 확신을 하게 되었다.

문제는 아침 교문 지도였다. 단속 위주의 교문 지도를 없애는 대신, 교문을 들어서는 것 자체가 학생들을 환영하고 응원하는 등교맞이, 학생맞이 쪽으로 의견을 모았는데, 학생부는 매우 불편한 기색이었다. 교장의 격려도 한몫했다.

"김 부장, 노고가 너무 커, 아무도 하지 못하는 학생 지도를 비가 오나 눈이 오나 하고 있으니 참으로 고맙네."

학부모 중에도 적극 지지자들이 있었다.

"교칙을 어긴 학생을 지도하지 않고 교실에 들여보내면 담임이 어떻게 지도를 하겠어요. 교문 지도는 꼭 필요하다고 생각합니다."

아무리 좋은 주장도 현실과 괴리되면 안착이 쉽지 않고, 자율권을 줬다가 학생들의 복장, 용모, 태도가 망가져서 지역에서 욕만 먹지 않을까 불안하기도 했다. 그러나 힘이 빠지고 흔들릴 때마다 '사회 변혁의 큰 물결을 믿자. 인간은 믿는 만큼 행동한다. 인간의 기본권은 보장되어야 한다.' 이렇게 자신을 다독이며 외부의 혁신학교 연수를 듣고 다시 힘을 얻었다.

다수의 합의로 만들어진 학생 생활규정을 마침내 운영위에 올리기로 했으나, 마지막에 학교장이 중단을 요청했다. 바쁜 학년 말이고 의견들이 분분하니 새 학년에 가서 다시 논의하자는 것이었다. 거의 석 달에 걸친 그간의 노력이 물거품이 되는 순간이었다. 몇 차례 씨름하였으나 요지부동이었다. 좌절감도 있었지만, 최종 칼자루를 들고 있는 관리자의 입장이니 존중해야 했다. 다른 학교보다 먼저 시행하는 자율이 학교장으로서는 부담스러울 수 있을 것이다. 하는 수 없이 몇 달을 미뤄 새 학기에 다시 논의하기로 했다. 대부분 논의가 되어 있어 어려울 것은 없다.

변화는 하루아침에 이루어지는 것이 아니다. 방향을 잃지 않으면 다시 시도하면 된다. 대신 새 학년을 준비하기 위해 겨울방학 때 교육과정과 운영계획을 잘 세우자고 의견을 모았다.

그리하여 긴긴 겨울방학이 시작되었다. 우리는 거의 매일 모여 지난 학년을 평가하고, 이를 바탕으로 새 학년 계획을 수립했다. 아침 9시부터 오후 5시까지 등교 시간, 쉬는 시간, 점심시간에서 시작해 체험활동, 각종 행사, 학생 자치회 등 교육과정 전반에 대하여 하나하나 검토하고 새 학년 계획을 수립하였다. 점심만 먹고 종일 토의하니,

"회의가 지겹다. 언제까지 할 거냐. 집에 좀 가자."

말로는 투덜댔지만, 우리가 바로 학교의 주인이라는 생각에 흥분하고 있었다. 방학 중 근무조 하루 때문에 예민하던 교사들이, 우리 손으로 학교 교육계획을 만드는 첫 경험에 신이 나서 1주일이 지나고 2주일이 지났다.

한쪽에서 학생들도 학생 자치회 계획을 스스로 짜야 한다며 모였다. 학생회는 처음에 무엇을 어떻게 할 줄 몰라 주제 하나로 몇 시간을 끙끙대다가 주제가 산으로 가기 일쑤였다. 처음은 교사의 역할이 필요하다. 안건 정하기, 토론 과정, 서로의 의견을 경청하고 존중하는 방법 등 회의의 기본부터 함께 해야 한다. 민주적인 회의를 제대로 경험해 본 적이 없는 아이들은 대충 목소리 큰 사람 의견에 따라가기 마련이라 훈련과 연수가 필요했다.

혁신학교 예산을 일부 쪼개 학생 자치활동 활성화에 배정했다. 학생들도 전국 모임의 학생회에 달려가 국사봉중, 선사고 등의 사례를 배웠다. 연간 운영계획을 수립하고 수립한 계획을 학생회실에 붙여놓고 매달 활동 후에 평가했다. 4·19, 5·18, 학생의 날 등에는 계기 교육을 했고, 생활규정 지키기 캠페인을 하거나, 방송반 운영, 체육대회 운영, 축제 운영, 야간 축구 경기, 점심시간 릴레이 경기, 학생 자치법정 운영 등 궤도에 오른 학생회는 쉼 없이 돌아갔다. 학생회 위원들은 눈빛이 달라졌다. 우리 학교를 우리가 만들어간다는 자부심이 커졌다. 다른 학교에도 초빙되어

사례를 전하러 가기도 했다. 학기 말에는 1박으로 학생회 캠프를 하면서 활동평가를 하고 다음 학기 계획을 수립했다. 필요한 곳에는 찾아가 배워왔다. 이렇게 학생들이 주인이 되니 교사들 효능감이 커졌다.

우리가 만든 약속 우리가 지켜요

2학기가 시작되는 8월 31일. 학생, 교사, 학부모가 모여 '공동체 약속 선포식 및 언어순화 프로젝트 수업 발표회'를 열었다.

작년부터 함께 만든 학생 생활규정을 올 1학기에 다시 의견 수렴해서 확정한 것이다. 이제 규칙을 스스로 지키는 것이 중요한 과제였다. 1학기 내내 학생회가 주도하고 학교가 협력하며 실천하고, 교사들도 학생들의 눈높이로 학생을 배려하려 노력했다.

학생들의 이름표는 학기 초 서로 쉽게 알아보고 이름을 부르자는 취지이므로, 학생들만 달 것이 아니라 교사들도 달기로 했다. 이름표 착용을 검사만 하다가, 직접 달아보니 그 어려움이 보통이 아니었다. 목걸이 이름표지만 옷을 갈아입다 보면 잊어버리거나 이름표를 그대로 달고 퇴근해서 마트나 시장을 가면 시선도 신경 쓰였다. 학생을 이해하는 계기가 되었다. 이렇게 서로를 배려하는 활동을 통해 이해와 존중을 실천하면서 상호 신뢰를 키워갔다.

생활규정을 만들 때 논란이 많았던 것이 약속을 어긴 학생의 처분이었다. 교직원들은 상벌점제를 두자고 하고, 학생들은 벌금을 걷거나 벌을 주자고 했다. 상벌점제는 규칙 위반 학생에게는 벌점을 주어 체벌을 대신하고, 칭찬할 만한 경우는 상점을 주는 제도이다. 체벌이 사라진 교단에 상벌점은 상당히 유혹적이었다. 그러나 상벌점은 체벌의 또 다른 채찍으로 교사들의 주관적 감정이 개입될 여지가 있고, 학생들이 주장하는 벌이나 벌금 역시 생각을 하고 행동을 성찰하는 데는 미흡한 점이 있었다.

그래서 학생회에서 생활규정을 홍보하고, 서로서로 지키는 파수꾼이 되어보자고

'생활규정 캠페인'을 활성화하였다. 교복 입기가 미흡하면 학생과 학부모 선생님들이 교문에서 교복 입기 캠페인을 하고, 욕설이 심하면 고운 말 쓰기 캠페인을 하고 프로젝트 수업을 운영했다. 학생회에서 방과후에 피켓을 만들고, 다양한 아이디어를 활용하여 효과적으로 캠페인을 하였다. 교사의 훈화는 잔소리에 가깝지만 학생들이 스스로 성찰하고 문제를 해결하도록 유도하는 캠페인의 효과는 생각보다 컸다.

교사들의 지도가 통하지 않을 때, 협의를 통해 혹은 학생회가 나서 스스로 해결한 사례도 두 가지 있었다.

학생들이 수업에 2~3분씩 많게는 5분씩 늦게 들어와 옥신각신하는 일이 다반사였는데, 늦었다고 지적하면,

"저만 늦은 것 아닌데요. 다른 시간에는 괜찮았는데요. 선생님들도 늦잖아요."

교사들은 이 난제의 해결책을 1시간 이상 협의했고, 학생들도 이 주제로 협의했다. 교사들의 협의 결과는 다음과 같다.

- 종례 시간에 학생 전체에 홍보하여 학생회, 학급 회의에서 대책을 협의하게 한다.
- 담임들은 시작종이 울리기 전 복도에서 학생 입실 지도를 한다.
- 교과 교사는 정시에 교실에 입실한다.

학생들의 협의 결과는 '수업시간을 잘 지키자'는 정도였지만 다음 날 교사, 학생이 일제히 약속한 바를 지켜냈다. 더 이상 실랑이하지 않고 제시간에 수업을 시작하게 된 교사들이 수업이 끝나고 와서 한결같이,

"소름이 돋네요. 그렇게 부탁하고 벌주고, 야단을 쳐도 안 되던 일이 함께 약속하니 당장에 바뀌네요."

교사들도 학생들도 합의의 효능감을 느낀 것이다.

두 번째 사례는, 수학여행이나 체험학습을 다녀오고 나면 이성 친구가 생겨 여기저기 낯 뜨거운 애정행각이 벌어지고, 여러 제보들이 교무실에 답지한다.

"선생님 누구랑 누구 안고 있어요. 복도에서 뽀뽀도 했어요."

총각인 담임이 제지하면,

"선생님 지금 질투하시는 거예요?"

불이 붙은 청춘들에 선생님의 제지가 통할 리 없다.

이번에도 '학교의 이성교제 어디까지 허용할 것인가?' 주제로 토론하게 했다. 학생회에서는 "손잡기까지는 허용하되 지나친 애정행각은 자제한다.", "쉬는 시간마다 복도나 구석진 곳을 돌며 캠페인 활동을 벌인다." 등 회의 결과를 가져왔다.

그런데 쉬는 시간에 캠페인 활동이 감감무소식이었다. 이유를 물으니 회의 후에, 교실이나 복도에서 애정행각이 일제히 사라져서 캠페인을 중단했다는 것이었다. 선생님들의 강압적인 지도는 갈등만 키우고 효과가 없지만, 학생들을 믿고 해결책을 의논하게 했더니 이렇게 수월하다는 걸 선생님들도 체험한 것이다.

약속은 학생만 지키는 것이 아니라, 교사도 학부모도 함께 노력해야 한다. 학교에서 안전, 즉 진정한 평화란 단순히 폭력이 없어지는 것뿐 아니라, 몸과 마음에서 우러나오는 상호 존중을 실천하는 것이다. 존중은 어른들이 먼저 보여줘야 한다. 존중받고 자란 학생들은 이를 자연스레 익혀 삶의 태도로 체화한다. 체벌만 없어졌다고 존중하지 않는다. 다양한 학생들을 획일적인 잣대로 평가하지 않고, 각자의 특수성과 다름을 인정해야 한다. 존중받은 학생이 존중할 줄 안다.

그래서 2학기 시작 시기에 맞춰 교사, 학생 학부모가 생활규정 외에 각각 서로의 약속을 추가로 만들었다. 모두의 의견을 수렴하여 주체별로 약속을 정한 뒤, 약속에 이의가 있으면 3주체 대표가 다시 모여 조정한 후 완성하였다.

학부모가 요구하고, 이를 학생들이 재논의하여 조정 끝에 나온 약속 사례가 있다. 가정에서 휴대폰 사용 제한 시간을 10시로 정하면 좋겠다는 부모님들의 요청이 있었다. 학생들이 여기에 완강하게 반발해서 토론에 부쳤더니 협의 결과는 11시까지만 휴대폰을 쓰되, 대신 그 시간부터는 부모님도 함께 휴대폰을 걷자고 합의했다. 물론 이 약속은 지속적인 관리가 어려워 잘 지켜진 것은 아니었지만, 서로의 요구를 받아와서 협의 끝에 약속을 정한 사례이다.

이렇게 시간과 공을 들여 만든 약속을 2학기 시작에 맞춰 선포식을 가졌다.

어떻게 매일 웃으며 아이들을 만날 수 있겠냐, 수업을 재미있게 할 자신이 없다, 이 약속이 자승자박이 되는 것은 아니냐 등 교사들도 많은 우려 속에서 선포식을 했다. 서로의 약속은 크게 인쇄하여 학교 곳곳에 게시하였는데, 우려했던 일은 한 번도 일어나지 않았다. 은밀한 동지 의식이랄까, 너나없이 학교의 주인이 된 기분이었다.

아울러 학생들이 무의식중에 쓰는 욕설을 순화하고, 학교폭력에 대한 경각심을 일깨우기 위해 개학을 하자마자 두 주 동안 여러 프로젝트 수업을 한 뒤, 결과물을 모아 이날 전시 및 발표를 함께 진행했다.

실시한 행사는 '학교폭력에 대한 예방과 대책 욕설의 문제점 토론회', 표어, 포스터, 파워포인트 대회, 동영상(UCC) 대회, 글쓰기 대회, 아이들의 정서 순화를 위한 '좋은 시 외우기 대회' 등 다양하였다.

처음에는 약간 뜨악하던 분위기로 시작했으나, 학생들이 직접 만든 학교폭력 UCC 작품을 감상하면서 분위기가 숙연해졌다. 학생들이 연출한 학교폭력 피해에 대한 작품은 어른들의 훈화나 훈계보다 훨씬 큰 설득력과 파급력이 있었다.

특히, 파워포인트를 가지고 아이들이 무의식중에 쓰는 '씨-, -밥, 제기랄' 등의 욕의 사전적 의미나 일반적으로 함축된 뜻을 학생이 또박또박 설명할 때 학생뿐 아니라, 선생님들도 모르는 말이었다며 혀를 내둘렀다.

학생 생활규정이나 학생 생활 평점제 내용은 OX 퀴즈로 진행하면서 규칙을 각인시킬 뿐 아니라, 전교생이 재미있게 참여하는 작은 축제의 분위기를 만들었다.

이 대회는 평소 상을 독점하던 공부 잘하는 학생이 아니라, 규칙을 자주 어기던 학생들이 주인공이 되어 상을 휩쓸었다.

대회가 끝난 뒤 아이들의 반응은 매우 긍정적이었다. 훈화 위주의 딱딱한 행사가 아니라, 학생 중심의 발표대회로 진행하면서 학생들이 흥미를 갖게 된 것이다.

"재밌었어요. 특히, 벌점제 내용은 평소 벌점을 많이 받은 사람이 잘 알기 때문에 유리했어요."

"재밌기도 했는데 절대 욕을 안 해야겠다고 생각했어요. 우리가 그냥 사용하는 욕에 그렇게 끔찍한 의미가 들어있는지 몰랐어요."

"이제 장난으로라도 폭력을 사용하지 않아야겠어요. 피해자에 대해서 생각하게 됐어요."

한 번의 행사로 학교 문화가 다 바뀔 수는 없지만, 실천의 중요한 계기는 되었으리라.

밥이 말을 하네요

무지개학교 운영의 결과는 놀라웠다. 기적이라 할 만큼 학생과 학부모가 긍정적이고 협력적인 주인이 되었다. 무엇보다 학생들의 행복을 위해 무엇을 할 것인가 교사들의 노력이 컸고, 학부모들의 헌신적인 협력, 아이들의 주인의식이 이런 결과를 만들었다고 생각한다.

올해부터는 학생 자치회에서 생활규정을 자치적으로 지켜보려고 다양한 활동을 시작했다. 4월부터 학생들은 '말의 힘 프로젝트'를 했다. 또래의 영향이 가장 큰 시기인데도 불구하고 별 생각 없이 한 거친 말에 서로 상처받고 갈등이 생기니 고운 말의 중요성을 체험하는 활동이었다.

학생 자치회 부서별로 매일 교문에서는 '말'의 중요성 피켓을 들고 캠페인을 하고, 마무리로 열흘간의 밥 실험을 하기로 했다.

여기서 밥 실험이란, 교무실 포함 각 교실에 밥을 두 그릇씩 나누어 주고 한 그릇엔 긍정적인 말을, 다른 한 그릇엔 부정적인 말을 써 붙이고 매일 아이들이 돌아가며 그 말을 하는 것이다. 효과를 배가하기 위해 아침에 '말의 힘' 동영상을 몇 차례 보여주었다. 결과는 놀라웠고, 많은 생각을 하게 했다.

성실하게 진행했느냐에 따라, 반마다 곰팡이 색깔이 다른 것은 물론이고, 긍정적인 말을 해 준 밥에는 희거나 노란 예쁜 곰팡이가 피거나 밥이 빨리 썩지 않았다. 반면 부정적인 말을 해 준 밥에는 시커멓고 뻘건 곰팡이가 피면서 밥이 썩어버렸다. 두 밥의 환경을 다르게 관리한 밥은 뚜렷한 차이가 나지만, 그냥 방치한 밥의 모양은 크게 다르지 않았다. 1학년은 아이들의 장난을 막기 위해 밥그릇에 투명테이프를 감아 두었는데 이 경우는 밥의 변화가 적고, 뚜껑을 열어 직접 말을 해 준 학년들은 차이가 컸다.

똑같은 그릇에 똑같은 밥을 넣고 똑같은 아이들이 있는 교실에 넣었는데, 결과가 다르다는 걸 아이들이 두 눈으로 확인한 것이다. 밥 실험 1주일 후에 결과를 현관에 전시하여 학생들이 직접 보게 하고 가장 선명한 차이를 보인 학급은 상을 주었다. 이 프로젝트를 마무리하면서 감상문을 썼는데 아이들은 '말이 이렇게 힘이 있다는 것을 알고 놀라기도 하고, 신기하기도 했다. 평소에 친구들에게 장난으로라도 한 말이 마음의 큰 상처가 될 수 있겠구나 생각이 들었다. 앞으로 말을 조심히 해야겠다는 생각도 들었고, 고운 말을 쓰도록 노력해야겠다.'고 다짐하는 시간이었다.

한 가지 더 놀란 사실은, 아이들의 교실에 둔 밥은 모두 곰팡이가 피었는데, 같은 기간 교무실에 둔 밥은 두 밥 모두 상태가 거의 변하지 않았다는 것이다. 교무실은 큰 소리를 내거나 욕설 갈등이 전혀 없어 밥의 입장에서는 청정구역이었던 모양이다. 쉬는 시간에 교실에 앉아 있어 보니, 친구를 부르고, 엉켜 장난을 치고, 대화하고, 책을 빌리고, 체육복을 빌리고, 좋아하는 친구와 잡기 놀이를 하는 지극히 정상적인 활동을 하는데 그 소리가 기함 괴성 같아 귀를 막았다. 물고기를 한 수조에 가득 담아 놓으면 서로 생채기를 내서 항생제를 투여할 수밖에 없는 것처럼, 그 많은 아이들을 재우지 않는 이상 소음공해를 피할 도리가 없을 것 같았다. 학급당 인원이 30명이 넘는 교실에서 밥에 핀 검붉은 곰팡이처럼 썩지 않고 살아가는 아이들이 신기할 지경이었다. 학급당 정원이 20명 이하가 된다면 움직임만으로 생채기가 나는 일이 없을 텐데, 그런 바람을 가져보았다.

빠진 것이 하나 있다. 전문가의 조언을 빌면, 그릇에 아무 말도 안 쓰고 관심도 주지 않는 밥그릇의 결과는 부정적인 말을 해 준 밥보다 더 시커멓게 썩어 참혹하다고 한다. 욕보다 못한 것이 무관심이었다.

이 프로젝트 활동은 학생회가 주최했지만, 어른들의 보이지 않는 손길이 곳곳에 필요했다. 그릇을 사다 주고 챙겨주신 행정사님, 밥을 지어주신 영양사님, 특히 처음부터 끝까지 이 행사에 보이지 않는 지원을 하였던 학생부 선생님은 마지막에 상한 밥그릇 50여 개를 일일이 정리하고 그릇을 씻었다.
"아이들에게 정리하라고 하시지 직접 하세요?"
"상한 밥이라 아이들이 처리하는 것은 위생상 좋지 않다고 생각해요."
한 아이가 온전히 자라기 위해서는 정녕 온 학교와 마을의 정성이 필요했다.

이것들은 사람도 아니여

　1년간 자율 혁신학교를 운영한 뒤, 다음 해부터 예산을 지원받는 혁신학교로 전환되었다. 우선 학교 문화 바꾸기가 가장 시급했다. 그러기 위해서는 학교 비전을 세우는 일이 중요했으며 학생, 학부모, 교직원의 의사를 모아 현시점에서 가장 필요한 가치들을 중점적으로 실천해야 했다. 교실 붕괴에 가까운 수업을 바꾸자는 점에서 '배움'을 첫 번째 가치로 선택하고, 학생과 학생, 학생과 교직원, 교직원과 관리자, 학교와 학부모의 소통이 문제 해결 과제라는 점에 착안하여 '소통'을 3주체 누구나 소중하게 여기는 '행복'의 가치를 담아 학교비전을 완성했다. 바로 '배움과 소통으로 모두가 행복한 학교'이다.

　새로운 비전을 중심으로 학교 문화 바꾸기를 시작했다. 학생을 주인으로 세우는 학생 중심의 학교 문화 만들기, 관리자와 교직원이 함께 협의하여 만들어가는 수평적인 교직원 문화 만들기, 학생 배움중심수업을 위한 수업 나눔 문화 만들기, 위 세 가지에 역점을 두고 혁신학교 예산을 집중적으로 투자하였다.

　생활규정이 삶 속에서 체화되기 위해서는 스스로 생각하고 행동할 수 있도록 교육해야 한다. 또, 앞서 말한 바와 같이 학생들이 주인의식을 가지고 학교생활을 할 수 있도록 학생 자치회를 활성화했다. 또한, 교육의 3주체가 모두 행복하기 위해서는 학교의 주류문화에서 소외되거나 소위 '부적응아' 학생들에게 더 많은 정성과 투자를 하자는데 의견을 모았다. 교실 문화는 이 소수의 부적응 학생이 좌우하기 때문이다.

　성적으로 줄 세우기를 하는 학교 문화에서는 다양한 끼와 적성을 살리지 못하고 소외되어 존재감을 드러내지 못하는 학생이 많다. 그 결과 앞서 말했듯이 정체성이 형성되는 청소년기에 성적으로 인정받지 못하면, 우울증이 생기거나, 돌출 행동으로 자신의 존재와 정체성을 과시하는 두 부류가 생긴다.

질서로부터 탈출하여 존재감을 드러내는 이른바 '튀는 학생'들은 정체성이 훼손된, 말 없는 아이들보다 차라리 더 건강하다. 이들은 교사들에게 인내와 고통의 대상이자 교사를 성장시키는 스승이기도 하다. 그러나 교사들의 에너지를 무한히 소진하는 블랙홀이기 때문에 새 학년도에는 제발 이런 아이들을 만나지 않게 해달라고 기도한다. 그래서 공부가 아니어도 자신이 잘할 수 있는 것을 찾아주고, 즐겁게 생활하면서 자존감을 키울 수 있도록 '행복 프로젝트'를 제안했다.

1년에 두 차례 개최하는 '으뜸겨루대회'는 기발한 종목에 도전하여 기록을 세울 때, 기네스 대회처럼 해당 학생들의 사진과 최고 기록을 명예롭게 게시한다. 신발 멀리차기, 신발 던지기, 달리기, 훌라후프, 콩 줍기, 줄넘기, 숨 오래 참기, 미니 탁구와 같은 수십 개의 종목이 있어 누구든 즐겁게 참여하고 생각지 않은 자신의 특기를 찾을 수 있는 대회이다.

또, 수업을 방해하거나 폭력을 주로 쓰거나 참여를 희망하는 학생들을 모아 방과후나 야간시간, 주말 시간에 다양한 활동을 시도했는데, 이 계획은 처음부터 담임들의 강력한 반대에 부딪혔다.

"문제 학생들을 학생부에서 강력하게 규제해야지, 상 주는 것처럼 특별 프로그램으로 즐겁게 해주면 다른 학생들이 어떻게 생각하겠냐, 모두를 문제아로 만들 참이냐, 차라리 조용하고 모범적이지만 관심을 받지 못하는 학생들을 대상으로 하는 것이 더 교육적이지 않겠냐."

학급에서 매일 그 아이들과 줄다리기하는 담임으로서는 학생부에서 강력히 지도하기는커녕 따로 불러 체험활동을 다니고, 맛있는 음식을 먹인다는 것이 가당치 않았을 것이다. 담임은 악역을 하는데 학생부에서 인기몰이나 하는 것은 아닌지 의심했다. 아무리 옳다고 해도 담임들의 협조가 없이는 진행이 어렵다. 시간이 필요했다. 의견을 냈던 선생님들이 담임들의 마음을 헤아리지 못한 것에 대해 사과까지 하고 잠시 계획을 보류했다. 신기하게도 기다렸다가 다음 학기에 다시 제안했을 때는 모든 담임이 동의했다. 마음은 단숨에 열리지 않는다. 진정성이 통해야 하는 것이었다.

학교 문화가 바뀌어도 남에게 피해를 주는 폭력이나 규칙 위반이 생길 수밖에 없다. 학생부장님은 그 아이들을 데려다 시를 외우게 했다. 가슴을 울려줄 나태주 선생님, 김용택 선생님, 안도현 선생님 등의 시를 한 편에서 많게는 다섯 편을 외우는 것이 벌이었다. 처음에는 싫다고 씩씩대던 아이들이 시를 외우면서 시인의 눈빛으로 맑아졌다.

방과후나 자투리 시간, 야간시간, 주말을 이용하여 학생과와 남선생님들이 뭉쳐 볼링장을 가고, 자전거를 타고, 야간 축구 경기도 했다. 아이들은 알았다. 학교가, 선생님들이 자신들을 이해하고 소통하기 위하여 애쓰고 있다는 걸. 아이들이 학교가 자신들의 편이라는 걸 인지하는 순간, 시너지가 나타났다. 교사들과 관계가 만들어지니, 각 잡고 대드는 것이 존재감이던 아이들의 얼굴이 순해지기 시작했다. 턱 주변에 수염이 듬성듬성 나고, 허벅지가 기둥만큼 탄탄한 데다 어깨가 벌어져 징그러운 남자로 보여 잔소리하기도 꺼려졌던 녀석들의 얼굴이 웃으면 발그레해지는 천상 머스마 사람이었다. 기분 좋으면 50대 중년 여선생님에게 두 주먹으로 하트를 날리고, 멀리서도 '선생님' 하고 불러 인사할 줄도 알았다. 나도 녀석들과 함께 우리 학교가 좋아졌다.

특히, 청소년의 흡연 문제가 심각한 것은 어제오늘 일이 아니었는데, 우리 학교도 마찬가지였다. 부임 첫해, 쉬는 시간이 되면 남자 화장실에서 담배 연기 냄새가 자욱했었다. 화장실을 통제하면, 뒷동산 움푹한 산소 자리에서 담배를 피우고 오다 보니 5분씩 수업이 늦는 것이 다반사였다. 내가 이 학교에 오기 전에 담배 때문에 산불이 일어나, 이후 뒷산에는 학생 출입금지령이 내려졌다. 그러나 아이들은 여전히 산으로 갔다. 남학생들의 입에 흡연 측정기를 대고 일일이 검사해 벌줘도 나아지지 않았다. 자고로 '금연교실'이나 '금연 시범학교'를 운영하여 금연을 성공적으로 해결했다는 사례를 거의 듣지 못했다.

그런데 학생회가 활성화되고 학생 친화적인 학생 중심 학교 문화가 형성되니 흡연 학생이 급격히 줄기 시작했다. 세 번째 해는 아예 흡연하는 학생이 있었나 싶을 정도로 흡연이 사라졌다.

"너희들 요즘 담배 끊었어?"

"아니요. 아직도 피우지만, 학교에서는 안 피우기로 했어요."

"그럼 언제 피워?"

"등교하기 전에 교회 뒤 담벼락에서 피우고 오고요. 학교 끝나고 집에 가면서 피워요. 많이 줄였어요."

"왜, 학교에서 안 피우기로 했어? 견딜 수 있어?"

"우리 학교잖아요. 우리 때문에 학교 이미지 버리면 안 되잖아요. 그래서 학교 밖에서만 피우기로 했어요."

"그래? 고마워. 쉽지 않을 텐데 견디기 힘들면 와라. 사탕이라도 줄게."

소위 잘나가는 아이들이 학교에서 담배를 피우지 않자, 남자 화장실 공기가 맑아졌다. 금연을 시도하지만 끊지 못하여 쉬는 시간마다 학교 밖을 맴돌던 학생부장님은 이 금연 현상에 대하여 행복한 악평을 했다.

"이것들은 사람이 아니여. 어떻게 담배를 끊어!"

모두가 행복한 무지개학교

　혁신학교 두 번째 해, 머리카락이 바람에 휘날리며 얼굴을 간지럽힌다. 교정을 거닐다 보면 창문에 붙은 아이들이 '선생님! 사랑해요.' 두 주먹으로 하트를 날리며 인사를 한다. 손 흔들며 답인사하는 교사와 학생 얼굴에 가을 햇살이 탱탱하다.

　교실에 들어가서 아이들에게 '선생님은, 너희들이 하트 날리며 사랑한다고 인사해 줄 때 가장 행복하단다. 너희들도 이런 인사 인사해 주면 안 될까?' 하면 남녀 아이들은 일제히 두 주먹으로 하트를 만들어 '선생님 사랑해요.' 한다.

　이 녀석들은 바로 김정은도 무서워한다는 중2 부대들이다. 그러나 눈빛에 핏발 서는 아이도 없고, 욕하며 대드는 아이도 없다. 학교에서 담배를 피우는 아이도 없고, 친구들을 대놓고 폭행하는 큰 사건도 없으며, 교무실을 초토화하는 학부모도 사라졌다.

　불과 2년 만이다. 무지개학교를 시작하면서도 학교가 바뀔까, 진짜 바뀔까, 무던히도 아파하고 열정들 쏟으며 우리 학교 모든 구성원이 마음을 모은 결과이다. 교사가 상처받지 않으려면 마음의 근력을 키워야 한다. 교사가 행복해야 학생도 학부모도 행복하다. 그러기 위해 청소년을 이해하고, 감정을 코칭하고, 대화법을 배우고, 아이들을 존중하고, 아이들의 뒷모습을 이해하고, 사춘기를 견뎌내고, 상처받지 않을 맷집을 키워 무장했다. 그런데 어느 결에 아이들은 되레 헤실헤실 웃으며 눈빛이 맑아지고 미소와 반가움을 준다. 아이들이 행복해한다. 아이들이 행복하니 나도 저절로 행복하다.

　아, 이런 행복을 얼마나 꿈꾸었던가? 나이 50이 훌쩍 넘어 감히 이런 행복을 누려도 될까? 가만히 아이들을 떠올리면 고맙고 감사하다. 마음의 여유가 생기고 너

그러워진다. 결국은 아이의 문제라기보다 그들을 바라보고 품어 줄 수 있는 어른들의 돌봄과 너른 품이 필요했던 것이다. 학교에서 함께 마음을 모으면 가정에서 돌봄이 부족한 학생들도 품어 줄 수 있구나, 희망이 생겼다.

학생들은 믿는 만큼 행동한다. 존중받는 만큼 존중해 준다는 말을 믿고 가는 길이었다. 학생 흡연이 줄어드는 것만으로 관리자도 교사들도 학부모들도 우리의 혁신학교 실험이 헛되지만은 않다는 것을 느꼈다. 그러나 학생문화가 다 바뀐 것은 아니었다. 약하고 힘없는 학생을 무의식중에 놀리거나 따돌리는 것은 쉽게 사라지지 않았다. 잘나가는 아이들은 여전히 교실의 무법자였고, 약자들은 아프다고 말도 할 수 없이 당하고 있었다.

정기적으로 학교폭력 예방교육을 하고, 훈화를 하고, 여러 프로그램을 운영했지만, 아직 부족했다. 직접 보고 듣고 느낄 수 있는 문화 프로그램이 더 효과적일 것이란 취지로 이번에는 서울시 교육청에서 진행한 학교폭력을 다룬 뮤지컬 연극 '양들의 침묵'을 학교에 초대하기로 했다. 마침, 학교폭력 문제가 심각한 시기여서 교육청에서 지원을 받아 예산 문제가 해결되었다.

한편, 학생들의 연극관람 자세가 걱정되었다. 문화 관람 기회가 없는 시골 학생들이기 때문이다. 게다가 단순 관람만 하는 연극이 아니라 함께 노래 부르고, 즉석에서 토론도 하는 직접 참여 연극이었다. 우선 학부모도 참석하게 하고, 학생회와 담임들에게도 특별 부탁을 하였다. 성공적인 관람을 위해 한마음이 되어야 했다.

아이들이 소란스러울 것에 대비해 교사들이 중간중간 배치되었다. 그런데 기적처럼 아이들은 배우들과 연극에 집중하고 호응했다. 역할극을 할 때도 적극적으로 참여하여 울고 웃었다. 관객의 관람 태도는 우리 교사들뿐 아니라, 연극팀들도 감동하게 했다. 교사들의 기우와는 달리 아이들이 학교의 주인임을 보여줬다. 학생들을 믿고 함께 고민하면 해결되는 것이었다. 어렵게 준비했는데 3시간가량 진행된 연극관람 반응은 어떨까 몹시 궁금했다.

학생들은 상기된 얼굴로 흥분하며 젊은 배우들과 사진을 찍고 싶어 했다. 특히, 반에서 늘 약자를 놀리고 괴롭히던 은석이는,

"이제 영우 안 괴롭힐게요. 장난으로 한 행동에 그렇게 괴로워할 줄은 몰랐어요. 이제 장난으로라도 괴롭히지 않고 좋은 말 쓰기로 했어요."

이후 학생들의 함부로 쓰는 욕설이나, 놀림, 툭툭 치는 행동들은 눈에 띄게 줄었다. 문화의 쓰나미가 밀려왔다고나 할까? 학생부장님은 또 어록을 남겼다.

"우리 학교 역사는 '양들의 침묵' 연극을 보기 전과 후로 나뉘었다 할 수 있어. 적기에 기막힌 계기를 만들었어. 아이들의 눈빛이 달라졌어."

백 마디 말보다 한 번의 문화예술을 통해 직접 보고, 느낀 효과였다.

서로의 수업을 보며 배우다

　교사의 행복은 수업에서 온다. 행정업무를 아무리 잘해도 수업이 만족스럽지 않으면 교사로서 자긍심을 갖지 못한다. 혁신학교 출발은 수업이 무너지고, 교실이 붕괴하는 지점에서 시작되었다. 모두가 행복한 학교를 만들기 위해 학교 문화를 다양하게 바꾸는 것도, 결국은 수업을 원활하게 하여 배움이 이루어지게 하기 위함이다. 연구부장은 우리 학교 수업 혁신을 위해 '전문적 학습공동체'가 필요함을 역설했다.

　"교사의 삶은 결국 수업으로 시작해서 수업으로 완성된다고 해도 과언이 아닙니다. 인성교육도 생활교육도 수업 속에서 이루어지고, 수업 혁신을 통해 학생이 주인공이 되는 수업을 함께 정착시켜 나간다면 바쁘고 힘들지만, 학교에 오는 일이 행복한 일이 될 것입니다. 그뿐 아니라, 피할 수 없는 이동으로 다른 학교에서 또 다른 학생들을 만나는 일이 두렵지만은 않게 될 것입니다.

　결국, 수업이란 '관계 맺기'입니다. 어렵지만 교사가 아이들의 눈높이에 맞추어 자신을 한없이 낮추고, 서로서로 존중하는 '관계 맺기'의 성패가 수업의 질을 결정하기 때문입니다. 좋은 학교, 좋은 학생, 좋은 선생님은 따로 있는 것이 아니라, '좋은 관계'가 만드는 것입니다. 따라서, 수업 혁신의 성패는 교사와 학생, 학생과 학생, 그리고 교사와 교사의 관계가 어떤가에 달려있다고 해도 과언이 아닙니다.

　그러므로, 수업 공개를 구상하고 실천하는 일도, 전문적 학습공동체를 조직하여 활동하는 일도 전 교사가 함께 '배움중심수업'을 위해 노력하는 일도, 지시와 전달, 명령과 복종의 시스템 안에서는 불가능합니다. 모든 '관계 맺기'의 열쇠는 '소통'이니까요. 어쩌면 사소한 것까지 서로의 의견을 듣고 나누는 과정이 번거롭기도 하지만 꼭 필요한 소통의 과정이 생략되면 주인의식이 사라집니다. 그러면 자발성도 나올 수 없고 그 속에서는 동료애가 자랄 수 없지 않겠습니까? 그런 의미에서 소통의 문화가 바탕이 되어 작은 일도 공유하고, 자신의 상처보다 서로의 외로움을 돌보는 교사들의 동료애가 교실 수업 혁신으로 이어질 때 좋은 학생, 좋은 교사, 좋은 수업, 좋은 학교가 가능해질 것입니다." (정승희, 배우고 나누는 수업 혁신 사례, 2014)

수업 참관이 일상적이지 않은 문화에서는 보통 동료가 수업을 공개하면 해당 교실에 가서 참관자 사인만 하고 빨리 나오는 것이 예의이고 배려라고 여겼다. 연구부장의 주관 아래 그런 문화를 깨고 수업에 대한 철학을 공유하고, 동료의 수업을 참관하고, 참관한 수업에 대해서 배운 점을 협의하면서 함께 성장하는 문화를 만들어갔다. 강의 수업이 아니라 학생들이 스스로 찾고, 친구들과 협력하여 문제를 해결하고, 친구들과 공유하면서 성장할 수 있는 수업문화는 동료애가 없으면 불가능하다. '장기기증'이라 불리는 수업 공개를 나서서 할 수 있는 용기도, 애정을 가지고 수업 협의회에 참가하여 배우는 활동도 동료애가 필요했다. 학생 배움중심수업은 혼자 할 때는 오래가지 못한다. 성장도 더디다. 수업이 정체되고 아이들의 배움이 주춤거리면 교사는 일사천리로 강의해서 아이들에게 떠먹여 주고 싶은 유혹에 빠진다.

우리는 학생 배움중심수업 철학을 표방하는 '배움의 공동체' 수업을 채택하여 연수를 받고, 손우정 교수님을 초청하여 수업 컨설팅도 받았다. 신규 선생님들이나 경력 교사 중에는 교사가 '가르치지 않는 수업'에 대하여 매우 부정적인 의견도 있었다. 평생 하던 방식을 부정하고, 학생 스스로 배울 수 있게 수업을 설계하라고 하니 익숙하지 않아 수업 정체성에 큰 혼란을 겪어야만 했다. 처음 모둠을 만들어 문제를 해결하게 하면 모둠 활동이 이루어지지 않고 산만해지기 일쑤여서, 강의식 수업에 능숙한 교사일수록 이런 상황을 힘들어하였다. 교사가 카리스마를 가지고 아이들을 장악하여, 쉽고 재밌게 핵심만 짚어 강의했기 때문이다.

이때 바로 동료가 필요했다. 모둠 구성, 수업 주제 선정, 질문과 탐구 활동의 중요성과 교사의 개입 시기까지 협의회를 통해 서로 토닥이며 한 걸음씩 나아갔다. 서로의 수업을 보면서 존중과 신뢰 관계의 중요성과 질문하기 편한 교실이 왜 안전한 교실인지, 수업에서 나뿐만 아니라 친구와 사회에 기여할 능력을 갖추는 것이 왜 중요한지를 배웠다. 결국 민주주의를 실현하는 곳은 교실이자 수업이어야 했다. 한계에 부딪히면 책을 읽고, 전문가의 컨설팅을 받았다.

수업 나눔이 조금씩 자리를 잡자 아예 수업 설계를 함께하는 사전 수업 협의회를 해보기로 했다. 다른 학년, 여러 과목의 교사가 모여 사전 수업 설계를 하는 것이 쉬운 일은 아니었지만, 다양한 시각으로 넓게 볼 수 있어 도움이 됐다. 이는 자연스럽게 통합과 융합 수업의 단초가 되었다.

수업이 잘되지 않는 학년 말 12월. 수업 공동체 동료애가 생기자, 학생들만 탓하지 말고 수업이 부진한 반의 참관회를 열기로 했다. 교사들의 노력이 아이들에게 전달되도록, 동료와 협력하여 성공적인 수업 경험을 제공하려는 취지였다. 교사의 의지와 상관없이 어떤 노력도 허사가 되는 12월의 교실에 선생님들이 함께 들어가 애정 어린 눈길로 수업을 참관하고 필요한 도움을 주었다. 교과서를 펴지 않는 학생들이 교과서를 펴고, 바닥에 드러눕던 아이들이 일어나 친구와 머리를 맞댔다. 천방지축이던 아이들이 수업에 집중하는 모습을 보고 집중을 잘하는 아이들의 태도를 폭풍 칭찬하면서 아이들에게도 교사에게도 수업에 대한 효능감을 느끼게 되었다.

이 소문이 새로 혁신학교를 시작한 옆 학교에 전해지자 12월 말 수업을 참관하겠다고 20여 명의 교사가 몰려왔다. 많이 떨렸지만 어디 한번 해보자. 네 분의 교사가 자발적으로 장기기증을 허락했다. 수업이 잘되지 않는 교실을 골라 평소대로 4개 과목을 공개했다. 참관을 마친 선생님들의 참관 소감을 보면서 우리는 성장하는 보람을 느꼈다.

○○중학교 교내 환경 및 분위기가 좋았습니다. 복도에 있는 전시 작품을 보고, 이게 깨지지 않고 어떻게 가지런하게 진열되어 있을까 생각했습니다. 복도에 자연스럽게 걸려있는 학생들의 교육활동 내용을 보고 ○○중은 학생들이 즐겁게 배우고 생활하는 따뜻한 곳이구나 하는 느낌을 받았습니다. 또한 수업 참관 후 수업 협의회에서 수업하신 선생님 말씀을 들으며, 학생들과 수업을 즐겁게 하는구나. 학생들에게 더 많은 기회를 주고, 생각하고 협력하는 기회를 많이 제공해 주는구나 생각하게 되었습니다. 부러웠습니다.

우리 학교에 적용하여 생각해 보면. 우리는 아직 실내 곳곳에 낙서가 많고, 쓰레기도 많고, 블라인드는 칼집으로 찢겨있고, 춥고 휑한 분위기입니다. 매일 수업시간에 5분 정도 주변 쓰레기 줍기를 시키지만 나아지지 않는 것 같습니다. 그래서 학생들에게 꾸중하고 벌점을 부여하면서 갈등과 불신이 커지고 있습니다. "이것 좀 해주지 않을래?"라고 친절하게 부탁하는 말을 해야 어긋나지 않는다는 말씀에 많은 반성을 합니다. ○○중 학생부장님께서 하신 말씀 중에 "학생들을 인정해주어야 한다. 믿는 만큼 행동한다."라는 말이 생각납니다.

아버지들이 함께하니 행복하day

 질풍노도의 시기인 중딩들을 학교가 오롯이 감당하기에는 버겁다. 특히 사춘기 앓이가 정점에 달한 남학생들의 핏발 서린 눈빛은 마주보기도 힘들 때가 있다. 이때 학부모의 협조가 절실하다. 특히 남학생들의 경우 어머니의 지도는 한계가 있어 아버지의 지지와 협조가 필요하다. 이때는 어릴 적처럼 무조건 보호하기보다 멘토가 되어 믿어주고 바라봐주는 맞춤형 훈육이 요구된다.
 그래서 학생부장님의 주도로 '아버지 모임'을 꾸리게 됐다. 학생부장님의 오랜 꿈이 실현된 것이다. 만들기는 어려웠지만, 모임이 결성되자 아버지들의 활약은 전광석화처럼 불이 붙었다.
 아버지 20여 명이 모였는데, 주 1회 야간 순찰을 하고 월 1회 정기 모임을 했다. 정기 모임에서는 운동 경기, 학교와의 간담회, 학생들과의 체육 등의 활동을 이어갔다. 그 외에 자녀와의 소통을 위해 아버지 학교, 대불산업단지 야간 축구대회, 무등경기장 야구 경기 관람 등 새로운 학부모 문화를 만들기 위해 노력하셨다.
 아래는 아버지 모임의 노력을 정리한 내용이다.

1. 학생과 아버지들이 함께하는 야간 순찰

 맞벌이 부부가 많은 지역의 특성상 돌봄이 부족한 학생들이 많다. 하교 후에는 지역 주민의 관심과 돌봄이 필요함에도 손이 미치지 않은 채 피시방이나 으슥한 곳에서 배회하는 아이들이 있다. 이런 아쉬움을 극복하고자 아버지 모임이 제일 먼저 시작한 활동이 읍내 '야간 순찰 활동'이다. 매주 목요일 저녁 8시~10시에 아버지 5~6명과 희망 학생들이 읍내 어두운 골목이나 대로변 곳곳을 순찰한다. 함께 참여하는 학생들은 지역 지구대와 연결하여 봉사활동 점수도 부여한다. 물론 심야에 배회하는 학생들을 보호하는 의미도 있지만, 사전 홍보와 예방의 효과도 크다.

야간 순찰에 참여하는 학생 대부분이 사실 돌봄의 손길이 미치지 못하는 경우가 많으니 사고 예방까지 일석이조이다. 무엇보다 순찰 복장으로 완장을 차는 일이 아이들의 관심을 끌었다. 순찰한 다음 날,

"으슥한 골목이나 겜방에서 배회하는 아이들 없었어?"

물으면,

"한 명도 없었는데요. 우리가 떴다는 소문이 난 것 같아요."

야간 순찰 활동을 하면서 아버지들의 수고와 함께 아이들이 성장했다.

2. 아버지들과 함께 프로야구 경기 관람

생활지도 문제의 대부분은 공부로부터 소외된 학생들이 자기 존재감을 드러내기 위해 몸부림치는 과정에서 발생한다. 성적만이 아닌 다양한 활동으로 학생들의 자존감을 회복하고 개성과 끼를 살리는 교육이 학교에서 고민하는 부분이다. 아버지 모임에서는 이렇게 학교 품 안에 안기지 못하는 아이들을 어떻게 도와줄까를 늘 고민했다.

"왕년에 놀아봐서 아는데 잘 먹이고, 잘 놀게 해주면 돼."

시원하게 결론이 났다. 대상을 콕 짚어 선발하지 않고 희망하는 학생들을 모집했다. 그러면 신기하게 애정이 고픈 아이들이 대다수 모였다.

더위가 한창인 8월 30일 저녁, 광주 무등경기장에 가서 학생 110명, 교사 10명, 학부모 20여 명이 기아와 NC 다이노스의 야구 경기를 관람하였다. 이 행사는 새로운 문화 체험을 통해 사춘기 청소년들의 스트레스를 확 날리자는 취지에서 추진되었다. 야구장 응원 모습이 낯설어 처음에는 쑥스러워했지만, 얼마 지나지 않아 흥과 끼를 발산하며 응원에 물이 올랐다. 경기장에서 물꼬를 튼 살아있는 노래방의 열기는 돌아오는 차 안에까지 계속 이어졌다.

3. 야간에 개최한 축구대회

야구 관람 열기가 채 가시지 않은 어느 날 저녁, 아이들의 행복을 위한 아버지들의 프로젝트가 다시 이어졌다. 대불 산업단지의 천연 잔디 구장을 빌려 아버지들과 희망 학생, 교사 등 150여 명이 참가하는 야간 축구대회를 열었다. 아버지팀, 교사팀, 학생 각 학년 팀별 리그로 축구를 했는데, 6시부터 시작된 경기는 밤 9시 30분이 되어서야 끝났다.

엷은 안개가 끼고, 서늘한 가을바람이 부는 초가을 밤. 녹색의 천연 잔디에서 학생과 학부모, 교사가 뛰고 달렸다. 이날은 어머니회에서 음식을 준비해주셔서 학생들이 김밥과 음료, 통닭 등을 마음껏 먹을 수 있었다. 운동장에서는 축구 경기가 진행되고, 본부석에는 노래방을 열어 경기에 참여하지 않거나 잠시 쉬는 동안, 누구나 노래하고 춤을 추었다. 부모님들은 삼삼오오 모여 응원하거나 노래하는 학생들에게 박수갈채를 보내주었다.

말썽을 피우고 벌을 받던 아이도, 혼자 노는 아이도 이 시간만큼은 참여하여 맘껏 축구를 하거나 잔디 운동장을 뛰면서 얼굴을 활짝 펴고 "행복해요. 쌤!" 한다.

아무에게나 마이크를 대고 이날의 소감을 물어도 "우리 무지개학교가 자랑스러워요. 이렇게 야간에 부모님과 선생님, 학생들이 모여서 축제 같은 경기와 행사를 하는 학교는 전국에서 유일할 거예요. 졸업하기가 너무 아쉬워요."라고 답한다.

아이들도 좋아했지만, 어른들이 더 좋아했다. "우리, 매달 축구대회 하게요.", "애들도 공부는 해야제.", "공부할 놈은 공부하고 놀 놈은 놀아야제." 두런두런 흥분을 감추지 않았다.

교실에서 소외된 많은 아이들이 이 기억들로 어려운 시간을 견디고, 때때로 행복했던 학창 시절을 떠올리길 바란다.

혁신학교 동료들의 이야기

정승희

"집에 다녀오겠습니다."
혁신학교에서 우리는 이렇게 퇴근 인사를 했다.
만약에 혁신학교를 만나지 못했더라면
만약에 김인순 선생님을 만나지 못했더라면
만약에 따뜻한 '그라세' 선생님들과 함께하지 못했더라면

새 학교에 갈 때마다 힘든 일, 힘든 아이들 피하고 싶었을 것이고
가르치는 일에 소질도 적성도 없다는 무력감에 지쳐갔을 것이고
업무도 수업도 누구에게 도움을 청하지 못해 혼자 끙끙대다가
한순간 멈춰 버린 시계처럼 훨씬 빨리 학교를 떠났을 것이다.

모두가 행복한 혁신학교는 꿈이 아니었다.
함께 하면 못 할 것이 없고
진심을 모으면 아이들도 선생님도 학부모도 정말 바뀐다.
교사로 살아온 시간 중 가장 빛나던 순간의 기록이 여기에 있다.
내 마음속에도 뿌듯한 별 하나가 남아 정말 행복하다.

정병연

우리 인간은 본능적으로 자기가 속한 조직이 변화되는 것을 두려워하거나 피하려고 한다. 지금 이 순간 편안하게 안주하며 자기 일만 하는 것을 좋아한다. 더구나 기존의 틀을 바꾸어 새롭게 만들자는 혁신은 엄두가 나질 않는다.

학교라는 조직도 예외는 아니다. 관료제의 위계에 따라 교장의 한마디에 일사천리로 움직이는 학교 현장을 변화도 어려운데 혁신하자니 난감하기 짝이 없다. 무슨 일이든 번갯불에 콩 볶아 먹을 듯 단박에 되는 것은 없다. 우리 학교를 혁신하기 위한 열쇠는 무엇일까?

그것은 바로 동료 교사이다. 뜻을 함께하자는 동료 교사가 한분 한분 늘고 서로 위로하고 챙기며 다독이고, 앞으로 한발씩 내딛자는 동료의식이 뿌리가 되어 성장하기 시작한 것이다. 그 중심에 김인순 선생님이 맨 앞으로 나서며 이끌고 동료 선생님들이 각각 맡은 소임을 통해 가지들이 하나둘 펼쳐져 나갔다. 농사도 성장하면서 상처가 나듯 현실을 마주하며 선생님들이 펼친 가지들도 생채기로 아파한다. 동료 교사가 힘들고 괴로워하면 생채기를 서로 보듬고 어루만지며 달랬다.

생채기가 아물고 단단해지기를 여러 낮과 밤이 지나니 가지에서 하나둘 예쁜 꽃이 피었다. 꽃을 보며 동료 선생님들이 얼싸안고 울며 기뻐하는 모습이 지금도 생생하다. 지나온 시간들이 얼마나 험난하고 질곡이었는지 알기 때문이다. 동료 선생님들은 자기 수업을 공개하고 수업 중 아이들이 성장한 부분을 이야기하고 북돋우며 서로 용기를 주었다.

아이들이 친구 말을 경청하고 존중하며 서로 논의하고 토론하면서 교실에서 민주시민으로 성장했다. 교실에 들어가는 선생님마다 아이들의 표정이 밝고 환하다고 말한다. 가정환경이 어렵고 힘든 아이들이 학교에 오면 기분이 좋다며 환하게 웃었다. 학부모도 아이가 학교에만 가고 싶다고 보챈다며 아이의 성장에 흐뭇해한다.

이제는 꽃에서 열매가 나와야 할 때이다. 학교는 아이들이 잘 배우도록 도와주어 성장하는 곳이다. 아이들이 성장하려면 배우는 교실에서 혁신이 일어나야 한다. 아이들이 교실에서 몸과 마음이 조금씩 성장하는 것이 열매이다.

황무지의 척박한 학교에서 아이의 성장이라는 알찬 열매가 맺어지도록 한 것은 무엇일까?

그것은 바로 동료애로 하나가 된 선생님들이다.

변성희

나는 혁신학교의 맛만 볼 수 있었다. 만기가 되어 학교를 떠나와야만 했기 때문이다.

자율 무지개학교에서 보낸 1년은 내게 많은 변화를 가져다주었고, 지금까지도 큰 영향을 주었다. 그때 세 가지를 깨달았다.

첫 번째, 배우는 기쁨을 알게 되었다.

인권, 학생 자치, 생활교육, 수업 나눔, 혁신학교 철학을 배우기 위해 강사를 초빙하기도 하고, 연수를 찾아다니며 듣기도 하고, 혁신학교 탐방 등등 무던히도 배움을 찾아다녔다. 일과 후에도, 주말에도 몸은 늘 바빴지만, 마음은 충만했다. 교사로서 점점 성장하는 것 같은 내 모습이 뿌듯했다.

두 번째, '함께의 힘'을 경험했다.

그때는 모두 좌충우돌 으쌰으쌰 함께하는 공동체 의식으로 뭉쳤다. 회의가 잦아지고, 회의 시간이 길어져도 우리가 스스로 계획하고 만들어가는 일이면 그저 좋았다.

세 번째, 모든 변화의 시작은 나 자신으로부터임을 알게 되었다.

학부모가 신발을 신고 교무실로 쳐들어와 소리치고, 담임을 경찰에 고발하고, 학생들이 서로 싸워 수시로 아이들을 병원에 데려가야 하는 녹록지 않은 환경에서 어떤 돌파구가 필요해 교사들이 머리를 맞댔다. 그 과정에서 학생, 학부모, 학교, 시스템도 물론 변화가 필요하지만 가장 먼저 변해야 하는 것은 나 자신이란 걸 알게 되었다.

이 세 가지 경험이 자산이 되어 지금도 나 자신을 먼저 성찰하고, 하고 싶은 것을 찾아 끊임없이 배우고, 배움을 통해 성장하고, 공동체 속에서 힐링하는 삶을 살 수 있게 되었다.

혁신학교를 통해 학교 문화가 달라지는 모습을 외부에서 지켜보면서 놀라움을 금치 못했다.

변화의 중심에는 동료들을 끊임없이 추동하는 김인순 선생님이 있었다. 내 깊은 곳에 아직도 살아있고, 함께 부대꼈던 교직원들 마음속에도, 또 우리와 함께했던 그 아이들의 가슴속에도 담긴 아름다운 열매들을 이렇게 한 권의 책으로 만나 볼 수 있게 되어 늦었지만 참 반갑다.

3월 평화로운 학교 만들기 프로젝트

해마다 3월에는 '평화로운 학교 만들기 프로젝트 수업'을 한다. 지난해 교육과정 평가 때부터 강조하여, 2월 '새 학년 집중준비 기간'에 넉넉한 시간을 잡아 협의하려고 했다. 하지만 교원 발령이 시기가 맞지 않아 충분히 논의하지 못하였다. 다행히 교사들의 협조를 얻어 3월 첫 입학식부터 프로젝트 수업을 시작하게 되었다.

"자율과 존중으로 함께 배우고 성장하는 행복한 학교"의 비전을 구현하고 첫 만남부터 서로 존중과 협력의 학교 문화를 만들기 위하여 9개 교과가 참여, 학생회 다모임, 입학식, 학부모 교육과정 설명회 등 다양한 활동을 했다.

입학식 1부는 선후배 손잡고 학교를 돌며 학교 소개를 한 뒤 식장에 입장, 2부는 신입생 선서와 학교장의 축사 등 절차 진행, 3부는 환영 다모임 순으로 진행했다. 신입생들을 위해 필요한 학용품들을 가방에 가득 넣어 입학 선물로 전달했고, 동문과 지역에서는 학생당 20만 원의 장학금을 지급했다. 코로나로 학부모님들이 참석하지는 못하지만, 실시간 입학식 영상을 학부모님들에게 송출하는 것으로 아쉬움을 덜었다.

다음으로 과목별 프로젝트도 진행되었다. 교장인 나는 '학교 비전'을 주제로 수업을 열었고, 국어 시간에는 아름다운 언어 사용, 사회 시간은 존중과 협력의 가치와 인권을 주제로 수업이 이루어졌다. 영어 시간에는 수업 규칙을 영작했고, 기술·과정 시간에는 말의 힘을 실험했다. 또 진로 시간에는 의사소통과 경청을 배우고, 미술 시간에는 포스터를 그리는 활동을 했다.

학생회 다모임에서는 학교 공동체 생활에서 서로 잘하고 있는 것, 아쉬운 것을 이야기하고 앞으로 실천할 것들을 찾아 공유하였다.

학부모회 총회에서 학부모들은 교육 3주체의 약속을 점검하면서 다시 학부모의 실천을 다짐했다.

3월 프로젝트 수업을 마치고 평가 및 소감을 나누었다. 첫 시간 산만하던 아이들이 수업 후 둘째 시간부터는 수업 태도가 너무나 좋아졌다는 선생님도 있었고, 원하는 말 실험 결과가 나오지 않았다는 선생님도 있었다. 경청과 소통, 존중의 언어사용 등은 앞으로도 계속 실천하고 강조해야 한다는 데 의견을 모았다.

학교장인 나는 매년 전교생을 대상으로 한 반에 3시간씩 비전 수업을 진행하고 있다. 3학년은 쉽게 학교 비전을 기억해 냈고, 대체로 자율적이고, 안전하며 행복한 학교생활에 만족했다. 더 실천할 부분으로 선후배가 너무 친하다 보니 후배들이 말을 함부로 해서 섭섭하다는 이야기도 했다. 2학년은 비전을 찾는 것이 더뎠지만 여러 사람의 힘을 모아 비전을 찾아냈다. 자율적으로 학교가 운영되고 있는 점에 큰 점수를 줬고, 대체로 학교생활이 행복하다고 했다. 그러나 친구 간 놀림 등의 문제로 존중받지 못한 느낌은 여전했다. 우리 학생들에게 해결해야 할 가치를 찾아보았는데 존중의 가치, 행복 가치, 협력 가치 등이 필요하다는 결론이었다. 해서 우리 학교 비전이 유효하다는 것을 확인했다.

학부모 교육과정 설명회 및 학부모회 총회는 딱딱한 설명으로 시작하지 않고 서로의 마음을 여는 원탁 모임으로 시작하였다. 담임과의 만남도 1:1 면담이 아닌 원탁 다모임을 통해 모두가 이야기하고 소통할 수 있도록 운영하였다. 이를 통해 모두가 공평하게 발언하고, 서로 소통함으로써 마음을 열 수 있는 시간을 가졌다.

이렇게 학생, 학부모, 교사가 마음을 모아 자율과 존중으로 함께 배우는 행복한 학교 만들기 여행을 시작하였다.

상호의 등교 프로젝트

전교생 30명이 채 안 되는 작은 학교에서 학생 한 명 한 명은 무척 소중하다. 학생 한 명이 부족해서 복식 학급이 되기도 하기 때문이다.

마침 인근 초등학교 교장 선생님에게 학교를 중도 포기한 상호를 소개받았다.

"상호는 사랑만 주면 잘할 겁니다. 꼭 한 번 연락해서 학교 다니게 해주세요."

상호는 작년에 읍내 중학교로 진학했다가 적응을 못 하고 학교를 그만둔 아이였다. 우리 학교에서는 제법 먼 거리에 사는 상호를 위해 도 교육청에 건의하여 100원 택시를 지원받기로 했다.

본인은 집에서 책을 읽었다고 하는데 1년 가까이 방 안에서 게임만 했던 상호가 학교에 재입학을 하게 된 것이다. 그러나 상호가 열심히 학교에 다니겠다는 의지가 보여 다행이다 싶었다.

3월 한 달은 우려했던 것보다 잘 다녔다. 가끔 학교생활이 어떠냐고 물어보면 다닐 만하다고 했다. 선생님들도 상호가 생각보다 잘 적응한다고 했다. 곧잘 대답도 하고, 친구들과 점심시간에 강당에서 운동도 했다. 배구도 하고, 인라인도 탔다. 그림도 곧잘 그리고, 운동도 좋아했다. 다만 옷을 갈아입지 않아 운동복에 고양이 털이 덕지덕지 붙은 채로 며칠이고 같은 옷을 입고 등교를 하다 보니 냄새가 심한 것이 걸렸지만, 날마다 학교를 나오는 것이 다행이다 싶어 애써 모른척했다. 괜찮은 아이가 환경이 여의치 않아 학교를 못 다녔구나 싶기도 했다.

그런데 담임 선생님에게는 종종 배가 아프다고 하소연했다. 병원에 가보라고 하면 혼자 병원에 갈 수 없고, 엄마도 바빠서 못 간다고 했다. 어려움이 없냐고 하면 밤에 책을 많이 읽고 싶은데 못해서 아쉽다는 말을 했다. 사실은 게임을 하다가 새벽 늦게 잠들어 아침에 일어나는 것이 고역인 걸 짐작할 수 있었다.

"친구들이 이상하게 보는 것 같다. 학교만 오려고 하면 배가 너무 아프다."라고도 했다. 어느 날 수업 중에 배가 아프다며 교실을 나오길래 내가 직접 병원을 데리고 갔다. 면밀하게 검사하던 의사 선생님은 약을 처방해 주고 낫지 않으면 큰 병원으로 데려가라고 했다. 약을 먹고도 상태가 좋아지지 않았다.

"라면이나 과자 먹지 말고, 밥을 규칙적으로 먹어라."

집에서 주로 라면과 과자로 끼니를 대신한다고 해서 다짐도 받았지만, 벽에다 하는 말처럼 울림이 없다.

반 친구들에게 도와주라고 부탁하니 말을 걸어도 대꾸하지 않는다고 했다. 게다가 입학식 때 입은 옷, 양말 등을 한 번도 갈아입지 않고, 머리도 안 감아서 냄새 때문에 가까이 가기 싫다고 오히려 하소연했다.

결국, 4월 첫 월요일부터 상호는 등교하지 않았다. 담임이 가서 데려왔는데, 학교에 오기 싫어 자꾸 꾀병을 부리는 것 같다고 했다.

4월 중순부터는 아예 학교를 오지 않았다. 담임과 외부 상담교사와 학생부장이 상호의 집을 방문했다. 나도 상호를 만나러 갔다. 문을 열어주지 않아 30여 분이나 이름을 부르다 겨우 현관에 들어섰다. 어질러진 거실에서 등을 보이고 앉은 상호는 처음에는 입을 다물고 묵묵부답이었다. 인내의 시간 1시간이 지나서야 말문을 열었다. 한번 입이 열리니 폭포수처럼 불만이 쏟아졌다.

"수업은 뭔 말인지도 모르겠고, 잠만 오고 재미없어요. 친구들이 저를 무시하고 욕하는 것 같아 학교에 가기 싫어요."

이렇게 4월부터는 등교하는 날보다 가정방문하는 날이 늘어서 겨우 약속을 받아 하루이틀 나오면 또 끝이었다.

사정을 알아보니 아버지는 안 계시고 엄마가 근근이 일해서 먹고사는 터라, 아이는 집에서 거의 방치되고 있었다. 한부모 가정에 기초 생활 수급자였던 엄마는 복지

차원의 공공 일자리 직장을 다니는데 아이의 등교를 보지 못하고 출근했다. 아이의 행동에 대해 잔소리하지만, 오히려 상호가 엄마에게 대들고, 물건을 집어 던지거나 심지어는 엄마에게 손찌검하는 것으로 끝이 난다고 했다. 나는 당연히 놀랄 수밖에 없었다. 상호가 학교에서 누군가를 때리거나 욕한 적이 없었기 때문이다.

더 이야기를 들어보니, 힘이 세서 화를 내면 속수무책이라 엄마도 아이를 두려워했다. 경찰에 신고하거나 정신 병동에 입원시킬지 수없이 고민했으나 이 사실을 알고 아이가 더 심하게 보복할까 전전긍긍했다. 그런데 기분이 좋을 때는 '엄마 사랑해'라는 말도 해서 헷갈린다고 했다.

나는 상호를 학교 교장실로 데려와 감정카드, 가치카드 등을 활용하여 마음 열기를 시도했다. 왜 엄마에게 폭력을 사용하냐고 물었다.

"엄마가 짜증 나게 해요. 한번 말하면 되는데 끝없이 잔소리하니 차라리 때리면 빨리 정리가 돼요. 그래도 요새는 힘을 덜 주려고 노력해요. 엄마가 다칠까 봐요."

"아무리 그렇다고 부모에게 폭력을 쓰는 것은 가장 큰 범죄다. 네가 일찍 자고 학교 잘 다니면 잔소리 안 하지 않겠니? 엄마가 싫어?"

"아니요. 엄마 좋아요. 그래도 엄마가 성질 내고 잔소리하면 순간 참을 수가 없어요."

녀석은 초등학교 저학년 때 아버지가 돌아가시고 엄마가 아이를 친척 집에 맡긴 탓에 심한 분리불안이 있었다. 엄마에 대한 애증이 컸다. 나를 버렸던 엄마, 앞으로 버릴지도 모르는 불안이 늘 가슴에 있었다. 그래서 기분이 좋을 때는 엄마에게 한없이 집착하는 어린이였다가 기분이 상하면 감정과 분노를 주체하지 못하고 폭력을 쓰는 불안한 생활이 지속되고 있었다.

체험활동 날이 다가오자, 상호가 체험활동에 참여할 수 있게 여러 대책을 마련했다.

우선 나는 지역 면사무소와 번영회에 연락하여 긴급히 도움을 청했다. 곧 지역에서 흔쾌히 장학금을 마련해 주었고, 선생님들이 직접 읍내로 데려가 갈아입을 옷과 가방까지 샀다. 그리하여 상호와 함께 체험학습을 갈 수 있었다.

체험학습이 끝난 뒤 또다시 며칠 동안 상호가 보이지 않았다. 담임도 지쳐 있었다. 엄마도 포기하고 싶다는 말을 자주 했지만, 지금 아이를 포기하는 것은 아니다 싶었다. 학교에서 엄마도 격려해야 할 처지였다.

나는 결석한 상호를 가정방문하여 학교에 데려왔다. 친구들이 이상하게 보는 것 같아 학교에 오기 싫다고 했다.

"너의 기분을 이해한다. 친구들이 욕하지 않게 학교에서 지도할 테니, 너도 친구들의 마음을 배려해 주면 좋겠다. 친구들이 욕한다는 건 너의 오해일 수도 있다. 친구들처럼 잘 씻고 제때 등교해라. 친구들이 네가 무뚝뚝해서 말 걸기가 어렵단다. 가능하면 친절하게 대답하고 눈을 마주 보며 대화하려고 노력해라. 수업하기 힘들면 언제든지 선생님의 허락을 받고 쉬거나, 책을 읽거나 그림을 그리는 걸 당분간 허락하겠다."

녀석의 눈이 반짝했다. 힘들 때 그림을 그릴 수 있으면 좋겠다는 요구를 수용한 것이 기쁜 모양이었다. 그러잖아도 미술 선생님으로부터 상호의 그림 표현력이 좋다는 정보를 얻은 터였다. 상호를 위해 미술 외부 강사를 방과후 활동 시간에 초빙해 특별 수업을 받도록 했다. 정규 예산은 없었지만 작은 학교 살리기 예산 등을 선생님과 협의하여 활용하였다.

상호에게 교장실을 열어 언제든지 와서 그림도 그리고 간식도 먹도록 했다. 꽤 마음에 들었는지 아침이면 교장실로 등교했다. 이런 노력 덕분에 상호는 학교를 다시 다니기 시작했다. 학교에서 스케치북이 필요한 만큼 주기로 했다. 처음에는 본인이 그린 그림을 사진으로 찍어 엄마에게 보내달라고 하더니 아예 스케치북을 집으로 가져가기도 했다. 가족들에게 자랑하고 싶단다. 칭찬을 받으면 기분이 좋단다. 그래서 집에서 그릴 스케치북과 학교에서 그릴 스케치북, 연필 등을 추가로 지원했다. 녀석은 아침이면 교장실에 제일 먼저 와서 그림을 자랑하고, 어제 엄마와 있었던 일을 이야기하곤 했다. 그리고 어김없이 오늘도 오후에 그림을 그리게 해달라고 했다. 얼마든지 그릴 수 있다고 했다. 그림을 그리면 가슴이 설렌단다. 이제 학교를 20일만 더 결석하면 한 학년 유예가 된다고 알려주니 잘 다녀보겠다고 손가락을 걸어 약속하기도 했다.

선생님들이 상호를 챙기는 모습은 감동이다. 상호 때문에 담임교사의 마음이 매일 널뛰기한다고 했다. 담임 선생님이 지치지 않게 힘낼 수 있도록 늘 격려했다.

"지금 당장 변하지 않을 겁니다. 너무 마음 쓰지 마세요. 지나치게 염려하고 변화를 기대하다 선생님이 먼저 지치고 아이는 괜히 거짓말쟁이나 골칫덩어리로 보일 수도 있어요. 순간순간 다짐하는 말은 거짓이 아니고 진심일 겁니다. 다만, 돌아서면 실천할 의지나 환경이 되지 않을 수도 있으니 크게 호흡하며 지켜봅시다. 지금 선생님의 말 한마디가 10년 후 20년 후 벼랑 끝에 섰을 때, '그래도 사회가 나에게 따뜻하게 대해줬구나'라는 기억이 되어 아이에게 힘이 될 수 있습니다. 나도 힘들 때 '이 녀석이 나를 성장하게 하겠구나' 하고 마음을 달랬어요."

격려해보지만, 담임의 애 터지는 마음은 누가 짐작할 수 있으랴. 전교생 30명이 못 되는 작은 학교다. 한 명이 부족해서 복식 학급이 되기도 한다. 학생 한 명 한 명은 소중하디소중하다.

온라인 개학전야

　온라인 개학 하루를 앞둔 날이다.
　학생들이 없는 학교는 적막하기만 하다. 그런데 오늘 학교는 사람 소리로 시끌벅적하다. 1교시 수업인 선생님은 구글 클래스를 통해 학생들의 출결 확인과 수업 진행에 여념이 없다. 수학 선생님은 가정으로 보낼 수업 준비물을 준비하느라 컴퍼스, 자 등을 챙겨 담은 봉투에 일일이 학생들의 이름을 쓰고 계신다. 교무부장님은 학생들과 학부모에게 보낼 통신문을 챙기느라 여념이 없다. 사회과 선생님은 수업자료를 찾고, 활동지를 만드느라 컴퓨터에 눈을 떼지 못한다. 정보 선생님은 행정사님과 온라인 기기를 점검하느라 바쁘다. 급식실은 각 가정으로 직접 배달하겠다고 차 트렁크에 우유를 싣고 계신다. 누가 시킨 일이 아니다. 각 부서에서 필요하다고 느끼면 스스로 찾고, 의논하여 서로서로 할 일을 만들어 실천하고 계신다.
　다행히 수업 시연 날에 아이들이 전원 참석했다. 아이들은 각자 수준에 맞게 수업에 참여하고 활동에 임했으며, 그 결과를 올리기도 했다. 또 댓글을 통해 질문하면 교과 선생님은 성실하게 한 명, 한 명에게 답글을 달아주었다.
　학생 생활 안전부장님은 저작권 사전 교육을 준비하고, 사이버 성폭력 예방 교육도 준비했다. 게다가 여기저기를 뒤져 우리 아이들에게 가장 적합한 교육자료를 찾기도 하고, EBS 등에서 도움을 받을 수 없는 교과는 직접 촬영 제작하겠다고 촬영 장비를 구매했다.
　코로나 팬데믹에 넋을 잃었지만, 금방 새로운 상황에 대처하는 우리 국민들과 정부 그리고 교육기관의 손 빠른 수습이 놀랍다. 한 번도 온라인 수업을 해보지 않은 선생님들이 구글 클래스 반을 편성하고, 그 학급을 통해 각 과목을 열고, 시간

표에 맞추어 수업할 수 있는 체제를 만들고 있다. 수많은 회의와 연수와 실습을 하고, 학생들을 온라인으로 만나고, 안 되면 전화하고 전화가 안 되면 가정방문을 하여 끝내 아이들을 연결한다. 컴퓨터가 부족하거나 없는 학생들에게 태블릿을 빌려주고 인터넷이 되지 않는 곳을 연결하기 위한 대책을 수립한다.

옆 초등학교에서 돌봄교실 운영으로 컴퓨터가 부족하다고 하니, 여분 태블릿을 바로 대여해주었다. 협력과 상생의 공동체가 저절로 만들어지고 있다.

놀라움을 금할 수 없다. 세계 어디에서도 이렇게 빠른 대처를 보여줄 수 있을까? 궁여지책으로 시작한 온라인 개학이었지만 선생님들은 서서히 안정을 찾고 있다. 희망적인 부분도 있다. 수업이 낱낱이 공개된다는 것이 교과 선생님들에게 부담스럽기도 하지만, 자연스럽게 수업이 공개되어 아이들 반응 등을 공유할 수 있는 것이 긍정적이라고 했다.

힘들지만 새로운 도전에 선생님들이 불평불만을 터트리기보다, 어떻게 수업을 원활하게 할지 고민하고 실천하고 협의하는 모습이 참 자랑스럽다.

❋
상호가 어제 첫 과제를 보냈어요

　학교에 취약계층 방역물품을 배포하도록 예산이 내려왔다. 매일 아침에 열리는 비상 교직원회의에서 누구에게 무엇을 어떤 방법으로 배부할지에 대한 협의를 하였다. 기초 생활 수급자나 차상위 계층으로 하면 어떻겠냐는 의견이 나왔다. 담임 중에서 그렇게 선별하면 오히려 받으면서 기분이 나쁠 수 있다는 의견이 나왔다. 그러면 희망하는 아이들에게 주는 것이 어떻겠냐는 의견도 나왔지만, 학생 수가 30명도 안 되니 그냥 전교생에게 배포하되 개수에 약간의 차등을 두면 어떻겠냐는 의견이 최종 합의되었다.

　시중에 마스크가 부족했지만, 다행히 이틀 만에 마스크와 손 세정제 등을 학생 수만큼 구매할 수 있었다. 문제는 배부 방법이었다. 전원 택배로 보낼까? 담임이 직접 갖다 줄까? 학교에 오라고 할까? 갑론을박 끝에 가까운 학생은 직접 와서 가져가고, 먼 거리에 사는 학생은 택배를 보내거나 직접 갖다 주기로 했다. 아직 담당 아이의 얼굴도 못 본 담임들과 함께 방역물품을 가지고 택시를 탔다. 담임은 그렇지 않아도 한번 가보고 싶었는데 잘 됐다고 반기신다.

　작년 내내 등교일마다 직접 가정방문을 해야 했던 상호 집에 제일 먼저 찾아갔다. 컴퓨터가 없어서 유일하게 과제에서 자유로운 아이이기도 했다. 1학년 담임이 교과서는 갖다 주었으나 컴퓨터가 없어 과제를 못 하고 있었다. 상호는 부스스한 모습으로 슬리퍼를 끌고 나왔다. 몇 차례나 왔던 녀석의 집이었다. 내 나름 마음을 썼기 때문에 은근히 반가워할 모습을 기대했다. 그런데 나는 거의 본체만체하더니 담임 선생님 앞에서 고개를 90도로 숙이며 인사했다.

　"잘 있었어?"

"네."

"학교 안 오는 기분은 어때?"

"가끔 가고 싶어요."

"그래? 다행이네."

"아 그런데 선생님, 공부를 어떻게 해서 보내면 돼요?"

"숙제하게? 교과서 보고 네가 공부한 걸 간단하게 정리해서 보내면 돼."

"해 볼게요."

그냥 해본 소리려니 하면서도 우리는 엄청 칭찬샤워를 하고 돌아섰다. 보내는 인사도 담임 선생님에게 깍듯했다.

다음 날에 상호 담임이 자랑을 했다. '상호가 처음으로 공부를 했어요.' 모두 박수를 쳤다. 담임의 가정방문이 효과가 컸다고 했다.

학생 원격 학습지원을 매일 담임교사가 점검하기로 협의는 했지만, 가능할까 확신이 서질 않았다. 11시가 넘어도 일어나지 않는 아이도 허다하고, 컴퓨터나 휴대폰이 없는 아이도 있었다. 그런데 오늘 비상회의 보고에서 대부분의 학생이 제각각이지만 성실히 공부하고, 결과를 보내고 있었다. 단순히 지침에 따라 의무적으로 시행했다면 불가능했다. 그러나 공문 지침을 우리 학교 실정에 맞게 아이들을 어떻게 지원할지 끊임없이 논의하고 보완하는 과정에서 도시와는 달리 아이들이 스스로 공부하는 모습을 보였다.

아쉬운 점은 역량교육을 강화하기 위해 학생 배움중심수업을 올해부터 실천해 보자고 했는데 초반부터 온라인 강의로 지식만을 배워야 하는 현실이었다. 아이들이 없는 학교는 적막하기만 하다.

작은 학교 코로나도 문제없어요

코로나 팬데믹 대재앙 속에서도 작은 학교들은 끄떡없다. 3월부터 시작된 원격수업 초기에 교사들은 '멘붕'이었다. 경험해 보지 못한 원격 시스템을 마련하느라 곤욕을 치르고 매일 교사들과 협의회를 하면서, 수업을 진행하였다. 원격으로 하다 보니, 수업에 제대로 참여하지 않은 학생이 금방 눈에 띄었다. 그래서 과제 수행을 못 한 학생을 붙잡고, 종일 씨름하는 모습이 감동이면서 안쓰럽기도 했다. 무에서 유를 창조하는 대한민국 교사가 위대하고 위대했다. 저것은 벽, 오를 수 없다고 할 때, 교사들이 수업으로 벽을 허물었다. 연결이 안 되는 학생을 전화로 깨우고, 그래도 안 되면 집으로 방문하고, 컴퓨터가 없으면, 태블릿을 빌려 수업을 해냈다. 물론 효과에 대해서는 장담할 수는 없겠지만 주어진 조건에서 최선을 다했다.

5월 20일부터 정상 등교를 시작해 1학기를 무사히 마치고, 8월 18일 재개학하여 3달간 정상수업을 하고 있다. 아침, 점심 발열 체크를 한다거나, 마스크를 쓰고 생활하며, 급식을 한 테이블에 한 명씩 먹는 등 섬세한 방역 활동을 하고 있지만, 매일 등교를 하여 정상수업을 하는 것만으로도 대한민국에서 선택된 학교임이 틀림없다.

집에서 아이가 말을 듣지 않으면 학교에 못 가게 하는 것을 벌로 여길 정도로 아이들은 학교를 좋아한다. 도시의 아이들이 주에 이틀 등교를 한다거나, 격주로 등교하는 것 등의 이야기는 먼 나라 이야기이다. 몇 명 되지 않은 아이들이지만 쉬는 시간에는 복도에 활기가 넘친다. 천사처럼 착한 아이들이라며 선생님들은 학생 자랑을 주저하지 않는다. 물론 저절로 만들어진 문화는 아니다.

인간사회의 갈등은 상시로 있는 일이다. 선후배 간에 갈등이 생기기도 하고, 급우 간에 갈등이 생기기도 한다. 그때마다 선생님들은 치유와 화해를 위한 써클을 열어 아이들의 관계를 회복시킨다. 물론 억지 반성문을 쓴다거나, 억지 사과를 시키지 않는다. 충분하게 서로 하고 싶은 이야기를 하고, 스스로 화해의 손을 내밀어 관계를 회복할 기회를 만들어 준다.

부모님들이 '내 아이만이 아닌 모든 아이를' 소중히 여길 수 있는 분위기를 조성하여, 아이의 갈등이 부모의 갈등으로 확대되지 않도록 섬세하면서도 끈기 있는 대화와 관계의 장을 마련했다. 새 학기를 맞아 다시 평화 프로젝트를 운영하여 학생 한 명 한 명의 마음속에 존중과 배려, 자율과 협력의 감수성을 키우기 위한 교육과정을 이어가고자 한다.

대부분의 큰 학교는 등교하면 수행평가와 지필평가를 보느라 여념이 없다. 그래서 학생들은 학교 가는 것이 무척 부담스럽다고도 한다. 학교 무용론을 이야기하기도 한다. 그러나 이제 학교는 더 이상 지식을 전달하는 곳이 아니다. 스스로 탐구하는 능력과 소통하여 관계하는 능력, 그리고 창의적으로 문제를 해결하는 능력을 배우는 곳이 학교이다. 유명 강사에게 돈을 주고 배울 수 있는 능력이 아니다. 학교에서 학생들이 주인이 되어 자치를 통해 익히면서 배울 수 있는 삶의 능력인 것이다.

모둠학습을 하지 말라고 하지만, 학교 규모에 따라 적극적으로 해석하여야 할 것이다. 모두 강의식 수업으로 돌아가자는 말은 결코 아니다. 어떻게 학생들이 스스로 찾고, 서로 협력하여 배우고, 공유를 통해 성찰하고, 생각을 확장해 가야 할지 생각하는 게 지금 전문적 학습공동체에서 고민하는 과제가 아닐까?

작은 나눔, 큰 행복

  6월 9일. 면장님이 마스크가 가득 든 쇼핑백을 들고 오셨다. 이름을 밝히지 않는 지역 분이 손수 만든 천 마스크를 학생들에게 전달하고 싶어 면사무소에 기증하셨다고 한다.

  많이 반가웠다. 학생들에게 학교에서 마스크를 사서 이미 나눠주기도 하고, 마스크를 꼭 쓰고 등교하라고 당부도 하지만, 학생들은 아침에 서두르느라 마스크를 깜박하고 등교하는 일이 종종 있다. 게다가 기존 마스크가 덥고 답답해서 얇은 마스크가 필요했다.

  어디서 기부하셨냐고 묻자, 이 지역 출신이신 분이 오랜 시간 손수 만들어 기부하신 거라고 했다. 성함이라도 알려주시면 감사 인사라도 드리고 싶다고 했더니 머뭇거리다가 연락처를 주셨다. 전화를 해보니 두 해 전 본교 졸업생 학부모였다.

  "제가 혼자 아이들을 키우잖아요. 여러모로 도와주셔서 무사히 아이들을 키울 수 있었습니다. 돈으로는 못 갚지만, 이 감사함을 표현하고 싶은 마음은 언제나 간직하고 있었습니다. 제가 가진 재주를 나눌 수 있겠다는 설렘으로 퇴근 이후 한 달가량을 만들었습니다. 만드는 내내 행복했습니다. 우리 아이도 온라인 수업을 마치고 도와주었답니다. 제 이름은 절대 밝히시지 마시고 아이들에게 두루 나눠주십시오."

  이 마음을 전달하고자 이미 마스크 한 장 한 장에 감사함과 기증자 이름을 쓴 스티커를 붙여서 나눠주기로 했다. 그런데 이름을 절대 밝히지 않겠다는 기증 학부모님의 뜻에 따라 이름을 떼고 스티커를 다시 만들어 학생들에게 전달하였다.

  이미 우리 학교는 여러 종류의 장학금이 있다. 주로 동문이나 지역에서 주는 장학금이다. 학교 다닐 때 장학금을 받았던 동문이 성인이 되어 똑같이 장학금을 기부하다 보니 지금은 전교생에게 입학과 졸업 때 장학금을 지급하고, 학기 중에는 긴급상황인 학생에게 장학금을 수시로 지급하고 있다.

우리 아이들이 자라서 이러한 나눔의 전통을 계승하리라 믿는다.

코로나가 병아리 가족을 선물했어요

코로나 팬데믹으로 등교하지 못한 중학교 1학년, 초등학교 5학년, 3학년, 삼 남매의 하루가 부산하고 바쁘다. 부모님이 모두 출근하면 남매들이 남아서 원격 온라인 수업을 하고, 같이 라면을 끓여 먹고, 손잡고 뒷동산을 산책하기도 한다.

이런 일상에서 직접 병아리를 부화시켜 온 집안이 떠들썩 즐겁기만 하다. 늘 누군가의 보살핌을 받아야 하는 어린이에서 이제는 직접 병아리를 부화시켜 키우는 부모의 마음을 배우게 됐다.

시작은 시골 외가댁에서 가져온 유정란이었다. 맏이 시현이가 병아리를 부화시키고 싶어서 5~6년 전에 인터넷에서 주문한 종이 박스와 온도조절 장치로 부화기를 만들어 간직하고 있었다. 그간 유정란이 아닌 달걀을 부화하는 시도를 해보기도 했다. 그러다가 드디어 유정란을 구하게 된 것이다. 부화기에 달걀 4개를 앉히고 삼 남매는 날마다 들여다보며 손꼽아 3주를 기다렸다. 하지만 병아리는 부화되지 않았다. 삼 남매의 실망은 이만저만 아니었다. 부화를 주도하며 동생들을 설득한 팀장 시현이의 실망이 특히 컸다. 외가댁 유정란은 결국 실패로 끝났다.

그러나 시현이는 동생들 앞에서 이대로 물러설 수 없었다. 팀장인 시현이가 2차 병아리 부화 프로젝트를 가동했다. 병아리를 부화하기 위해서는 38도가량의 온도를 유지하고, 하루 세 번 달걀 굴려주기가 핵심이란 걸 다시 공부했다. 3주의 기간 동안 부화하기까지 온도를 계속 유지했고 병아리가 알을 깨기 위해 자리를 잡아야 하기에 달걀 굴리기는 19일이 지나면 멈춰야 한다는 것도 새로 배웠다. 모든 준비가 끝나고 유기농 매장에서 유정란 10개를 사서 다시 앉혔다. 삼 남매는 각기 자기 달걀에 이름을 지어 껍데기에 적었다. 띠리, 롤리, 아롱이 등….

아침잠이 없는 시현이는 아침, 하연이는 오후, 시윤이는 밤에 각각 달걀 굴리기 당번을 했다. 막내 하연이가 깜빡하거나 시윤이가 일찍 잠들면 여지없이 시현이의 꾸중을 들어야 했고, 동생들은 새 생명을 보기 위해 달게 받아들였다.

중간에 불빛에 알을 비춰보면 '롤리'의 변화가 제일 뚜렷해서 주인인 하연이가 제일 학수고대하며 병아리를 기다렸다. 가족과 주말 하룻밤 여행을 갔던 날이 바로 부화 예정일이었다.

설렘과 긴장감으로 현관문을 여는 순간, 집안은 온통 삐악삐악 소리로 가득했다. 총 2마리였다. 한 녀석은 간밤에 부화했고, 다른 녀석은 아직 깃털이 젖어 있는 것으로 보아 1~2시간 전에 나온 것으로 보였다. 생명의 탄생은 기적이었다. 아이들은 뛰며 부둥켜안고 좋아했다. 엄마 아빠도 같이 야단법석의 날이었다. 그런데 가장 기다렸던 하연이의 롤리가 태어나지 않아 하연이가 눈물을 글썽거렸다.

밤에 하연이는 "병아리, 병아리" 하면서 잠꼬대를 했다. 엄마 아빠가 보기에도 하연이가 짠했다. 그런데 다음 날 출근한 엄마 아빠에게 전화가 걸려왔다.

"아빠 롤리가 금이 가기 시작했어. 알에서 삐악삐악 소리가 나!"

하연이의 탄성이 터졌다. 낙담하여 초췌하던 하연이의 얼굴에 웃음기가 돌았다. 아빠가 퇴근해서 돌아오니 하연이는 알에서 나오지 못한 롤리를 젓가락으로 톡톡 두드리며 줄탁동시 하고 있었다. 10시간 가까이를 두드린 끝에 뒤늦게 깨어난 롤리는 다른 놈보다 힘이 없었다. 그래도 아이들이 이름 지어준 병아리들이 차례로 깨어나 정말 다행이었다.

전날 나온 두 녀석은 당찬 목소리와 발걸음으로 아이들을 신나게 했으나, 롤리는 아직 털도 마르지 않아 온 가족을 신경 쓰이게 했다. 부화기 상자에는 온도조절 겸 식수 용도로 접시에 물을 떠 놓는데 온 가족이 잠든 새벽에 엄마 목소리가 황급히 들렸다. 아뿔싸, 롤리가 죽었다. 그 작은 접시 물에 병아리가 빠져 죽은 것이다. 아직 털도 덜 마른 녀석이 접시에서 목을 축이다가 넘어져 일어나지도 못하고 익사해 버렸다. 부모님도 슬프고 안쓰러웠지만, 실망할 하연이를 생각하나 망연자실하였다. 밤새 엄마 아빠는 잠을 못 자고 뒤척였는데 세상에 아침에 일어나니 아직 부화하지 않아 포기하고 방치했던 달걀에서 3마리의 병아리가 더 깨어났다. 그 3~4시간 사이에 기적처럼 자기들끼리 혼자 알을 깨고 나온 것이다.

먼저 간 롤리가 짠하고 미안했지만, 엄마 아빠는 롤리의 죽음을 이야기하지 않았다. 그냥 두 녀석이 새로 태어났다고 했더니 하연이는 믿었다. 물론 시현이와 시윤이는 달걀이 하나 없어졌다고 고개를 갸웃거렸지만, 아빠가 실수로 깨뜨렸다고 하니 또한 믿어 주었다.

지금은 삼 남매가 매일 병아리들에 푹 빠져서 공부하기가 바쁘게 병아리 뒤를 쫄쫄 따라 다니며 돌보고 있다. 큰 닭으로 키우겠다는 아이들의 포부가 대단하다. 친구 없이 집에서만 지내야 하는 4달 동안 아이들은 새 생명을 잉태하고, 성장하는 생명의 기적을 보았고, 돌보고 책임지는 값진 공부를 했다.

두 배로 축하해 줄게

    2021년 1월 11일. 산골 작은 학교에서 졸업식이 있었다. 코로나 확산으로 대부분의 학교가 영상 졸업식으로 대신하고 있는 데다 폭설이 겹쳐 학교 구성원들은 졸업식의 진행에 관한 협의를 거듭했다. 그 결과, 졸업식은 하되, 부모님과 외부인의 참여 없이 학교 구성원들로만 치루기로 했다.

    사실 중학교 학부모님들이 학교에 가장 많이 오시는 날이 졸업식이므로 절대 쉬운 결정은 아니었다. 졸업생들에게 못내 미안하고 아쉬움이 남았다.

    이미 지난주에 축제를 했고 연휴까지 겹쳐 충분한 시간이 없었는데도, 졸업식은 작은 축제가 되었다. 여덟 명의 졸업생이 일일이 단상에 올라와 졸업장을 받는 동안, 학생에 대한 멘트 영상이 올라왔다. 부모님을 대신해 담임교사가 꽃다발을 선사했고, 졸업생 동문과 향우회, 지역에서 기증한 장학금을 졸업생 전원이 고루 받았다.

    소수만 받는 시상은 식장에서 하지 않기로 작년에 정했는데 역설적으로 올해 사정회에서 선생님들이 졸업생 전원에게 시상하기로 협의했다. 상을 주기 위한 수상 결정이 아니었다. 누구 한 명 뺄 수 없을 만큼 아이들이 잘 성장하였고, 학교생활을 잘해 주어서 내린 결정이었다. 성적으로 줄 세우지 않고, '자율과 존중과 협력과 성장'을 강조하는 학교 비전 교육에 맞게 학생들이 성장하여 선생님들은 칭찬으로 화답한 것이다.

    특정 학생에게만 수여하던 장학금 문화도 바꾸어, 장학금 기탁자분들과 협의해 이름을 명시하지 않고 학교에서 장학금을 받아 졸업생 전원에게 수여하는 전통을 만들었다. 그전에는 소수에게 지급하기도 빠듯했던 장학금이 여기저기서 답지하여 기존 장학금의 수 배가 들어왔다.

  기탁자 중에는 중학교 때 받았던 장학금 때문에 큰 힘이 되었던 걸 기억하고, 사회에 나가서 해마다 장학금을 기탁하는 김현덕 동문, 재경 향우회 동문 등, 다수의 동문과 지역민들이 장학금을 기탁했다. 면사무소에서도 학생들의 고등학교 준비를 위해 개인당 25만 원을 지원하여, 올 졸업생은 작년 졸업생들보다 5만 원 더 많은 45만 원을 받게 되었다.

  12월 신임 학생회가 뽑힌 지 얼마 안 되었고, 준비 기간이 짧아 2부 축하 마당이 얼마나 준비될까 싶었는데, 학생들은 서로 축하하고 격려해 주고 싶은 마음 하나로 똘똘 뭉쳐 참으로 눈물겨운 축하 마당을 만들어냈다. 졸업생들은 선생님과 후배들에게 보내는 영상을 만들었고, 재학생들도 학생 전원과 선생님들의 목소리를 담은 축하 영상을 만들었다. 춤추는 게 어렵다던 1학년 남학생은 노래를 준비하고, 여학생들은 춤을 준비하여 선배들에게 선사했다. 2학년들은 수준 있고, 세련되게 이야기가 있는 춤 공연을 선사했다. 졸업생들은 무대 앞으로 몰려와 '귀여워, 귀여워, 잘한다. 잘해!'를 연발하며, 후배들의 마음을 칭찬과 고마움을 담은 환호와 박수로 받아주었다. 중간중간 눈물을 쓱쓱 닦으며 박수를 치던 졸업생들의 모습이 선하다.

  선생님들도 '부모님을 대신해 두 배로 축하해 줄게' 하며 학생들 뒤에서 춤추며 박수를 쳤다. 조촐하고 소박한 졸업식장이었지만, 마음으로 하나 되는 졸업식이 이런 것이었다. 평생 아이들의 성장을 진심으로 축하해 주고, 축하받았던 이 졸업식을 잊지 못하리라.

서울에서 찾아온 선물 같은 아이들

학생 수 급감으로 작은 학교들은 애달프다. 인구 감소로 학생 수가 줄어드는 것은 자연스러운 현상이지만, 그렇다고 학교 문을 닫는 일을 당연하게 여겨 포기할 수는 없다. 실제로 지역에 거주하는 주민이나 학생에게는 학교의 존립에 지역의 존폐가 달려있기 때문이다. 그래서 학교와 지자체는 작은 학교 살리기에 혼신을 다한다.

한편, 큰 학교를 유치하는 것이 결국 제살깎아먹기가 아닐까 생각이 들기도 한다. 당신 자식이라면 멀쩡한 도심에서 시골 작은 학교로 진학을 시키겠냐고 반문할 수도 있다. 그럼에도 다수의 학생이 큰 학교에서 소외될 수밖에 없는 환경이어서 과감히 작은 학교를 선택하는 때도 있어 명분이 없는 것만은 아니다.

35년 동안 도, 읍, 면의 큰 학교와 작은 학교를 모두 근무해 본 경험에 의하면 도시의 큰 학교는 학교와 교사가 죽을힘을 다해도 다수 학생에 대한 맞춤 교육을 할 수가 없다. 공부 잘하는 학생, 말 잘 듣는 학생, 부적응 학생 몇 명에게 관심이 집중되기 쉽고, 다수 학생은 하루에 이름 한번 불리지 못하고, 얼굴 한번 마주치지 못한 채 하루를 보내는 것이다. 작은 학교에 비해 예산도 터무니없이 부족하여 체험학습이나 복지 및 자치활동에 충분한 예산을 투입하기 어렵다. 그러다 보니 대한민국의 학교는 학교 규모에 따라 교육의 질이 달라진다고 할 수 있다. 큰 학교의 교육 공백을 거의 사교육이 대신하고 있다고 해도 과언이 아니다.

반면에 작은 학교는 학생 한 명을 모든 교사가 깊게 들여다보며 돌볼 뿐 아니라, 기초가 부족한 교과에 대해 교사들이 책임지고 여러 기회를 통해 맞춤형 지도를 한다. 아이들에게 다양한 체험학습, 풍성하고 따뜻한 복지제도가 넘칠 만큼 제공된다. 줄어드는 학령인구 외에 당장 더 큰 문제는 큰 학교에 가야 더 좋은 교육 환경 속에서 경쟁력 있는 교육을 받을 거라는 편견으로 덜컥 전학을 시키는 것이 당장 더 큰 문제이다.

작은 학교가 훨씬 좋은 교육 환경 속에서 아이들이 존중받고, 환대받으며 질 높은 교육을 받는다는 것은 큰 학교, 작은 학교를 모두 근무해 본 교사들만 안다. 작은 학교의 학교장으로서 가장 큰 업무는 인근 학교 등을 찾아다니며 읍내로 가려던 학생들을 붙잡아 학교의 존폐 위기를 극복하는 거였다.

마침, 전라남도 교육청에서 서울시 교육청과 맺은 농산어촌 유학 유치 사업으로 우리 학교에도 3명의 학생이 전학을 왔다. 서울에서는 코로나 시기 정상수업이 거의 이루어지지 않아 어려움을 겪던 차에, 정상수업이 이루어지는 전남을 찾아 기꺼이 전학을 선택한 것이다.

부모님과 함께 직접 여러 학교를 방문하고 꼼꼼히 비교하여 우리 학교를 선택해 준 것이 더없이 반가웠다. 부모님 중에는 다니던 직장을 접고 함께 내려와 학생들의 농촌 작은 학교 경험을 지원하는 분도 계셨다.

지자체에서도 모두 반기며 무엇을 지원할지 의논했다. 운영위원장님은 기꺼이 살 방을 내주고, 텃밭을 가꿀 수 있도록 지원했다. 지역청에서는 토요 프로그램, 야간 프로그램 등을 할 수 있도록 예산과 여러 도움을 아끼지 않았다. 교육장님은 신입생 예비 소집 때 직접 방문하여 격려하였고, 1학년 전체 신입생들에게 간식과 USB를 선물하였다. 무엇보다 학생들이 전학생들을 반갑게 맞이했다.

문화시설과 놀이시설, 프로그램이 없는 지역적 한계를 극복하고자, 지자체, 학부모, 학교가 함께 방과후 및 주말 프로그램을 기획했다. 부모님들은 전학생과 재학생이 지역의 자연과 환경, 역사, 문화 등을 탐방하여 보고, 듣고 느낄 수 있도록, 토요 답사프로그램을 운영하기로 하여 교육청 예산을 지원받았다. 또한, 지역 골프회는 학부모들의 재능기부를 받아 희망 학생들을 대상으로 주 1회 골프 시간을 마련했다. 학교에서는 야간 공부방을 열었다. 지자체에서도 쉼터 및 놀이터가 있는 문화의 집을 만들고자 준비하고 있으며, 휴교일에 희망 학생들이 공부할 수 있는 작은 도서관을 운영하기로 했다. 서울 학생의 전학과 함께 지역, 학부모, 학교가 어우러져 활발한 교육공동체를 만들었다.

전학생 승현이는 전학 소감으로 '어두운 새벽, 여명을 바라보는 사진'을 고르더니 '서울 생활은 학원과 경쟁으로 어두운 터널이었는데, 이곳의 생활은 밝고 행복한 빛으로 달려나갈 수 있는 기대가 생긴다'라고 했다. 선영이는 교복과 신발을 자유롭게 착용할 수 있고, 반 친구와 선배님들이 친절하게 대해줘서 고맙다고 했다. 또 선생님들 역시 친절하고, 수업도 알기 쉽게 설명해 주어 감사하다며 소감을 말했다. 서울이 그립기도 하지만, 그새 이곳에 정이 푹 들어버려 서울로 돌아가게 된다면 무척 슬퍼질 것 같다고 했다.

여러 가지로 쉽지 않은 선택임에도 새로운 결정을 해준 세 명의 아이들과 부모님을 환영한다. 그리고 환영과 환대로 맞이해준 학생, 학부모, 교육청, 교직원의 하모니가 좋은 결실을 볼 것이라 믿는다.

코로나 때문에 서울에서 학교도 제대로 다닐 수 없어, 여수에 있는 할머니댁으로 갈까 생각을 했던 적이 있었다.

그런데 마침 전남 봉산 어촌 유학 프로그램을 접하게 되었다.

솔직히 처음엔 가기 싫었다. 기대 보단 걱정이 많았다.

내 생활속에서 나를 막은 벽이 생긴 기분이었다. 그러나 난 그 작은 벽을 무조건 넘어가기 위해 갈 수도 없는 앞날만을 고집하고 있었다. 그러다가 나에게 땅을파고 넘어갈 수 있는 삽이 주어진것으로 그것을 기회라고 생각했다.

지금 장평중에 오게 된 것처럼 삽을 가지고 땅을 파서 앞을 나아가듯이 이곳에 있는 동안 그동안 생각해보지 못했던 내 목표와 꿈을 찾고 변해갈 예정이다.

현재 한곳에 갇혀있던 내 생활이 자유를 만난 기분이다.
처음에 가기 싫었던 마음은 사라지고 지금도 앞으로 학교생활에 대한 기대가 남아있다. 열심히 좋은 학교생활 을 보내러 가고 싶다.

　　　　　　　　　　　　　장평중에서의

　　　　　　　　　　　　　　　　　　　　　　- 전학생 은선이 일기

김장김치로 전한 마음

11월 24일부터 27일까지 학교에서 김장김치를 담갔다.

지난가을 텃밭에 심은 배추와 무로 학생, 학부모, 교직원이 모여 김장을 해서 지역에 사는 독거노인이나 경로당, 마을회관 회원 20여 분에게 배달하였다. 학생과 교직원의 집에도 조금씩 나누어 농사의 수고와 김장의 정성을 나누는 뜻깊은 활동이었다.

이 프로젝트의 시작은 2학년 환경 수업시간이었다. 200여 포기의 배추를 심으면서 선생님 두 분의 수고가 특히 많았는데, 배추를 심어놓고 햇빛이 너무 강하면 종이컵으로 모자를 씌워주고, 비가 오지 않으면 새벽부터 나와 물을 주셨다. 그 정성 덕분에 대체로 배추 작황이 좋지 않다는 올해, 우리 텃밭에는 배추가 튼실하게 자랐다.

그러나 코로나 시기라 김장이 조심스럽기는 했다. 다행히 장흥은 코로나 확진자가 한 명도 나오지 않은 청정 지역이므로 방역에 신경 쓰면서 조심스럽게 김장을 진행하였다.

학기 초부터 운영위원회와 학부모님들께 협조를 구한 덕분에 김장은 크게 어렵지 않았다. 마을에서 배추를 절여오고, 양념을 주문해서 27일 당일에는 학생과 학부모, 교직원들이 모여 김장을 시작했다. 그런데 부모님이 오시니 한 시간 만에 작업이 끝날 것 같아, 일부를 남겨 1학년도 김치 담기 실습을 했다.

1학년 남학생 중에는 김장이 처음이라 양념을 한 줌씩 과하게 넣었다가 다시 긁어내기도 하고, 양념이 고루 묻지 않아 허연 속살이 드러난 곳은 어머니들이 다시 손질해 주셨다.

집에서 아이가 말하지 않아 속상하던 학부모도, 학교에서 아이가 어떻게 사는지 궁금하던 학부모도, 아이와 함께 두런두런 배추를 비비고 서로 김치를 먹여주기도 하면서 마음이 따뜻하게 녹았다.

오후에는 학년별로 나누어 마을회관을 찾아가 김치를 배달했다. 마을회관에 한 통씩을 드리고, 독거노인에게는 개별로 한 통씩 집마다 배달했다. 삼삼오오 모여든 마을 어른들은 침이 마르도록 아이들을 칭찬하셨다.

"먼 아그들이 이르케 이쁠끄나, 멀리서 봐도 인사도 잘하고 참 착하당께."

"어짜든지, 선생님 말씀 잘 듣고 공부 열심히 해서 잘 크소."

"고마워, 참 고마워. 공부하기도 바쁠 것인디 이르케 김치까지 담가오니 을마나 이쁜지 모르겄네."

아이들도 어르신들에게 한마디씩 덕담을 드렸다.

"할머니, 할아버지, 올해 춥다는데 따뜻하게 입으시고, 드시는 것도 잘 드시고 건강하게 오래오래 사세요."

아이들의 덕담에 어르신들의 얼굴에 웃음꽃이 피었다.

"어른들이 이렇게 좋아할지 몰랐어요. 다음에 또 하고 싶어요."

아이들은 직접 담근 김치를 들고 와서 어른들을 만나고, 어른들이 기뻐하시는 모습을 보니 뿌듯하다고 했다. 아이들은 이 나눔의 행복을 영원히 기억할 것이다.

고마워 참말로, 고마워인!

아침 9시쯤 할머니 한 분이 학교 현관에서 나를 찾는다고 했다. 나가 보니 마을에서 연세가 제일 많은 97세의 할머니가 서 계셨다.

"아이고 할머니 안녕하세요. 어인 일이세요? 어서 들어오세요."

"잉, 우리 교장님, 참말로 감사해서 내가 치사라도 할라고 왔어."

"무슨 치사요?"

"이르크롬 학교도 개안하게 잘 가꾸고, 바쁠 것인디 김치 할라 담아서 늙은이들 집에까지 갖다 준께 을마나 고마운지. 내가 치사를 하고 자와서 왔어. 학교 문깐에서 아까참 부터 교장님 만날라고 지달렸는디 하다 안 와서 볼쌔 와 부렀는갑다 하고 이릏게 학교로 들어와 부렀당께."

"아이고 잘 오셨어요. 들어가 차라도 한 잔하시고 가세요."

"아니여. 나 아침에 할마씨들 집에 들러서 두 잔이나 얻어 마시고 왔어. 동네 할마씨들이 모다 교장님 을마나 치사하는지 몰라. 동네 한가운데를 이르크름 훤하게 가꾸어 놨씀께 학교 앞에 지나가기만 해도 오지당께. 남자 교장님들 그릏게 왔어도 교문 앞이 쌩한 바람만 불었는디 여자 교장님이 와서 봄바람 분당께."

"아이고 마을 어르신들이 도와주시고, 교직원들이 힘 모으고, 교육청에서 만들어 주셨네요."

"꽁으로 되간디. 다 애쓴께 된 것이제. 나가 감사해서 참지름 한 뱅 가지고 왔어. 모다 나놔 주고 싶제만은 그리는 못하고 맘인께 받어 둬."

"안 돼요. 이런 것 받으면 큰일 나요."

"누가 말 하간디. 언녕 받어. 글 안 하믄 나 못가."

232

"알았어요. 할머니, 김장하느라 고생하신 우리 선생님들 드릴게요. 감사합니다."
"깨도 볶아서 한주먹 넣었쓴께 드세 봐. 바쁜디 어여어여 들어가 봐 인!"
"감사합니다. 할머니."

검정 봉지에서 신문지로 몇 겹을 똘똘 감은 소주병이 나왔다. 고소한 참기름 향이 진동했다. 노랗게 볶은 참깨도 한 줌 담겨있었다. 교무실에 들고 가서 김장의 주무를 맡았던 조 선생님에게 드리면 어떻겠냐고 의견을 물으니, 모든 선생님이 박수를 쳤다. 담당 선생님은 절대 받을 수 없다고 꼭 필요한 사람을 찾아서 나누시겠다고 한다.

이 마을에서 제일 연세가 많이 드신 할머니는 어떤 젊은이보다 정정하시다. 혼자 사시지만, 아침 일찍 식사를 마치고 8시가 되면 마을에 나와 산책을 하신다. 만나는 모든 사람을 살갑게 안아주시거나, 손을 잡으며 인사하고, 덕담을 건넨다.

"오마오마 반갑그만. 내 새끼들 복 받으소."

정신도 총총해서 한번 보면 잊지 않는다. 건강의 비결을 물으면

"즐겁게 사는 거여. 잘 묵고, 날마다 이렇게 걷고, 친구들하고 인사하고 그라믄 이렇게 건강해져. 너무 애쓰지 말고 살어."

그래서 마을의 모든 사람이 할머니의 친구다. 할머니는 늘 자랑이다. 군수도 강아지도 친구고 다 친구라고.

할머니와 인사를 하고 나면 기분이 좋아지고 사랑을 그득하게 받는 기분이다. 이 마을 전체가 우리를 환대해 주고 있다는 기분, 학교가 마을과 끈끈하게 연결된 느낌을 받는 데는 할머니도 큰 몫을 하고 계신다.

급식실 생일 파티

우리 학교는 매달 1회씩 그달 생일인 학생과 교직원의 생일 파티를 한다. 생일 축하 풍선이 걸리고, 주인공들의 이름이 걸리고, 미역국과 특식이 제공된다. 게다가 급식실에서 준비한 양말이나 선물도 받는다. 거창한 파티가 아니지만 잔잔한 감동을 준다. 급식실에 이름이 걸린 것만으로 주인공이 된 기분이다.

매번 미역국이 나오면, 오늘도 누군가 존중받는 기분을 느끼겠구나 싶어 덩달아 기분이 좋아져 한마디씩 건네곤 한다.

"오늘 내 생일인 걸로!"

"엇! 이달에 OO이 생일이네. 축하해!"

"에이, 나는 1월 생일인데…….'

나의 주민등록상 생일은 11월이다. 요즘 학생들 대부분은 주민등록상 생일이 진짜 생일이겠지만 우리 세대는 음력 생일을 많이 쇠는 데다 출생신고도 태어난 날과 무관한 경우가 많다. 11월 생일 파티 날에 아이들 이름 밑에 내 이름이 있었다. 비록 주민등록상 생일이지만 기분이 좋다. 특히 영양사님으로부터 작고 앙증맞은 양말 선물을 받고 나니 그지없이 고맙고 행복하다. 이 양말이 너무 귀해서 신을 수 없을 것 같다. 하루 종일 호주머니에 양말을 담고 다니며 만지작거리고 실실 웃으며 자랑했다.

생일 파티 날인 줄은 알았지만, 아이들에게 선물까지 하는 줄은 몰랐다. 영양사님이 마음으로 준비하는 것이라고 한다. 그러나 이건 아닌 듯해서,

"예산 세워서 하세요." 했더니,

"내년에는 급식실 운영비에서 좀 더 알차게 해 볼게요."라고 한다.

바쁘고 고된 중에 이런 이벤트를 어떻게 하게 되었냐고 묻자,

"아이들을 기쁘게 할 방법을 고민한 끝에 생일 파티를 해야겠다고 생각했어요. 아이들이 좋아하니 저도 기쁩니다. 내년에는 더 의미 있게 아이들의 의견을 물어서 해볼까 합니다."

우리 학생들과 교직원들이 제일 좋아하는 시간이 급식 시간이다. 학생 수가 적음에도 급식의 질과 맛이 좋아서 만족도가 최상이다. 인스턴트 식품보다 친환경 재료로 만들고 직접 조리한 음식들이라 구성원 모두가 행복해한다.

자기 자리에서 아이들의 기쁨을 위해 무엇을 해볼까 창의적으로 생각하기. 그리고 실천과 실천을 위한 지원 등 이것이 우리가 꿈꾸는 모두가 주인인 학교 문화가 아닐까? 누가 시켜서 하면 노동이지만, 스스로 찾아서 하는 일은 보람이 된다.

영양사님은 음식을 만들어 배식하는 데 그치지 않는다. 밥 먹는 학생들에게 일일이 다가가서 생선 먹는 법을 알려주기도 하고, 채소를 먹는 것이 중요함을 알려주기도 하면서 학생들이 좋아하는 음식 정보를 얻는다. 사정이 있어 급식실에 오지 않은 친구들이 있으면, 담임 선생님께 그 학생에 대한 정보를 알려주기도 한다.

그러다 보니 학생들이 스승의 날에 영양사님께 편지 쓰는 것을 좋아하며 급식실 선생님들이 전국 파업에 참여하는 날은 급식은 못 먹지만 비정규직 선생님들의 권리에 대하여 마음으로 지지를 보내기도 한다. 아이들은 안다. 자신들을 존중해 준 분들의 고마움을.

학교장상은 받고 싶어요

　매년 10월부터 11월까지 교육기관 각 부서에서 60여 건의 유공자 표창 공문이 내려온다. 공문이 오면 교직원 누구에게나 상을 주고 싶고, 추천하고 싶은 것이 학교장의 마음이다. 그래서 열심히 하시는 교직원들에게 수상 추천을 권유한다. 그때마다,

　"상은 탈 사람이 타야지, 그저 제 역할을 할 뿐인데요."

　하면서 극구 사양했다. 그런데 우리 행정실장님은 밖에서 주는 상보다 제일 가까이서 지켜보는 학교장상을 받는 것이 훨씬 의미가 있을 것 같다고 이야기했다. 본인도 학교장상을 꼭 받고 싶단다.

　그래서 올 연말 공무직 직원 전원에게 학교장의 진심을 담은 편지와 함께 작은 선물을 드렸다.

OOO 영양사 선생님께 드립니다

　늘, 우리 아이들을 사랑하는 마음이 매일 매일의 급식에 담뿍 담겨있습니다.

　우리 아이들과 교직원들은 급식 시간을 어느 시간보다 좋아하고 기다립니다. 영양도 골고루 정성도 듬뿍, 맛도 보기도 좋은 급식은 정말 감동입니다. 급식실 들어서면 힘 나는 인사 말씀해 주시는 것도 얼마나 따뜻한지요. 생각지도 못한 생일 파티는 학교의 자랑거리랍니다. 자부심과 사명감을 가지고 임하시는 모습에 늘 감사드리며, 또한 그 자세를 함께 배우고 있습니다.

　고마운 선생님께 박수와 응원을 드리며 언제든지 필요한 지원은 말씀해 주시기 바랍니다.

건강 늘 챙기시고, 항상 그 자리에서 아름다운 모습 빛내 주시기 바랍니다.

작지만, 교직원의 마음을 담아 드리오니 따뜻하게 받아주시기 바랍니다.

OOO 행정사 선생님께 드립니다

선생님.

부르기만 해도, 마음이 따뜻해지고, 자랑스러워지는 당신입니다. 뭐라고 감사해야 할지 형언할 수도 없습니다.

우리 아이들이 참 자랑스럽고 어여쁘다고 느끼는 요즘입니다. 이 과정 저절로 되지 않았다는 것도 우리 모두 잘 알고 있습니다. 그 과정에 선생님의 보이거나 보이지 않는 사랑과 실천과 헌신이 녹아있다는 걸 누구보다 잘 알고 있습니다. 누구보다도 행정사 선생님의 행정업무 지원으로 교육자의 길을 보여주신 소신과 실천도 늘 보고 배우고 있습니다.

힘들다. 어렵다 하실 만도 할 순간들이 있었겠지만, 티 내지 않는 것이 오히려 더 마음 아픈 순간도 있었습니다.

선생님.

그저 감사합니다. 늘 건강 챙기시길 바랍니다. 오래오래 함께할 수 있길 간절히 바랍니다.

특히, 많은 선생님이 이동하시는 내년에 선생님의 역할이 클 거라고 생각합니다. 걱정하지 않습니다. 하시던 대로 해주시면 됩니다. 힘들 때, 때로는 힘들다고 말씀하셔도 됩니다. 교육의 길에 함께할 수 있어 늘 행운이라고 여깁니다.

아주 작지만, 교직원의 마음을 모아 드리는 선물이니 기꺼이 받아주십시오. 다시 한번, 감사드립니다.

마을을 담은 수업

우리 학교는 10월 2일 '노인의 날'을 맞이하여 특별 수업을 준비하였다.

1학년 자유학년제에 '마을에서 배우다'라는 프로그램이 있었다. 기술·가정 선생님의 주관으로 학생들이 동네 어르신들을 찾아가 이야기 친구가 되거나 생활의 어려움을 알아보고 나무 지팡이를 직접 만들어 나눠 드리는 활동이었다.

학생들은 1인당 3~4명의 어르신을 만나 모두 82분의 의견을 수렴하였다. 설문 결과, 식사가 만족스럽지 못한 분이 절반을 넘었고 일상의 어려움으로는 '몸이 아픈 것, 외로움, 돈' 순서로 답하였으며 '코로나로 인해 마을회관에 모이지 못하고 집에만 있어야 하는 점, 마스크 착용에 어려움이 있다.'라고 답하였다. 특히 홀로 사시는 어르신은 절반을 넘어 생활 향상을 위한 반찬 배달, 지원금, 세탁 봉사, 구급약품 지원이 더 확대되기를 희망한다고 응답했다.

1학년인 여경이는 '옆집에 사시는 할머니를 찾아뵙고 이야기를 나누는 일이 처음에는 긴장되고 어색했지만, 다행히 학교에서 준비한 양말을 드리니 좋아하셨고 손녀 같은 친근한 분위기로 한참을 이야기 나눌 수 있었다.'고 뿌듯해했다. 학생들은 우리 지역의 진정한 주민이 된 것 같은 느낌이 들어서 좋았고, 무엇보다 마을공동체를 함께 만들어간다는 보람이 있었다고 하였다.

다음 시간에는 할아버지, 할머니께 드릴 목공 지팡이를 각자 1개씩, 모두 11개를 만들었다. 나무껍질을 깎고, 사포로 부드럽게 다듬고, 버닝기로 태워서 색을 칠하니 제법 고급스러워 보였다. 지팡이 하나하나에 아이들의 마음을 담은 말도 새겨 넣었다. 그리고 아이들이 만든 지팡이를 받으실 어르신을 위해 직접 쓴 손편지도 동봉했다.

학생들은 '국가에서 정한 노인의 날이 있다는 것도 처음 알았지만 대부분 면사무소에서 주관해서 어른들끼리의 행사로만 치러지는 줄 알았다.'라며 '이렇게 학교 수업으로 참여할 줄은 몰랐다. 난생처음 동네 할아버지, 할머니께 손편지를 쓰게 되어 긴장했지만, 동시에 뿌듯함을 느꼈다.'고 했다.

그 후 교육 활동을 이끌었던 담당 선생님에게 전화가 왔다고 한다. 할아버지 한 분이 학교에 전화하셔서 지팡이와 편지가 너무 고마웠다고 여러 번 말씀하셨다.

학생들은 일제히 한목소리로 외쳤다.

"우리 내년에 또 해요!"

기적의 대화

마스크를 쓴 여학생 두 명이 교장실 문 앞에서 머뭇거리며 고개를 내밀었다가 슬그머니 나가기를 반복했다. 나는 자리에서 일어나 학생들에게 다가갔다.

"OO아, 무슨 일 있어? 들어와."

"교장 선생님께 드릴 말씀이 있어요."

"그래 무슨 일 있어?"

"실은요. △△이가요. 자꾸 나한테 '너 마미 없냐?'라고 해요."

"그 말을 듣는 것이 너무 싫구나."

"네, 너무 속상해요. 엄마 없는 거 비밀로 하고 싶은데 자꾸 이야기하니 너무 짜증 나요."

"그래? 많이 속상했겠다. 어떻게 해주면 좋겠어?"

"△△이 불러다 혼내주세요."

"그래? 근데, 그 녀석은 왜 그런 말을 했을까?"

"모르겠어요."

"혹시, 너에게 관심을 보인다는 것이 표현을 그렇게 한 걸까? 뭔가 나쁜 감정을 가지고 이야기하는 것 같니?"

"모르겠어요, 꼭 그런 것 같지는 않아요."

"그렇지? △△이가 그렇게 말하는 걸 나도 몇 번 들었어. △△이가 평소에도 모든 친구들 일에 끼어들기를 좋아하는데, 친구들에 관한 관심을 그렇게 표현하는 것은 아닐까? 문제는 기분 좋은 말보다 기분이 상하는 표현을 많이 한다는 거야. 그래서 우리가 한번 도와주면 어떨까? 친하게 지내고 싶은데 말하는 방법을 잘 모르는 것 같아."

"그런 것 같아요. 항상 이야기 중에 끼어들어요. 그런데 지금은 화해하고 싶지도 않고 도와주고 싶지도 않아요. 혼내줬으면 좋겠어요."

"그렇구나. 그런데 너희들이 속상한 말 들었을 때 이야기를 해주지 않으면 뭘 고쳐야 할지 모르고 계속하게 되잖아. △△가 '마미 없어?'라고 말할 때, '네가 그렇게 말하니 내가 너무 속상해. 사과하고 다시는 그렇게 표현하지 않았으면 좋겠어.'라고 말하면 △△이도 고칠 수 있을 텐데."

"그래도 이번에는 교장 선생님이 혼내주면 좋겠어요."

"알았어. 내가 불러서 이야기할게. 그런데 조금 걱정은 된다. 교장 선생님이 불러서 이야기하면, 네 속상함을 이해하기보다는 일렀다고 기분 나빠할 수 있거든. 그리고 혼낸 효과도 덜하고 말이야. 그전에도 이런 일로 몇 번 불렀는데, △△이만 미워한다고 오해하기도 하고, '교장 선생님 싫어요.'라고 하더라고. 그래서 한 번만 더 생각해 보라고 하는 거야. 여기 대화하는 법 자료 줄 테니 다음 시간 끝날 때까지 네 마음을 어떻게 전달할지 고민해봐. 만약에 그때도 떠오르지 않으면 다시 와. 그럼 내가 △△이 만나서 이야기해 줄게."

이렇게 OO이를 보내고 담임 선생님과 이야기했다.

"걱정하지 마세요. 제가 에둘러 조심스레 이야기해 볼게요."

OO이는 이틀째 오지 않았다. 지나가는 OO이를 불러 괜찮냐고 했더니,

"괜찮아요. 이제 놀리지 않아요."

그렇게 또 한 번의 바람이 스쳐 갔다.

아이들은 대화하는 방법이 서툴러 서로의 별명이나, 약점을 골라 툭 건드는 것을 관계라고 생각하는 경우가 있다. 분명히 듣기 싫은 별명인데 상대방이 듣기 좋은 말은 닭살이 돋아서 하기 어렵단다. 모르는 사람이나 어른이 들으면 놀리는 말이라고 생각되지 않지만, 그들끼리 들으면 예민한 말들이 있다. 기분이 좋지 않을

때는 그 소리가 갈등의 원인이 된다.

00이가 와서 놀림 받았다고 이야기한 것이 이번이 세 번째이다. 그때마다 놀림을 들을 때 느낌이나, 욕구, 부탁 등을 감정 싣지 않고 차분히 전달하는 것이 어떻겠냐고 의견을 물었고, 그러면 한번 해보겠다고 용기를 내주었다. 후에 어땠냐고 물으면, 그렇게 이야기했더니 다시는 같은 방식으로 놀리지 않았다고 자랑스러워했다.

아이들은 감정과 필요를 스스로 대화를 통해 표현하면서, 원하는 답을 얻고 관계를 회복하는 비폭력대화법을 차츰 몸으로 익히고 있었다.

민주시민이 필요한 시대

몇 해 전 덴마크 애프터스쿨에 방문했을 때 일이다. 학생들이 상급학교 진학을 선택하기 전에 진로에 대한 전문적인 지식을 익히고 싶거나, 더 많은 경험을 하고 싶을 때, 1년 동안 기회를 제공하는 공간이 애프터스쿨이다. 프로젝트를 전문으로 익히는 학교에 방문했는데 우리를 맞이하는 일까지 전부 학생들이 프로젝트로 진행하고 있었다. 학교에 대한 소개, 학교 안내, 접대, 대화의 시간 모두를 학생들이 준비하고 진행하였다. 우리 일행이 학생들의 꿈에 대해서 질문했다.

"이 사회의 지속 가능한 발전에 공헌하는 일을 하고 싶어요."

놀라운 답변이었다. 개인을 넘어 국가에 헌신하는 일을 진지한 꿈으로 삼을 수 있는 비결은 무엇일까?

학교를 안내하는 학생들의 복장은 매우 자유로웠다. 화장을 곱게 하기도 하고, 가슴이 깊이 파인 복장을 한 학생도 있었다. 실내에서 모두 맨발인데 몇 학생이 신발을 신고 있었다. 그래서 이런 경우 지도를 하지 않느냐고 물었다. 돌아온 대답은 화장도 복장도 신발도 통제하지 않는다는 것이었다. 다만 실내의 환경을 위해 모두 맨발을 권장하거나 필요성에 대해 교육은 하지만 선택은 개인이 한다는 것이다. 화장도 청소년기에 집착하지만, 대부분의 어른이 화장하지 않기 때문에 나이 먹으면 저절로 하지 않는다고 했다. 교육은 어른의 모습을 보고 배우는 것이지, 강요하고 통제하고 규제하는 것은 교육이 아니라고 했다.

진정으로 학교가 안전하다는 것은 무엇일까? 학생 개인의 인격과 취향, 선택을 있는 그대로 존중받는 것이 진정한 존엄이고, 충분한 안전이지 않을까. 학교폭력이 없는 것만 안전이 아니라, 교문을 넘을 때 자기를 검열하지 않고도, 있는 그대로 인정받으며, 배우고 싶은 걸 즐겁게 배우는 것, 시험을 위해서가 아니라, 인간 본연의 배움 본능을 일깨우는 것. 그런 분위기 속에서 자란 아이들이 다른 사람을 존중하고, 다름을 인정하지 않을까? 반대로 선악과 무관한 관습적인 규율로 사람을 평가하고 구분 지으며 통제받고 자란 아이들이 성인이 되었을 때 어떤 시민으로 자랄까?

한국으로 돌아와서 우리 아이들에게 꿈을 물었다. 연예인, 임대업자, 의사나 변호사, 교사도 있었지만, 공익을 위해 역할을 하겠다는 아이는 찾지 못했다.

코로나 팬데믹 기간, 온라인 수업을 경험한 학생들이 학교 가는 것을 더 기피한다는 이야기를 들었다. 학교 가서 매일 규칙을 지켜야 하고, 선생님께 혼나고, 친구들과 싸우느니 온라인 수업이 낫다는 학생도 있다고 했다.

코로나 팬데믹이 2차 확산으로 가장 위급한 순간, 말할 수 없는 수고를 무릅쓰고 환자를 치료했던 이들은 의사, 간호사, 의료 종사자들이었다. 그들에게 깊은 존경과 감사를 표한다. 그러나 한편에서는 환자들의 생명을 담보로 진료 거부 집단행동이 일어났다. 불이 났는데 소방관들이 파업을, 전쟁이 일어났는데 군인들이 파업한 것과 같았다. 전쟁터에서 적군도 치료하는 것이 히포크라테스 정신이다. 국가가 어려울 때마다 생명까지 바치며 위기를 함께 극복해 온 우리나라의 전통이 여지없이 깨지는 현실을 직면하면서 도저히 믿을 수도, 받아들일 수도 없는 이 현상에 무척 당황스러웠다.

이 상황을 이해하려 애쓴 끝에 나온 결론은, 두 가지였다. 교사로서 참회와 민주시민교육의 필요성이다. 즉, 더불어 사는 사회의 주역인 민주시민을 기르는 일이 시급하다는 것이었다.

돌아보면 학교나 학원 할 것 없이, 아이들에게 인간 교육, 더불어 사는 교육을 가르치기보다는 경쟁 교육, 입시 교육, 일등 지향 교육만을 해왔다. 공부만 잘하면 모든 것이 인정되고, 용서되었다고 해도 과언이 아니다. 결국, 능력이 있으면, 모든 특권을 누려도 되는 것이 공정하다고 믿는 사회가 되었다. 특권을 가지면 낮은 자리에 있는 사람을 함부로 대하고 심지어는 법을 어기는 것도 양심의 가책 없이 행하는 것이 능력이라고 생각하는 것이다. 스스로 결정하고, 서로 존중하며, 함께 연대하기보다는, 나 혼자 수단과 방법을 가리지 않고 이기는 것, 성공하는 것이 더 인정받고, 의미 있는 삶이라고 배우게 된 것이다.

그 결과 서로 다름을 혐오하고, 배타를 넘어 적대시하여 갈등하는 것이 공공연하게 이루어지고 있다. 자신의 신념을 달성하기 위해 사회 공익을 해치는 일을 하면서도, 당당하게 큰소리를 치고, 가짜 뉴스를 죄의식 없이 퍼트리는 일이 일상이 되고 있다.

바로, 그런 인간을 키운 장본인이 학교 현장에서 첨병 역할을 했던 우리 교사였다. 내가 성찰하고 참회하지 않으면 현실은 더 심각해질 것이다.

우리 교육은 홍익인간(弘益人間)의 이념 아래 모든 국민으로 하여금 인격을 도야(陶冶)하고 자주적 생활능력과 민주시민으로서 필요한 자질을 갖추게 함으로써 인간다운 삶을 영위하게 하고 민주국가의 발전과 인류공영(人類共榮)의 이상을 실현하는 데에 이바지하게 함을 목적으로 한다.

교육의 본질을 회복하자. 배워서 남 줄 수 있는 시민, 더불어 잘 살 수 있는 사회를 만드는데 기여하는 시민을 학교에서부터 길러야 한다.

지금은 민주시민의 역량이 중요한 시기, 그 출발을 우리 교사들의 성찰과 참회에서 시작하고 싶다.

4부 다시 신임 교사가 되어

"공모교장을 마치고 2022년 9월 1일 다시 신임 평교사 발령을 받아 2025년 2월 28일 정년퇴직 할 때까지 아이들과 수업하며 교단을 마무리하였다."

다시 신임 교사가 되어

　공모제 교장 임기 4년을 마치고, 다시 교사로 돌아왔다. 신임 발령 이튿날, 1·2·3학년 사회, 역사, 상치* 한문까지 세 과목의 수업을 하루에 했다. 2학년 역사와 2학년 한문(상치), 3학년 사회 수업을 하다 보니 정신이 없다. 겨우 수업 준비를 해 수업에 들어갔다가 충분히 돌아볼 겨를도 없이 다음 과목을 준비해야 했다. 수업 하나 준비하는데 많게는 3시간 적게는 2시간이 걸렸다.
　당시 나는 2015년 개정교육과정을 한 번도 가르쳐보지 못해, 신규교사의 자세로 하루 종일 수업 준비에 매달렸어도 부족했다. 교과실이 따로 없는 까닭에 만든 활동지를 인쇄해서 가져갔는데, 활동지를 돌리다 보니 민영이의 활동지 한 장이 모자랐다. 그래서 무경이와 같이 보라고 하니 서로 잡아당기며 실랑이를 벌였다.
　"민영아, 미안해. 내가 인쇄물 숫자를 정확히 세서 와야 했는데 확인을 못 해서 불편하게 했구나. 다음 시간에 다시 가져다줄게."
　게다가 한문 상치까지 해야 한다니 막막했다. 전임 선생님이 맡았던 과목이라 당연히 과목을 이어받을 수밖에 없었다.
　황당했지만 현실이었다. 학교 밖에서는 상치하는 문제에 대한 비교육적 문제를 제기할 수 있지만, 정작 학교에서는 교육 비교육의 문제가 아니라, 인간관계 문제가 되었다. 누군가 거부하면, 누군가 난처해지고, 누군가 이기적인 사람이 되었다. 게다가 학교에 한문을 가르칠 수 있는 교사가 몇 안 되었다. 최근 늘고 있는

---

* **상치**: 교사가 중고등학교에서 비전공 교과를 가르치는 것을 의미한다. 보통 '상치교사'라고 쓰인다.

20~40대 교사들은 한문 세대가 아니기 때문이다. 50대 이후가 그나마 한문 세대여서 가르칠 수 있는 교사가 제한적이다. 선택교과 선택 시 현실을 반영해야 할 이유이다. 한문 첫 수업에 들어가 학생들에게 양해를 구했다.

"얘들아, 나는 원래 한문 선생님이 아니다. 그러나 학교 형편상 내가 한문을 맡게 되었다. 이 수업은 너희들과 함께 배우면서 익혀가는 시간임을 이해해 주길 바란다. 기본 한자의 음과 뜻을 익히고, 일상에서 사용하는 한자 단어들의 의미를 생각하면서 함께 공부해 보자."

그렇게 이야기했지만, 마음이 편한 것은 아니었다. 사실 일주일에 1시간인데 까짓것 눈 딱 감고 기본만 가르쳐 보자고 마음 다독였다. 우선, 주말에 수업 준비를 하겠다고 교과서를 전부 싸서 퇴근했다. 그리고 주말 이틀간 교과를 뒤적이며 생각했다. 어떻게 해야 수업 초반에 마음을 열어 배움의 분위기를 만들까? 깊이 있는 생각을 할 수 있게 하려면 어떤 질문을 하게 할까? 그렇게 과목별로 2시간 분량의 수업 준비를 하고 나니 어깨 가볍게 주말을 마무리할 수 있었다.

그러나 월요일에 출근해서 보니 뒤통수를 맞은 기분이었다.

'헉! 교과서를 안 가져왔어.'

한 주 동안 관사에서 살아보겠다고 먹을 것을 챙겨오다 보니 교과서 챙기는 걸 잊은 것이다. 교과서 없이 일주일을 어떻게 살지? 학생들에게 교과서를 빌려야 하나? 출판사 홈페이지를 뒤져볼까? 이제 출근 3일째인데 누구에게 말을 하기도 머쓱했다. 머뭇거리며 머리를 굴리다 옆 동료에게 이야기했더니 다행히 도서실에 가서 여분 교과서를 찾아주었.

어려움에 부닥칠 때 동료들에게 도움을 요청하는 것이 역시 신임 교사의 살길이다.

마지막 적응앓이

사람은 참 간사하다. 한 반에 30명인 학급에서 모둠 활동을 진행하는 건 쉽지 않아, 20명만 되어도 못할 활동은 없다고 생각했다. 그런데 이곳은 전교생 수가 24명이다. 2학년 4명, 3학년 6명이다. 수업할 때마다 돌아가며 모두의 이야기를 들을 수 있어 좋다. 무얼 모르는지, 어디서 주춤거리는지 한눈에 들어온다. 개별 과외에 가깝겠다고 생각할 때도 있다. 때로는 배움이 늦은 학생을 기다리다 전체 진도가 늦어지기도 했다.

그런데 1학년 학생들은 유학생이 많이 와서 14명이다. 며칠 후면 또 전학을 온다고 한다. 모둠을 4개로 편성하다 보니 2, 3학년처럼 배움 상황을 한눈에 다 파악하지 못하는 경우가 생긴다. 그새 1학년 수업에 좀 더 신경 써야 할 상황이 자주 발생한다. 활동지를 부족하게 가져간 것도 1학년이고, 8시 50분부터 1교시 수업인데 9시라 착각하고 느긋하게 들어갔다가 지각을 한 것도 1학년이었다. 14명 숫자도 많아 보이고, 1학년 수업에 들어가서는 허둥대고 있었다.

"애들아, 문제를 혼자 풀지 말고, 반드시 모둠원과 협력해서 풀어야 한다."라고 당부하면 똘똘한 영현이는,

"애는 소심해서 이야기 안하고요. 애는 멍청해서 아무것도 몰라요."

"헉, 소심하다고 평가해 버리는 것은 조금 그렇네. 그리고 멍청하다는 표현도 지나친데."

"소심하니까 소심하다 그러지요. 아무튼, 같이 하는 거 불편해요."

다른 지역에서 각자 모인 아이들은 모래알처럼 서걱거렸다. 표현하는 것도 기분이 내키는 대로 했다. 다행히 욕설은 하지 않았지만, 말 한마디로 서로의 신경을

건드리는 표현을 그냥 일상적으로 했다. 선생님들은 아이들이 마냥 천사처럼 착하다고 하는데 일상의 생활에서는 돌아보고, 가꾸어주어야 할 존중의 언어나 관계 맺기 등 섬세한 지원이 필요했다.

생각해 보면 작은 학교라고 모든 것이 평화로운 것만은 아니다. 오히려 결손가정이나 애정 결핍인 아이들이 모여있는 경우가 허다해서 숫자는 적어도 큰 학교에서 나타날 수 있는 많은 생활 문제들의 축소판일 수 있다.

아이들이 서로를 믿고 물을 수 있고, 아는 것을 흔쾌히 나눌 수 있는 관계를 어디서부터 시작할까 고민하다가 1학년 담임에게 '회복적 써클'을 제안했다. 다행히 담임 선생님이 흔쾌히 받아줘서 8시간의 외부 강사를 통한 '회복적 써클'을 운영할 수 있었다. 외부 위탁 행사라고 생각하지 않고, 지속적인 관계와 생활교육을 위해 담임이 필수로 참가하기로 했다.

이전 학교에서도 학생 배움중심수업을 위해서 가장 먼저 한 것은 학생들의 존중과 협력의 관계 맺기였다. 그래서 '평화로운 학교 만들기' 프로젝트 수업을 해마다 두 차례 이상 실시하고, 회복적 생활교육을 꾸준히 운영했었다. 단기간에 효과가 나타나지 않을 때도 있었지만 '평화로운 학교 만들기'가 일상이 되자, 선생님들은 철없던 1학년 시절과 비교해 달라진 3학년의 모습에서 뿌듯함을 느끼곤 했었다.

그러나 이런 노력에도 불구하고 수업 중에 뒤통수 뜨거워지는 일들은 허다하다.

멀리서 전학 온 영현이는 아는 것이 참 많다. 독서를 많이 했고, 노래도 잘하고, 수학도 잘하고, 집에서 인터넷 강의도 들어서 타의 추종을 불허했다. 그래서 늘 친구들보다 한발 앞서 표현하고 싶어 했다. 다른 아이들보다 잘 아는 것을 알아주기를 바랐고, 그러다 보니 좀 더딘 아이에 대한 평을 상대방의 기분 생각하지 않고 했다.

하루는 수업에 앞서 교과서를 읽고 새로 알게 된 것, 궁금한 것을 이야기하는 시간이었다.

"새로운 것 하나도 없는데요. 궁금한 것도 없어요."

영현이는 내 눈을 빤히 보고 건들거리며 말했다.

"인터넷 강의에서 다 배웠는데요."

수업할 때는 심드렁하게 곁눈질하거나 주로 엎드려 있다. 질문을 하면 엎드려서 다른 학생보다 먼저 재빠르게 대답하거나, 활동지를 언제 했는지 모르지만 금방 해결하고 덮어놓는다.

'저 녀석의 마음을 어디서부터 열어야 할까?'

인정받고 싶은 욕구를 충족시키면서도, 혼자 독주하지 않고 다른 사람의 마음을 배려할 수 있는 마음을 어떻게 키워줄 수 있을까 고민하던 차였다.

하루는 활동 과제를 모둠별로 협력해서 푸는 시간이었다. 갑자기 영현이가 책을 들어 옆 서영이의 머리를 치면서 "베끼지 마! 이 새끼야!"하는 것이었다. 다른 모둠은 협력의 관계가 조금씩 이루어지는데 유독 이 모둠만 각자도생하고 있었다.

"무슨 일이야. 책으로 머리를 때리는 건 아닌데?"

"얘가, 맨날 내 껄 베껴요."

"모를 때는 물어보고 베끼는 것도 공부 아닐까?"

"지 힘으로 해야지. 맨날 베낀단 말이에요."

서영이의 마음에도 상처가 얼마나 클까 조심스러웠다. 그런데 다행인지 불행인지 서영이도 지지 않고 대꾸를 했다.

"내가 언제 맨날 베꼈냐? 수학은 나 혼자 푼다고. 너가 뭔데 이래라저래라냐?"

서영이가 상처받을 게 염려되었는데 항변하는 걸 보니 다행이다 싶으면서도 영현이를 어떻게 해야 할까? 내내 마음에서 떠나지 않았다. 점심시간 급식실에서 영현이를 마주쳐도 묘안이 떠오르지 않고 불편했다.

그래, 이야기를 해보자. 교육에 정답은 없지만, 최선은 있다. 시도해 보자. 다음 시간 수업이 끝날 무렵,

"점심 먹고 선생님 한번 보자."

"왜요?"

"이야기할 게 있어."

사실, 녀석이 오지 않을까 걱정했다. 와도 녀석이 아무 말도 하지 않고 침묵만 지키고 있을 것 같았다. 약속 시간이 되자 영현이는 아이들이 없는 음악실에서 기다리고 있었다. 쭈뼛쭈뼛 들어오는 녀석은 체구가 작고, 눈이 반짝이는 곱상한 아이였다.

"영현아, 선생님이 너와 이야기하고 싶어서 불렀어. 괜찮아?"

"네"

"사회 수업에 대해 어떻게 생각해?"

"……"

"그래, 대답하기 쉽지 않겠다. 그럼 내가 몇 가지 이야기 먼저하고, 너가 생각이 나면 후에 이야기하는 거로 할까?"

"네"

"선생님은 학생들이 존중받는 만큼 다른 사람을 존중해야 한다고 생각해. 혹시 선생님이 너를 존중하지 않은 부분이 있을까? 선생님이 느끼기에는 네 표현 때문에 가끔 마음 상하고 존중받지 못하고 있다는 생각이 들어. 예를 들어 수업 중에 엎드려 있다거나, 협력해서 문제를 풀 때 함께 하지 않는다거나, 선생님 이야기할 때 다른 친구들과 이야기한다거나 하면 마음이 속상하고 걱정될 때가 있어. 조심해 줄 수 있겠어?"

"생각해 볼게요."

"그리고 선생님의 사회 수업은 지식을 배우고 암기하는 시간만은 아니라고 생각해. 사회 수업의 근본 목적이 민주시민을 기르는 것인데, 민주시민의 가장 중요한 자세는 서로를 존중하는 것이고, 수업을 통해서 서로 소통하고, 배려하고 협력하고, 나눌 수 있는 자세를 익히는 것이라고 생각해.

특히 조금 늦은 친구를 너무 쉽게 소심하다고 단정 짓거나, 멍청하다고 표현하는 것은 매우 조심해야 할 표현이라고 생각해.

　너가 공부를 좀 더 잘할 수도 있지만, 다른 아이들은 공부 말고 다른 것을 잘할 수도 있어. 그리고 학생이니까 모르는 것은 당연하고, 모르는 걸 묻는 것은 부끄러운 것이 아니야. 오히려 자연스럽게 질문할 수 있어야 진정 안전하고 평화로운 교실이 아닐까. 수업시간에 이런 배움을 위해 너가 도와줄 수 없을까?"

"해 볼게요."

　흔쾌해 보이지는 않았지만, 일단 해 보겠다고 대답했다.

"고마워. 선생님 말을 이해해 줘서. 그리고 오늘은 선생님만 일방적으로 말했지만, 다음에 생각날 때 너가 이야기를 해주면 좋겠다."

　이렇게 헤어지고도 사실 기대를 하지 않았다. 담임 선생님과 고민 과정을 나누면서도 반신반의했다.

　그런데 다음 수업시간부터 영현이는 자세가 달라졌다. 더 이상 엎드리지 않았고, 친구들과 조금씩 대화하려 했고, 활동지를 먼저 풀지 않고 대화 후 푼 다음 덮지 않고 옆 친구가 볼 수 있게도 해 주었다. 물론, "야, 멍청아!" 소리가 간간이 들려오기는 하지만….

　그뿐이 아니었다. 내가 관리하는 도서실에 종종 와서 도서 도우미를 자청하기도 하고, 동아리 활동을 권유하니 "생각해 볼게요." 한다. 천상, 사랑받고 싶은 중1 조그맣고 사랑스러운 아이다. 포기하고 아이 탓만 했으면 어쩔 뻔했나 싶다.

재영이·1

"애들아, 모르면 친구에게 물으면서 풀어라. 학생은 모르는 것이 당연하단다."

활동지를 나눠주고 모둠 내에서 함께 탐구하는 시간이다. 재영이가 아직 적응하지 못하고 책만 뒤적거리고 있어 친구에게 물어보라고 했다.

"아현아, 너 꺼 베껴도 돼?"

재영이가 고개를 아현이에게 들이대며 진지하게 작은 목소리로 말하는 걸 내가 들어 버렸다.

"베낄 수 있냐고 묻는 것은 질문 아닌데!"

재영이 모둠 친구들은 속도가 늦은 재영이를 위해 책에 밑줄을 그으며 정성스레 설명해 준다.

"재영아, 여기 읽어봐. 뭐라고 묻는 것 같애?"

짝꿍들은 싫은 내색도 없이 재영이가 베끼지 않고 문제를 이해하여 해결할 수 있도록 도와주고 있다. '고마워'를 연발하며 천천히 문제를 해결하고, 그 속도를 따라 친구들이 도와주는 모습이 가슴 찡하다.

나도 틈틈이 재영이의 활동지를 보니 엉뚱한 답을 쓴 게 있어, 손가락으로 짚어줬더니, "아, 선생님 틀릴 때도 있어야지요" 하고 너스레를 떤다.

녀석은 9월 1일 첫 시간에 자기소개하는데 멍때리기가 취미이고 장기라고 했다.

"그래? 멍때리기는 요즘 뜨는 새로운 자기 치유법이다. 나도 배우고 싶다." 했더니,

"선생님, 수업시간에도 그래요."

작은 목소리로 말해 준다. 수업시간만 되면 잠이 온다고 해서 깨워 주마 약속했다. 첫 시간이 끝나고 녀석은, "선생님 시간이 너무 빨리 끝난 거 같아요. 점심 맛있

게 드세요"라며 아이들이 흔히 할 줄 모르는 인사도 한다.

우리 학교는 '청소년 미래도전 프로젝트'의 일환으로 '지역의 농수산물로 만든 주전부리 음식'에 도전하는 요리 동아리가 있다. 일주일에 두 번 정도 늦게까지 온갖 지역 음식을 재료로 상품성이 있는 주전부리 음식들을 만들고 있다. 공부 시간에는 기운이 없는 재영이도 요리 시간에는 성근지고 부지런한 청년이다. 피곤하지 않냐고 물으면, "피곤해도 열심히 해야지요." 한다.

1년 동안 도전한 음식들을 11월 지역 맛 축제인 '미남축제'때 전시하고 상품성이 있는지를 선보인다. 군에서 예산을 지원하고 축제를 주관하는데, 제대로 된 요리를 지원하기 위해 전문 교수님의 컨설팅을 받았다. 앞치마를 입은 남학생 여섯 명이 어젯밤 12시까지 시루에 세 번이나 찌는 시행착오 끝에 완성된 떡을 들고 와 교수님 앞에 섰다.

"일반적으로 중학생에게 이런 기회를 주지 않는데 해보겠다는 의지가 기특해서 한번 기회를 줘 본 거다. 제일 앞줄에 선 너는 왜 이런 요리 활동을 하는 거냐?"

"네, 요리를 잘하면 여자들에게 인기가 있다고 해서 시작했습니다."

재영이의 답이었다. 모두 웃었다.

솔직하다 못해 순수하기까지 한 녀석이 툭툭 내뱉는 언어가 어록에 가깝다. 때로는 웃고만 지날 수 없이 선생님들 마음을 다칠 때도 있다. 두륜산 남쪽 자락 산골 분지에서 생활한복은 처음 본 걸까? 마음먹고 생활한복을 곱게 차려입고 온 여선생님에게,

"선생님 설마, 그렇게 입고 학교 오신 것은 아니지요?"

해서 선생님은 두고두고 당황했단다. 그래도 우리는 재영이를 '순정파, 가슴 따뜻한 남자'로 믿는다.

재영이 · 2

　농산물 생산과 소비를 공부하는 시간. 교사의 설명 없이도 친구들과 함께 암호를 풀 듯 그래프를 해석한다.

　우리 3학년 학생들은 생각이 깊고, 기초도 탄탄하여 도회지 학생 못지않은 수준이다. 그런데 대체로 표현이 서툰 편이라, 지명하지 않고 발표하거나 이야기해 보라고 하면 조용, 썰렁, 그 자체이다. 이 모습을 보고 처음에는 오해도 했다.

　"얘들아, 이야기하고 발표하는 것도 배움이고 연습이란다. 어릴 때 말 배우듯이 주제를 중심으로 형식을 갖추어 이야기하다 보면 말하는 것이 느는 거란다. 연습한다, 생각하고 시도해 보자."

　무던하게 잔소리를 했던 것 같다. 그런데 학생회나 교육주체 협의회에서 학생들이 발표하는 것을 보니 어른보다 나을 때도 있었다. 다만 분위기상 나서서 먼저 발표하는 문화가 일상화되지 않았을 뿐이다.

　그래서 수업을 준비할 때 단계적으로 자연스럽게 생각을 이야기할 수 있도록 수업 설계를 잘해야 했다. 나를 내세우는 발표가 아니라, 서로 이야기한 걸 정리하여 전달할 수 있도록 디자인해야 했다.

　언젠가 이태원 참사를 주제로 수업을 진행했는데, 학생들은 생각보다 사회에서 일어난 일에 관심이 없었다. 하필이면 준비한 자료가 촘촘하지 않아 학생들의 말문을 여는 데도 어려움이 있었다. 그러다 보니 내가 사건의 경위과 의미까지 혼자 정리하고 있었다. 아이들은 건성건성 듣고 있었고, 재영이는 예외 없이 꾸벅꾸벅 졸고 있었다. 혼자 떠드는 수업은 하지 않기로 해 놓고 혼자 떠드니 기분이 매우 찜찜했다.

연속 수업이라 수업은 계속 이어졌다. 이번에는 아이들을 믿어보자 다짐하며 '농업의 기업화와 세계화로 인한 영향' 단원을 진행했다. 긴 설명은 하지 않고 바로 활동지를 제시해 함께 풀도록 했다. 핵심은 그래프와 도표를 해석해서 필리핀의 곡물 생산과 수출, 수입 현황과 앞으로 농업 과제를 도출하는 것이었다.

재영이가 막막한 표정으로 볼펜만 뱅글뱅글 돌리다가 책상에 탁탁 친다.

"아현아 네가 먼저 말해볼래?"

하자 아현이는,

"맨날 내가 했으니까 너희들 중에서 먼저 말하면 어떨까?"

그러자 하영이가 볼펜을 들고 그래프를 설명하였다.

"이건 과일과 육류의 소비가 증가하고 있다는 그래프이고, 이건 그에 따라 필리핀에서 생산한 바나나의 수출이 증가하고 있다는 말이야. 그런데 반대로 주식인 쌀의 수입량은 바나나 수출량보다 훨씬 증가하고 있어."

지켜보던 재영이는 늘 그렇듯 폭풍 칭찬을 한다.

"하영아 너는 주식도 잘한다."

"이건 주식이 아니라 그래프라는 거야."

"그렇구나. 나는 텔레비전에 나오는 주식인 줄 알았어."

재영이는 정성스럽게 활동지 그래프에다 '그래프'라고 적어 놓는다.

이렇게 서로 묻고 가르쳐주는 활동이 끝나고 모둠별로 내린 결론을 공유하는 시간이 되었다. 아이들은 발표자를 가위바위보로 정하는데 재영이가 당첨되었다. 머리를 긁적이며 나와서 한참 고개를 숙이고 있다가 고개를 들더니 볼펜으로 그래프를 가리키며 설명한다.

"필리핀은 바나나를 많이 수출하려다 보니 쌀이 부족했어요. 그래서 쌀을 많이 수입하게 됐어요. 앞으로는 쌀을 더 생산해서 식량 자급을 해야 할 것 같아요."

"와, 잘했다."

모두 박수를 힘차게 쳐서 격려했다.

내가 설명했더라면 꽤 애를 먹었을 텐데, 평소 같으면 금세 졸던 재영이가 친구들과 토론하며 스스로 깨달았다. 아이들을 믿어 준 선택이 빛을 발한 것이다.

나태주 선생님과 함께하는 풀빛 문학 콘서트

12월 30일. 학교에 나태주 선생님이 오셨다. 연말 여러 화려한 행사들로 찾는 곳이 많았음에도 선생님은 평소 모습대로 풀꽃 같은 작은 학교를 찾아오셨다.

학생들은 선생님의 문학 콘서트를 준비하기 위해 학년 말 시험이 끝나자마자, 프로젝트 준비에 나섰다. 도서부원을 중심으로 계획을 세우고, 곳곳에 홍보 포스터를 붙였다. 선생님의 시 30편을 선정하여 모든 학생에게 배부했다. 국어 시간을 이용하여 전체 암송 시 1편을 암송하고, 학급 시 1편을 선정하여 시평을 하고 암송하였다, 또 각자 3편을 추가로 암송했다. 전교생이 선생님에게 궁금한 점을 미리 작성해 두었다가 당일 직접 묻고 답하는 형식으로 콘서트를 진행하기로 했다. 준비가 착착 진행되면서 마지막으로 학부모들도 초청했다. 학교는 들썩들썩 작가 맞이 활동에 신이 났다.

마침내 다가온 당일. 나태주 선생님이 강의실에 입장하였다. 학생들은 함께 '풀꽃'을 낭송하였다. 다음으로 3학년 학생들이 '눈 위에 쓴다'를 낭송하고 학급에서 토의한 시평 발표와 시 내용의 대상이 누구인지 질문하였다. 이어 2학년이 '꽃그늘' 낭송과 시평, 1학년의 '행복' 낭송과 시평이 있었다. 선생님 강의는 학생들이 선정한 시를 중심으로 이루어졌다.

"시는 진실과 허구 속에서 생각을 버무려 느낌을 적는 것입니다. 시를 쓰는 일을 직업으로 하지 말고, 시와 문학을 즐길 수 있으면 좋겠습니다. 시를 쓰는 것은 '사랑, 삶, 사람'에 관하여 쓰는 것으로, 아무리 디지털 세상이 와도 시인을 AI가 대신할 수 없습니다. 느낌이란 인간만이 가질 수 있는 감정입니다. 이 느낌이 충만해질 때 언어로 표현하는 것이 시입니다. 처음에는 숙고하고 숙고하여 글을 쓰지만, 어느 순간부터는 시가 감정이 폭발하여 즉석에서 터져 나오기도 합니다."

선생님의 강의가 끝나고, 질의응답 순서였다. "선생님은 왜 시를 쓰기 시작했나요?", "시를 쓰면서 가장 어려울 때는 언제였나요?", "선생님은 왜 사랑 시를 많이 쓰세요?", "선생님은 시인 직업을 추천하세요?", "글을 잘 쓰는 비결은 무엇인가요?" 등 많은 질문에 일일이 답을 해 주셨다.

마지막 순서는 사인회였다. 준비한 시집에 선생님은 정성스레 사인을 해주셨다. 성함만 쓰는 사인이 아니라, 모두에게 시 한 편을 선생님의 글씨로 나누어 주는 사인회였다. 학생, 학부모, 교직원에게 일일이 사인을 하고, 덜한 학생의 시집은 댁으로 가져가 사인을 해서 보내주기로 했다.

학생들은 문학 콘서트 이후 수업에서, "귀한 선생님이 땅끝 해남까지 와주신 것도 영광인데 일일이 질문을 받아주시고, 한 사람 한 사람에게 평생에 소중하게 간직할 수 있는 작품 같은 사인을 해주셔서 너무나 감사했다."라고 소감을 이야기했다. 선생님이 건강하시면 좋겠다는 소망도 적어주었다.

우리 아이들은 거인을 만나 직접 소통하면서 또 한 뼘 성장했다. 그날의 햇살처럼 따뜻하고 행복한 기억이 되길.

〈행복한 교실을 만드는 희망의 심리학〉을 읽고

　직업을 가진 엄마였던 나는 아들을 키우면서 '아들이 쏟아내는 감정을 받아주는 쓰레기통 역할'을 하고 있다고 생각했다. 아들이 놀이방이나 어린이집에서 의젓하게 하루를 보내고 오면, 저녁에는 내게 하루의 스트레스를 짜증으로 풀고는 했었다. 처음에는 왜 아이가 나만 보면 짜증을 낼까 버겁기만 했는데, 온전히 아이의 입장으로 생각해 보니 아들을 그대로 받아들일 수 있게 됐다. 게다가 감정을 왜곡하지 않고, 부족한 점이라 생각한 것을 개성과 특성으로 이해하니, 나는 세상에서 절대적인 팬이자 지지자가 되어 있었다. 공부를 잘 하지 않아도, 사회성이 뛰어나지 않아도, 똑똑하거나 특별한 재능이 없어도, 조용하고, 내성적이고 자기 하고 싶은 것이 너무나 확실한 아들을 무조건 응원할 수 있었고, 아이를 생각만 해도 이제 행복해진다.

　김현수 님의 〈행복한 교실을 만드는 희망의 심리학〉이란 책은 나의 시각을 내 아이를 넘어 우리 학생과 행복해질 수 있는 생각의 영역으로 확장해 주었다. 책의 첫 문장은 이렇다.

　'교사는 학생의 감정을 받아주는 쓰레기통이다.'

　이 말을 동료에게 했더니,

　"아아, 평생 학생들의 쓰레기통 역할은 싫어요."

　맞는 말이다. 교사들은 쓰레기통이 가득 차도 비우지 못해 지쳐 있다. 그런데 이 책이 쓰레기통을 비울 방법을 안내하고 있다. 아이들의 정신 심리학에 대한 지식이 없으면 교실에서 일어나는 모든 일이 교사 본인에게 가혹하게 느껴지고 버거울 뿐이다. 그러나 아이들을 이해하면 자신의 쓰레기통을 비울 수 있을 뿐 아니라, 아이를 도울 수 있는 결정적 역할도 할 수 있다. 문제 행동을 하는 학생들을 볼 때 단순히 문제아로 볼 것인지, 어려움을 겪는 아이로 볼 것인지에 따라 대응이 다를 수 있다.

아이의 문제는 기성세대의 삶의 방식, 사회 분위기, 가족과 학교 구조가 복합적으로 만든 것이다. 그런데 이를 아이의 문제로만 보고 뜯어고쳐야 한다고 생각하면 특히 청소년들은 강렬하게 저항한다. 교사의 시도는 분명 학생의 문제 행동에 대한 도움과 교정을 위한 노력이지만, 어려움을 도와주려는 것과 뜯어고치려고 할 때의 결과는 정반대이다. 전자의 경우, 학생의 변화를 기대할 수 있고 교사는 보람과 치유를 경험할 수 있지만. 후자의 경우, 강력한 저항에 부딪혀 오히려 교사가 상처를 입을 수 있다.

자살률 1위, 불행 지수 1위, 공부 시간 1위. 우리 아이들의 스트레스는 세계에서 가장 높다. 심리적 장애를 안고 있는 아이들은 교육부 조사에 의하면 17%, 서울시 조사에 의하면 35%로 한 교실에 적어도 5~10명이 존재한다. 그런 아이들을 매일 만나는 교사가 매번 해맑은 웃음만 돌아오길 기대할 수 있겠는가? 그 아이들을 치유하는 것이 곧 교사의 치유가 아닐까? 예전에는 군데군데 앉아서 교사를 신경 쓰이게 하고, 수업을 방해하는 아이들을 무조건 혼내고 때렸다. 떠든다고, 잔다고, 멍청히 앉아만 있다고, 건방지다고 혼내고…. 우리가 혼낸 아이들은 결국 아픈 아이들이었다. 교사는 이런 아이들을 '못된 아이들'로 배제할 것이 아니라 '결핍된 아이들'로 보고 돌봐야 한다. 결핍된 아이들로 보면 관심과 돌봄을 채워주고 싶어진다. 교사도 '고쳐주는 사람'보다 부족한 부분을 '채워주는 사람' 쪽이 더 행복하지 않을까?

아이들을 긍정적인 시각으로 보는 것이 '채워주는 일'의 시작이다. 긍정적으로 바라보기 시작하면 아이가 당장 바뀌지는 않더라도, 일단 교사가 여유를 가질 만큼 마음을 열어줄 것이다. 학교에서 아이들이 화내는 이유는 선생님 때문인 경우는 생각보다 드물다. 이미 다른 이유로 화가 난 상태에서 어떤 계기로 교사가 화풀이 대상이 되었을 뿐이다. 정당한 지도에 반성은커녕 적반하장 대들고 화내는 상황이 이런 경우이다. 분노가 폭발한 아이로부터 교실을 보호하기 위해서는 교사가 정색하며 화내지 말고, 유연하게 대처해야 한다. 차분하게 그 순간을 넘기고, 아이를 잠시 복도나 교무실, 상담실로 격리하는 것이 현명한 방법이다.

교사를 가장 힘들게 하는 바로 그 아이들의 내면의 소리, '저는 지금 아파요. 위로받고 싶어요'를 들을 수 있으면 최상이다. 상처받은 아이들에게 학교와 교사는 위로받고 싶은 가장 만만한 곳이기 때문이다.

책은 청소년기 우울증도 이야기하고 있다. 어른들이 아이들 말 중에 견디기 힘든 것 중 하나가 '짜증 나요.', '귀찮아요.', '몰라요.'란 표현이다. 그런데 이런 표현을 하는 아이들의 상당수가 청소년기 우울증을 앓고 있단다. 어른들의 우울증과는 달리 청소년기 우울증은 주로 짜증 내며 반항하다가도, 재밌는 프로그램 앞에서는 언제 그랬냐는 듯 킥킥대고 TV를 본다. 친구들과 이죽거리고 먹을 거 다 먹고, 늦잠도 자고 게을러터져 보이기도 한다. '기분이 풀렸나?' 하고 말을 걸면 금세 부정적인 태도로 돌변해서 어른들의 인내심을 저울질한다. 이때 자칫 "너 나가!, 없어져 버려! 버러지만도 못한 녀석!" 같은 부정적인 말을 들으면 우울증을 앓는 청소년기에는 충동적으로 자살을 택하기도 한다. 이 시기는 매우 자기중심적이어서 말 한마디가 아이의 인생을 좌우하기도 한다.

아이들이 제일 무서워하는 것은 체벌이 아니고 애정을 담은 상담이다. 예전에는 체벌을 통해 아이의 수치심을 자극하여 잘못된 행동을 못 하도록 했다. 하지만 요즘 아이들은 수치심을 느끼면 반성이 아니라 증오와 복수심을 갖는다. 체벌은 당장 효과가 있는 것 같지만, 근본적인 치유가 되지 못한다. 문제를 일으키는 아이의 이야기를 듣고 도움을 줄 수 있는 지속적인 상담이 필요하다. 고단하지만 사람의 변화가 어찌 수고 없이 이루어지겠는가?

나의 어린 친구 보성이

딩동댕, 수업 종료종이 울리면 타닥타닥 달려오는 발소리가 들린다. 보성이는 쑥스러운 웃음을 지으며 도서실에 찾아와 그 짧은 시간에 배운 것과 본 것을 늘어놓는다.

"선생님, 한 가지만 더 이야기할게요."

그리고 수업 시작종이 울리면,

"좀 있다 봐요." 하고 다시 교실로 달려간다.

보성이는 1교시 끝나고 와서 내게 태풍이 일본에 북상하는 동영상을 보여줬다. 그리고 이번 쉬는 시간에는,

"선생님, 가정 시간에 성 윤리 배웠어요. 재밌었어요." 한다.

"그런데요 선생님, 게임에 자꾸 야한 광고가 떠요. 게임방에 들어오라고 협박한다니까요."

"네가 자꾸 보면 더 뜰걸."

"아니요. 저는 잘 안 보는데요."

내가 오전에 출장을 갔던 날이나, 쉬는 시간에 교무실에 있으면 어김없이 찾아와서, "선생님 무슨 일이 있었어요? 왜 도서실에 안 계셨어요?" 한다.

친구들과 온갖 수다를 할 나이에 보고, 듣고, 느낀 것을 한참 차이 나는 선생님과 이야기하고 싶어 하는 보성이. 매일 두런두런하는 이 대화를 어떻게 해야 친구들과 연결할 수 있을까? 소통을 좋아하니 괜찮은 걸까? 보성이는 듣기보다 말하기 더 좋아하는데, 경청 훈련이 필요할까?

"보성아, 아빠랑 이야기 많이 해?"

"네. 밥 먹을 때만 해요."

"그래? 그런데 점심은 급식 먹고 저녁은 아동센터에서 먹고. 아침은 혼자 먹는다며?"

"아 주말에는 같이 먹어요. 그때 이야기해요."

"아빠랑 잘 통해?"

"예전보다는 쫌 덜 통해요."

"그렇구나. 그럼 이야기하는 친구도 있어?"

"대현이랑 준서요."

"그래? 친구들하고는 무슨 이야기 해?"

"그냥요. 기후나 구글 지도, 동영상 이야기도 하고 장난도 쳐요."

"그래? 친구들이 그런 이야기 좋아해?"

"친구들이 따분해 해요."

"그래? 그 친구들은 너한테 무슨 이야기 해?"

"글쎄요. 생각이 안 나네요."

"그럼 다음에 올 때는 친구가 한 이야기 하나씩 듣고 와서 이야기해 줄 수 있어?"

"네."

그렇게 보성이는 수업 외에 특별 숙제를 하게 됐다. 그러나 몇 번 이야기를 듣고 오더니,

"친구 사귈 필요를 못 느껴요. 이해를 못 해요. 장난만 치려고 해요."

보성이는 친구들에게 말을 걸어봤으나 쉽게 친구를 사귀지 못했다. 생각해 보니 결국 친구란 마음이 통해야 하는 거였다. 그렇다면 내가 친구가 되어주는 것도 방법이겠다 싶었다. 다행히 소통에는 문제가 없어서 조급해하지 않기로 했다. 입학식 때와 비교하면 많이 성장했으니.

보성이가 입학하던 날이었다. 입학식이 끝나고 전교생과 학부모, 교직원이 둘러앉아 다모임을 했다. 먼저, 돌아가며 자기소개를 했다. 신입생 보성이 차례가 되어 마이크가 보성이에게 갔지만, 보성이는 자기소개를 한마디도 하지 않았다. 사회자가 오래 기다려도 끝까지 고개를 들지 않았다.

'자신이 없는 걸까? 많이 도와줘야겠구나.' 모두 그렇게 생각했다.

티베트 출신 엄마를 둔 보성이는 말이 더딘 편이었다. 그래서인지 친구들과 쉽게 어울리지 못해 혼자서 놀기를 좋아했다. 혼자 책을 읽거나 동영상을 보며, 때로는 우주와 천체에 대한 상상 여행을 하며 놀았다. 또래 친구들에게는 관심이 없는 분야를 주로 찾고 배워서 선생님에게 알려주는 걸 좋아했다.

보성이는 점심시간 이후에 내가 식당에서 나오기를 기다렸다. 그리고 내게 '같이 걸을 수 있냐'라고 묻곤 했다. 보성이는 나와 점심시간 때 운동장 산책하는 것을 좋아했다. 봄볕이 좋은 날에도, 가을볕이 따스한 날에도 우리는 운동장을 함께 걸었다. 보성이는 걸으면서 세계에서 일어나는 기상 상황, 지구 온난화로 인한 재해, 지각변동 현상이나 구글어스를 이용한 세계 여행까지 다양한 이야기를 했다.

요새는 세계 역사에 관심이 많아져 캐나다에서 올린 대한민국 역사 동영상이 일본 편이다. 중국 편이다. 깨알 비판을 하더니 쉬는 시간마다 찾아와 내 의견을 물었다. 그리고 티베트 외가댁에 가기 전에 구글 지도에서 외가댁이 있는 마을과 골목까지 찾아 확인해 주기도 했다.

어제까지 기후에 관심이 있던 보성이가,

"선생님 요새 새로운 영상 찾았어요. 심장이 어떻게 뛰는지 맥박에는 어떤 것이 있는지, 좌심실, 우심실, 빈맥, 부정맥, 정맥이······."

"그랬구나, 이제 몸에 관심이 생겼네. 다양한 곳에 관심이 많네."

그런데 이번에는 내 컴퓨터에 4·16 세월호 영상 켜 놓고,

"선생님 충격적인 사실이 많아요. 해경이 학생보고 가만있으라고 한다니까요. 어

떻게 그럴 수 있어요? 학생들도 이 영상 보면 좋겠어요."

"그래, 학생회의에서 건의해 보렴."

"글쎄, 친구들이 좋아할까요?"

친구들이 관심 없을 영상도 진지하게 토론하고 싶은 보성이는 선생님을 상대로 이야기보따리를 풀어놓곤 했다.

어느 봄날은,

"선생님, 바람이 왜 이렇게 많이 불까요?"

"글쎄, 꽃피는 걸 시샘하는 걸까?"

"그것도 맞지만, 소박사는 저기압과 고기압이 만나는 곳이 우리나라와 일본이래요. 그래서 지금 바람도 세고 눈이 많이 온대요."

또 어느 날은

"선생님 400도의 법칙을 아세요?"

"글쎄?"

"400도 법칙을 알면 벚꽃이 피는 시기를 알 수 있대요."

"어떻게?"

"1월부터 그날의 높은 온도를 더해서 400이 나오는 날 꽃이 핀대요."

"그래 그럼 우리 벚꽃 한마당 날을 네가 찾아오면 되겠다."

보성이는 수학과 과학을 잘했지만, 장래 희망은 법관과 유엔에서 일하는 것이었다. 왜 유엔에서 일하고 싶냐고 물었더니, 세계 평화에 기여하고 싶다고 했다. 실제로 사회 시간에 '정당한 전쟁은 있는가?' 란 주제로 진행한 토론에서 보성이는 '어떤 이유에서도 전쟁은 반대한다. 전쟁은 전쟁 당사자만이 아니라 어린이, 여성, 노약자가 더 큰 피해를 보기 때문에 어떤 전쟁도 정당화될 수 없다.'라고 설득력 있게 주장하여 칭찬을 받았다. 그러자 자신감이 생겼는지, 손을 들어 발표하는 것도 좋아하게 되었고, 생성형 AI 코파일럿을 친구들보다 먼저 사용한 보성이는 정보를 빨리 찾아 공유하기도 해서 친구들로부터 놀라움을 샀다.

그러나 이런 보성이도 힘든 시기가 있었다. 아이들이 말이 더딘 보성이를 무시하고 놀리곤 한 것이다. 게다가 볼펜 같은 학용품을 멋대로 가져가거나 보성이가 말하면 일부러 큰 소리로 웃곤 했다. 분명 보성이는 속으로 많이 힘들고 화도 났겠지만, 말로 표현하지 못했다. 휴대폰에 저장된 아이들의 이름을 괴물, 요괴, 미치광이 등으로 바꾸는 게 전부였다. 그마저도 들켜서 사과해야 했다.

결국, 표현하지 못한 속상함이 강박증이 되어 치료를 받기도 했다. 보성이는 친구들이 자신을 괴롭힐지도 모른다는 불안감을 가지고 있었다. 그때마다 나는 당부했다.

"보성아, 친구들이 네가 싫어하는 행동이나 말을 하면 당당하게 표현하거라. '그렇게 말 하지마. 나는 그렇게 말하는 거, 행동하는 거 싫어해.' 하고 말이야."

그리고 보성이를 놀리는 친구들에게도 부탁했다.

"보성이는 표현하지는 않지만, 누구보다 생각이 깊고, 공부도 열심히 했어. 너희와 똑같은 감정과 마음을 지니고 있으니 함부로 대하지 말고, 친구로 지내주면 좋겠어."

내가 학교를 떠나오기 전, 보성이는 누구보다 당당해졌다. 하고 싶은 이야기를 하고, 발표를 자처했다.

"선생님, 정년퇴직하신다면서요? 학교 떠나시면 또 어떤 선생님이 오실까요? 제 이야기도 글로 꼭 써주세요."

그 부탁을 기억하며, 나의 교직 마지막을 내가 너를 지켜줬다기보다, 네가 나를 지켜줬구나. 고마워. 내 어린 친구 보성아, 안녕!

아이들의 뒷모습을 보며 쓴 37년 교단일지
그래도, 너희가 내일이야

펴낸날 2025년 11월 5일

지은이 김인순
펴낸이 주계수 | **편집책임** 이슬기
교정 편집 강병규 | **꾸민이** 최송아

펴낸곳 밥북 | **출판등록** 제 2014-000085 호
주소 서울특별시 마포구 양화로 156 LG팰리스빌딩 917호
전화 02-6925-0370 | **팩스** 02-6925-0380
홈페이지 www.bobbook.co.kr | **이메일** bobbook@hanmail.net

ⓒ 김인순, 2025.
ISBN 979-11-7223-121-7 (03810)

※ 이 책은 저작권법에 따라 보호받는 저작물이므로 무단전재와 복제를 금합니다.